读客女性主义文库

熊猫君激发个人成长

增订本

厌女

女ぎらい ニッポンのミソジニー

上野千鶴子

［日］上野千鶴子 著
王兰 译

上海人民出版社
光启书局　LUMINAIRE BOOKS

目　录

i　／　2023年中文版作者序

vi　／　2015年中文版作者序

001　／　第一章　喜欢女人的男人的厌女症

015　／　第二章　男性同性社会性欲望・恐同・厌女症

029　／　第三章　性的双重标准和对女性的分离支配
　　　　　　　　——以"圣女""娼妓"为名的他者化

045　／　第四章　"无人气男"的厌女症

063　／　第五章　儿童性侵犯者的厌女症

079　／　第六章　皇室的厌女症

093　／　第七章　春宫画的厌女症

109　／　第八章　近代的厌女症

123　／　第九章　母亲与女儿的厌女症

137　／　第十章　"父亲的女儿"的厌女症

153 / 第十一章　女校文化与厌女症

169 / 第十二章　"东电女职员"的厌女症（之一）

187 / 第十三章　"东电女职员"的厌女症（之二）

201 / 第十四章　女人的厌女症／厌女症的女人

213 / 第十五章　权力的色情化

229 / 第十六章　厌女症能够超越吗

245 / 增订一
　　　　诸君，勿污晚节！——性骚扰问题，实质何在？

275 / 增订二
　　　　"别扭女子"的厌女症

296 / 参考文献

304 / 2010年日版作者后记

306 / 2018年日版作者后记

310 / 译后记　上野千鹤子是谁？何谓"厌女症"？

2023年中文版
作者序

　　2015年问世的中文版《厌女》，此次能以增订本的形式得到再版，甚感欣喜。

　　从初版到再版的这八年期间，我们目睹了一些变化。

　　首先，在全球范围内，兴起了以#MeToo为代表的"女性主义重新启动"（Feminism Reboot）的波澜，日本和中国皆不例外。在这之前，女性主义在日本一直处于逆境之中。尤其在本世纪最初十年的初期，对女性主义运动发起的反攻风暴可谓猛烈。我甚至被保守派称为"女性主义的甲级战犯"，还受到过威胁——要我停止"仇恨男人"。可近年来，风向明显转变，逆风变为顺风。在日本，伊藤诗织站出来公开实名举控性暴力，她虽然受到了激烈的攻击，但同时也得到了广泛的同情和支持。在韩国，年轻而充满活力的女性主义者已经登场，她们在社交媒体上的激烈论争中毫不畏缩，显示出强大的力量。2017年，我访问中国时，在上海看到有女性身穿印有"We should all be feminists"（我们都应该成为女性主义者）标语的T恤衫。曾几何时，女性在表达自己的意见

i

时不得不前置一句"I am not a feminist, but..."（我不是女性主义者，但……）作为开场白，但现在，她们已经毫不犹豫地自称是女性主义者了，不再遮掩。

在这个现象的背后，我感到有一种代际的更替转换。在中国，我的书如《从零开始的女性主义》以及理论书《父权制与资本主义》等相继被翻译出版。前一本书的合著作者是漫画家田房永子，她曾说她对女性主义一无所知。书名也表明了这一点。事实上，如果去问日本的年轻一代"你是怎么知道女性主义的"，得到的回答中，有人说是通过在联合国发表演讲的著名演员"艾玛·沃特森"，还有人说是因为《82年生的金智英》等为代表的"韩国文学"。对于年轻人，女性主义似乎是"来自外部"的。每当看到这种回答，我就不由得想说"日本也有过女性主义的呀……"，按捺不住向她们传达我们的历史的冲动。

2010年，本书初版问世时，我在书名中回避了使用"女性主义""社会性别"等词语，这是因为考虑到书名中如含有这些词会让读者敬而远之。后来，以日语中的陌生词"厌女"（misogyny）为标题的这本书，在不知女性主义为何物的年轻人中也获得了广泛的读者，她们的反应是"很新鲜""还有这种想法啊""正好可以解释自己的经验""很痛快"，等等。这样的反应虽然让人高兴，但我也为我们在日本积累起来的研究成果没能在社会上广为传播而失落丧气。在日本，这本书出版以后，厌女、男性同性社会性欲望、恐同这三个概念，在关注性别问题的读者中得到广泛传播。我最近听说，在年轻人中间，"同性社会性欲望"（homosocial）一词，被简缩为"homoso"的三音节新词，比如有这种对话，"告诉你吧，我们公司就是homoso啊"。听到这种新词的流通，作为让这个词普及开来的书籍作者，我在心中暗暗偷笑。

这本书的中文版出版以后，中国读者的反应也非常相似。在出版社寄给我的读者反馈中，有如下一段话：

"本书带给中国社会的影响，首先就是'厌女症'这个概念的导入。这个概念的强大有力和便于使用，使'厌女症'现象变得可视了。'厌女症'的现象本来如'房间里的大象'，因为太巨大、太理所当然，以至于人们反而看不见它，或者假装没看见。可是，从上野老师的书里学到了'厌女症'的概念以后，'房间里的大象'变得可见了，人们也开始谈论这个问题。

"那么，人们是怎么使用'厌女症'概念的呢？应用范围非常广。不仅用来解读社会现象或公共事件，也用来审视恋人、夫妻等关系，人们对于亲密关系中的厌女症变得更加敏感，更能反思。"

看来，中国读者也体味到了这个概念工具三件套的锐利。反过来说，伊芙·塞吉维克从对19世纪英国文学的研究中得出的这个概念，在21世纪的今天还能使用，这证明了父权制的影响依然根深蒂固。拙著《父权制与资本主义》，是一本旨在揭示为何我们生存的社会可称为"父权制资本主义"社会的理论书，希望本书读者能同时参阅。

我们可以观察到的上述代际更替转换之所以会发生，一个背景是东亚社会共通的少子化现象吧。在东亚地区，很多家庭只有一个孩子，最多两个。在中国，虽然独生子女政策被废除，但我们依然看不到孩子增加的迹象。养育孩子的高昂成本，成为压迫家长的沉重负担。孩子数量的减少，并不意味着育儿变得轻松；相反，正因为孩子数量少，所以育儿成为一项绝不允许失败的压力很大的工程。在这样的少子化社会里，女儿也像儿子一样被期待、被关注、被珍爱，成为投资的对象。被精心地养大的女儿们走上社会后，发现眼前是一个性别歧视的社会，不禁愕然震惊……这就是"女性主义重新启动"的背景吧。自然地形成了男女平等意识的年轻女性，压根儿没感觉到过男人生来就比女人优越这回事儿，她们没有任何理由要忍耐这种不合理的性别歧视，所以发出声音……此乃今日之现状吧。

还有一个变化是，旧版问世时在中国几乎无人知晓的上野，到新版发行时，不知不觉间成了名人（笑）。我在2019年4月东京大学入学典礼上所作的祝词，很快被翻译成中文，在各种社交媒体上被大量转发。到底那篇祝词的哪一点触动了中国读者的心弦呢？一位中国友人告诉我，是"即便努力也得不到公平回报的社会"这个表述。中国也成了一个竞争激烈的社会，女性被卷入其中。竞争的社会，让胜者和败者都承受压力。女性主义并非是让女性成为强者的思想，而是一种"寻求让弱者以弱者的姿态得到尊重的思想"——可能就是我的这番话引发了共鸣吧。

当然，现今社会也给女性提供了在竞争中获胜的机会。讨厌当弱者、想要成为强者、能够成为强者、不愿承认自己是弱者、不能容忍装成受害者的女人们……很多女性在这么想。可是，如果我们知道，男人的"厌女"与"恐弱"（weakness-phobia）有着深刻的关联，那就应该能够理解，"成为男人那样"不应是女性主义追求的目标。

另外一个变化是，本书的新版中加入了旧版里没有的两章，成了"增订本"。也就是说，本书的应用题，还不断地出现在我们眼前，等待着我们去解析。

我期待有人写出中国版《厌女》，让我有幸能在不久的将来读到其日语版。

2015年中文版
作者序

听说拙著《厌女》要被翻译成中文了。

本书原有一个副标题"日本的厌女症",若在此代入其他国名,便成为"中国的厌女症""韩国的厌女症""越南的厌女症",等等。"厌女症"一词适用于各国社会。我的这本书是受到研究英国文学的美国学者伊芙·塞吉维克的《男人之间》一书启发而写的,所以,"英国的厌女症""美国的厌女症",也同样存在。很遗憾,目前我们还很难想象没有厌女症的社会。

本书由理论和实证两个方面构成。塞吉维克提供的由"男性同性社会性欲望""恐同""厌女症"这三项要素构成的理论装置非常好用。通过这个理论,我们懂得了"男性同性社会性欲望"与同性恋的区别,也懂得了同性恋男性被"女性化"的理由。更重要的是,我们知道了,所谓"男人气",是通过将女人"他者化"才得以定义的,即男人气=不是/不像女人。

塞吉维克提出的这个理论装置锐利明快,以至于谁都想运用它来解剖自己手头的材料。"喔,对了,那个集团原来就是男性同性社会性欲望的集团""那个总是围着女人屁股转的男人，原来有厌女症，其实是厌女症"……读者应该会发现，即使在中国，也和日本一样存在着无数可以用这个理论工具来解释的现象，并且因此而感到沮丧。因为，这恰恰是男人们一点儿也没变的证据。

"妇女能顶半边天"，这句充满豪迈之气的口号，我们是从社会主义中国学到的。可是，中国改革开放之后，传到我们耳里的，净是什么"企业喜欢男生""女性就业难"之类，和资本主义没有两样。当我得知"妇女回家"现象时，着实吃了一惊：日本女性希望挣脱主妇处境，难道中国女性反倒想回家当专职主妇吗？社会的变化充满矛盾。女人之难，似乎不分东西、不论体制。中国有中国的厌女症，期待有人来研究。

我们知道，日语是一种混合语言，在历史上吸收了很多汉语和英语等外来词汇，其结果就是汉字假名交杂的句子和用片假名表音的外来语。日语的这种特性，使得摄取外来概念时十分通融自如，但是也可以说，这反过来耽误了外来概念的日语翻译。在日语中，feminism、misogyny等词汇，是直接使用表音符号的片假名来标示的，所以，当我知道feminism在中文里被译为"女性主义"、women's center被译为"女性中心"时，曾在心中感叹不已。本书的misogyny一词，亦被译为"厌女症"，译语之妙，让人不禁喝彩叫好。"厌女"，当然就是一种"病"。那么，homosocial和homosexual，又是怎么区分翻译的呢？实在令人兴味盎然。

厌女症这种病，不是只有男人才患，女人也会染上。厌女症这一概念的有力之处，正在于它也可以解释女性的阴暗面。正如本书所论，比起男人的厌女症，女人的厌女症更加麻烦，因为女人的厌女症是自我厌恶。理解了这一点，许多谜都能解开。比如：为什么女人之间围绕男人相互对立？为什么说女人的敌人是女人？为什么母女关系复杂纠结？等等。虽然这些问题并不因为我们懂得其中缘由就立即能够解决，但是，至少，理解能成为面对问题的第一步。

日本的女性主义一直受着各种外来影响，本书也受到了塞吉维克这位研究酷儿理论的美国学者的影响。于是，有人说，日本的女性主义不过只是来自欧美的舶来品。

在这里，让我们来反驳这种批评。著名的后殖民主义理论家斯皮瓦克（Gayatri C. Spivak），出生在印度，拥有美国的永久居留权，执教于纽约哥伦比亚大学，从事英国文学研究。在访问日本期间的一次性别理论研讨会上，她听到一位欧洲学者提出"社会性别"这一概念并非日本本土原有的概念时，如此回应道：

"一个概念，无论诞生于何处，只要能为我用，便当尽管去用。"

当一个理论被用于实证时，理论会因适用的对象和文化背景而得以"本土化"。读过这本书之后，一定会有读者忍不住想应用它来探究自己所属社会的问题吧。正如我论"日本的厌女症"一样，读者中也会有人去论"中国的厌女症"吧。我期待着读到那本书的日文译本。

不过，倘若出现了这一理论也无法说明的现象呢？那就让我们欢迎这种脱离厌女症的新变化之前兆吧。

厌女

上野千鹤子

编者说明：

若无特殊说明，本书角标为[1]的，为作者注，见章节尾注；角标为1的，则为译者注，见当页脚注。

第一章

喜欢女人的男人的厌女症

什么是厌女症？

misogyny，译为"厌女症"。可很多有厌女症的男人其实喜欢女人。明明"厌女"，却又"喜欢女人"，听起来不可思议。那么，misogyny还有个更好懂的译法——女性蔑视。他们只把女人视为泄欲道具，无论哪个女人，只要具有裸体、迷你裙等女性符号，就能让他们发生反应，像巴甫洛夫那条听见铃声便流口水的狗，实在可惊可叹。如果男人身体中不具备这个机制，性产业就不会成立。

在性别二元制的性别秩序里，深植于核心位置的，便是厌女症。在这个秩序之下，无论男女，无人能逃离厌女症的笼罩。厌女症弥漫在这个秩序体制之中，如同物体的重力一般，因为太理所当然而使人几乎意识不到它的存在。

不过，厌女症的表现形式在男女身上并不对称。在男人身上表现为"女性蔑视"，在女人身上则表现为"自我厌恶"。换个更浅显的说法，在迄今为止的人生中，有一次也没有庆幸过没生为女人的男人吗？有一次也没有抱怨过生为女人吃了亏的女人吗？

喜欢女人的男人有厌女症，这个说法听起来可能自相矛盾。

misogyny这个英语单词不好译，还有一个说法是women hating（女性憎恶）。要是说好色男人是憎恶女性的人，读者可能会更加一头雾水、不知所云吧。

让我们想想那些被称为"性豪"的男人。他们喜欢夸耀"干"过的女人的数量。其实，这等于是在坦白，自己就是那条巴甫洛夫的狗，只要对方是女人，无论是谁都能让他们发情，对女人的身体、女人的性器甚至女人的符号或片断的肢体部位，都会条件反射地自动发生反应。其实，让他们发生反应的，不是女人，而是女性符号。如若不然，是不可能把所有女人都纳入"女人"的范畴之中的。

森冈正博的《无感男人》（2005）一书，是男性学（男人的自我观察与审视的学问）的成果之一，他在书中就这样一个问题自问自答：男人为什么会对超短裙发情？不，我这个男人为什么会对超短裙发情？他坦率地承认了自己对超短裙的恋物癖欲望，无论超短裙穿在谁的身上，男人还是女人，即便知道对方其实是男人，还是会对超短裙这个符号发情。恋物癖是一种通过换喻关系置换欲望对象的符号操作。看来，男人的恋物癖欲望的身体化程度已经达到如此地步，即使是片断的女性符号，也会让他们轻易而迅速地发生反应，如自动机器一般。为避免误解，应该再说一句，恋物癖并非动物本能，而是高度的文化产物。连巴甫洛大的狗的反应，也是"学习"规则的结果。

吉行淳之介与永井荷风

一说起喜欢女人的厌女症男人,伴着苦涩的滋味浮现在我的头脑中的,便是吉行淳之介。吉行是文坛著名的风流公子,据说很得女人喜欢。他描写的是娼妓的世界,即以出卖身体为业的"内行女人"[1]的世界。其成名作《骤雨》曾获芥川文学奖,据说是意识到永井荷风的《濹东绮谭》而写的。永井也写做身体买卖的女人。好色的厌女症男人都喜欢娼妓。他们的喜欢,并不是把娼妓当作人来爱。他们喜欢的,是对用钱买来的女人的任意玩弄和控制,甚至让她们身不由己地主动服从自己。被视为永井所作的《榻榻米房间秘稿》(1972)[1],写的是让卖身女人因性快感而达至忘我的嫖客"达人"的文化,是一个将终极的男性支配通过语言来实践并完成的文本。

奥本大三郎(1981:162)对吉行淳之介的评语是"毋庸置疑属于厌女思想谱系中的作家",他还加了一句"可是,有厌女思想的人却又不能不在意女人,这便成为他们的软肋"。奥本嘲笑吉行的女性读者增多的现象,"那情形仿佛小鸟停在猎枪上"。

奥本一语道破了好色男人的厌女症。"好色男人的厌女症"之谜,应该如何解释呢?是否可以说,因为他们对男人的性的主体化不得不依赖他者女人这一悖论非常敏感?换个说法是,每一次想要证明自己是个男人时,都不得不依赖女人这种"恶心污秽不可理喻"的"动物"来满足欲望,男人对这个事实的怨与怒,

---

1 "内行女人"指性行业中的女人;下文中"外行女人"指性行业以外的女人。

便是厌女症。

男人在内心深处某个角落一定想过，要是不靠女人自己也能过该多好。所以，崇尚少年爱的古希腊人的厌女症，比异性恋的现代人更彻底。我对美化男性形象的同性恋者持不信任的态度，便来源于此。

约二十年前，我和富冈多惠子、小仓千加子三人合著出版了《男流文学论》（1992），那本书开篇便拿吉行淳之介来开刀，是因为我对他抱有满腔怨恨。我虽然并没有受到过吉行本人的性骚扰，但却不得不忍受来自吉行读者的同龄男人们的近似性骚扰的话语。他们对我说："去读吉行！读了你就懂得女人了。"

甚至有女人为了知道什么是女人而研读吉行。的确，别的女人在床上的举止，不问男人是不知道的，所以要向女性经验丰富的男人请教。不过，她们终有一天会发现，那里描写的不是真实的女人，而是男人对女人的幻想。当然，即便如此，女人可以从中学到配合男人、当他们的合演伙伴的"智慧"——把吉行的书当作这种教科书来"学习"的女人，也会有的吧。

吉行仅仅因为性交的次数多、人数多，并将那些经验当作小说的主题，便在文坛上被视为"精通女人"的人。性交过的人数多，实在不足为夸。尤其当对方是"内行女人"时，夸耀的不是性能力，而是权力和财力。吉行身为作家吉行荣助和成功的美容师吉行安久利之子，想必是衣食无忧的公子哥儿吧。女人是会轻易地屈从于权力、财富和权威的。吉行在银座的酒吧深受女人喜欢，不单因为花钱大方，更重要的是他用作家头衔做自我介绍吧。现在的流行作家渡边淳一也是这样。当年永井荷风去问访花柳巷时总是隐瞒作家身份，仅仅因为善于应对女人而大受欢迎，可没听说吉行和渡边有此类逸闻。

吉行有妻室，但同时又与一位著名演员过着俨然夫妻的生活。他死后，有个女人自称是其小说《暗室》里的女主人公，世人才知道他晚年还养了一个女人。《暗室》几乎就是写实的私小说。小说中，吉行的一个做演员的情人自己有经济能力，但另一个情人靠吉行包养。本来，这个情人与吉行之间的关系既然完结在"暗室"之中，那就应该保持沉默封存起来，但她那份做过"那个吉行的女人"的骄傲，让她不公诸天下便得不到满足。吉行死后，她把两人的"暗室"生活翻来覆去写了好几本书［大塚（英子），1995］。

我很难忘记，自己曾经读过的一篇某娱乐界笑星发表在一家周刊杂志上的随笔。此人现今名气很大了。他说，在他陷入自卑低潮的时候，他就翻出记事本，找出女人们的电话号码，挨个儿打电话："我是艺人某某，现在没空来说好听的话哄你，限你多少多少分钟之内自己赶到我这儿来。"如果确有女人来了，他才终于感到"看来我还能行"，从而安心。读到那篇随笔时，我被那个艺人的过分坦白吓了一大跳，也知道了靠人气吃饭的男人心理之脆弱。接到电话就赶来的女人，只是冲着艺人的名气，不是因为他的人格或身体。因为对方是名人便欣然前往的女人，与等候歌星、球星叫陪床的追星粉丝没什么两样。对于打电话的男人，女人换谁都无所谓；同样，对于女人，对方也不是一个特定人格的人，只是一个符号。这个道理，男人当然完全懂，但他还是会因为有女人愿来而得到安慰治愈。这时，男人想要确认的，不过是自己的名声权力的符号效应。我当时的感想是，男人的性的异化已经严重到这个程度了吗？

吉行淳之介的小说《砂石上的植物群》（1985）中有个情节：一个郁闷消沉的工薪族，走投无路，便去找娼妓，在女人身上发泄"类似愤怒的感情"。其实，娼妓本来就是为了方便发泄"类似愤怒的感情"而存在的。在吉行看来，对于男人的发泄，女人不但不反抗，而且完全接受，甚至转换为自己的快乐，女人就是这么方便的一种东西。女人被男人当作发泄郁闷愤怒的垃圾场，可如果那是女人自己想要的，甚至还很享受，男人就不必背负罪恶感了。而当女人"不再痛苦，发出欢喜的呻吟"时，男人又在心中感叹"女人这东西真是妖怪魔物"，由此将女人放逐到未知的世界里去。这样，男人便把女人双重地他者化了。

吉行的这篇小说是否基于真事，我无从得知。不过，很难想象嫖客还介意娼妓的快感（之所以花钱买娼，本来不就是为了无须在乎对方的反应吗），而且，女人是否真的得到快感，不问本人谁也不知道。那样的女人也许的确存在，不过，即使没有快感，"发出欢喜的呻吟"这种小动作，也是女人的拿手好戏。根据《新·摩尔报告》（モア·リポート编集部，1990），六成以上的女人回答"假装过性高潮"，其中七成以上确信"男方没看出是假装"。［女权主义运动之后出现的《海蒂性学报告：女人篇》（Hite，1976）一书，是对女性性生活的大规模调查报告，具有里程碑意义。仿效该书对日本女性性生活实态所做的调查，即《摩尔报告》，《新·摩尔报告》为修订版］有男人夸口能看破女人的伪装，其实，不过是你哄我骗，真相谁也没法知道。

有些标榜反世俗姿态的所谓"性探索小说"，其情节展开与色情文学的常规套路相似得令人吃惊。色情文学的铁定规则是：第一，女人是诱惑者；第二，女人最后一定被快感支配。这种结构手法非常好懂。首先，"是女人先勾引我，可不是我的错"，男人的欲望由此得以免责。然后，即便是把不情愿的女人强行推倒在地的强奸，最后还是以女人的快感结局，仿佛在说："怎么样，你不也得到快感了吗？"好像女人的性器是可以把所有的痛苦和暴力都转换为快感的无底黑洞。为男性读者制作的色情文学，最后的终极点不是男人的快感而是女人的快感，这个现象看似矛盾，其实根本不是什么谜。

因为，女人的快感，可以成为测定男人性能力达成度的指标，也是男人对女人的性支配得以完成的目标。"我那活儿好，女人离不开"，不想这样夸口的男人，有吗？

在这里应该陈述一个事实，女人的快感并非如此便利的东西（对男人而言的便利）。因为这种幻想被播散得太广，我担心有人会信以为真。吉行就是散布这种性幻想的犯人之一。事实上，在那个时代，对此确信不疑的男人和女人都有，他们就是那些以为"读了吉行就能懂得女人"的人。这种话语，对男人来说，不过是一种便利；可对于女性，却成为一种压迫。因为女人们会想："我不能像吉行笔下的女人那样得到快感，是不是意味着作为女人，我还不成熟？"让女人去读吉行的男人们，不过是想大量产出便利于自己的女人。

实际上，读了吉行，也不懂女人。读他的作品，懂得的只是男人的性幻想——关于"女人是什么、应该是什么、希望她是什么"的幻想。这与"东方主义"极为相通。爱德华·萨义德将"东方主义"定义为"支配、重构和压制东方的西方模式""关于何为东方的西方知识体系",所以,无论读了多少西方人写的关于东方的书,懂得的只是西方人头脑中的东方幻想而不是真正的东方——这就是萨义德《东方学》(Said,1978)一书的发现。

在吉行的心目中,其实有个对手,就是他奉为范本的、被称为"置身陋巷的反俗作家"永井荷风。作为战后文学流派"第三新人"成员之一的吉行淳之介,不过是即将被日本文学史忘却的二流作家(吉行的读者现在还有多少呢),但永井荷风不同。永井是至今仍被反复回顾参照的文学史上的大师。倾慕永井并以他为摹本的男性写手,远远不止吉行一人,至今不绝。这让我不得不忧虑奥本大三郎所说的"厌女思想谱系作家"的反复出现。

永井也喜欢女人,他出没于花柳巷,比起当娼妓的客人更喜欢做娼妓的情人。与吉行不同的是,永井隐去作家身份,以"职业可疑但性情很好的大叔"的面目出现在娼妓面前。他颇得她们的喜欢,当然花钱大方可能是一个理由,不过他从来不以社会地位作诱饵,却能得到娼妓给他的情人待遇。吉行看到成了自己情人的娼妓去接别的客人会感到嫉妒,但永井看到相好的女人有客来,会节制地躲起来,不打扰她的生意。不难想象,比起吉行,永井更精通男女之道,更会把握女人,性爱技巧亦应非同寻常,据称他曾将竭力自我控制不去达到高潮的"内行女人"身不由己地引入高潮。看到这里,是否会有读者在心里想"真想和这种大叔交朋友"?可是,要是我说,永井也是"厌女思想谱系作家",是否有些难以理解?

在《濹东绮谭》中,永井这样描写陋巷中的女人:

> 吾年少时便入脂粉之巷,至今未悟其非。曾因一时因缘,随女所愿,纳入家中,使其把帚持家,然皆以失败告终。彼女一旦境遇得变,不再以身为贱,便一变而为不可教之懒妇也,若非懒妇,则成不可御之悍妇也。(永井,1971:104)

虽然永井为了接近娼妓而隐去身份,但自从有次被警察盘问之后,他便一直随身携带证明自己身份的印章、印章证明和户籍抄本,很是小心周全。当然,这是为了向警察显示,自己本为有相当身份地位的绅士,并非真正属于出入此等陋巷之辈。也就是说,永井一面与陋巷中的女人们交际,一面手持自己属于另一世界的证明,他绝不会允许女人们越界侵入自己的领地。所以,他与娼妓的关系成立的前提,是把女人全然视为另一个人种,并非以同等高度的视线与她们交往。

如永井这般,在一个阶级和性别严格分界的舞台装置之中,对挣扎在苦海中的女人表达的同情、对她们不幸身世的共情,便成为身处绝对安全圈之内的人们自我满足的精神资源。即便这样,有时也不过是逢场作戏。娼妓根据客人爱好编制各类身世故事讲给客人听,让客人当"好人",给客人"增值",这实为一种广为人知的商业行为。永井绝非不谙此道的纯情少年,他当然不会把娼妓的故事全盘当真。《濹东绮谭》中有个叫阿雪的女子,她向永井表现出超乎游戏的纯情,结果,正如永井自己承认的那样,"非但玩其身,连其真情一并玩了"。(永井,1971:105)

逃离女人的男人们

吉行淳之介的作品,让人读着生气,不过,也可以换个读法,把它当作理解男人性幻想的适当文本。这么一来,吉行的书就成了令人吃惊的、赤裸裸地暴露男人到底是什么东西的好教材,让人愤怒恶心的阅读体验,也变成了一种学习型的阅读经历。实际上,倘若不这么转换思维,大多数男人写的东西是不能心平气和地读下去的。就连在诺贝尔奖作家大江健三郎的作品中,也如加藤秀一所言:"随处可见对女性主义充满戒备的奚落和露骨的恐同的言辞。"(加藤,2006:100)所以,与其每次恶心生气,不如换种思维,就像萨义德对东方主义所言,不把男人的作品视为"关于女人的文本",而是当作"关于男人性幻想的文本",那么,便会从中学到很多东西。在这些文本中,对男人这个谜,他们谈论得很坦率,坦率得让人吃惊。

对近代日本的男性文学,就有一个这么来读的文学研究者,水田宗子。她在《逃往女人与逃离女人》一文中写道:

> 说男作家没有理解女性、没有写出真实的女性、没有把女性作为一个人来写,这种指责本身是正确的,可是,作为对男作家的批判,则不得要害。(略)我们应该做的是,通过批判性的分析,揭示出男作家在编织男人内心世界时所抱有的"关于女人的梦想"的构造。男作家们随心所欲地在女人身上寄托梦想,随心所欲地解释女人,正是他们所描写的梦想中的女人与真实的女人

之间的巨大差异，才使男人的内心风景更为绚丽多彩。

（水田，1993：75）

我把这段文字视为对我们的《男流文学论》最痛切的批判。男人虽然描写女人，但其实是在饶舌地谈他们自己。正如水田此篇论文题目所示，她用"逃往女人"和"逃离女人"这两个关键词来解读近代日本的男性文学。这个模式或许稍稍过于大胆，却是让我茅塞顿开的一大发现。水田说，近代男性文学中的〈女人〉（并非真实的女人，而是作为恋物癖符号的女人，故加尖括号），是构成男人内心世界的私人空间。男人为逃避公共世界而寻向〈女人〉这个空间，可在那里遇到真实的女人，发现对方是"不可理喻令人不快的他者"，于是又从那里尝试再次逃离。这种逃离，是"逃离家庭"还是"逃往家庭"，则因时因地而定。"逃离家庭"很容易理解，但逃离之后，他们发现的是不能满足他们梦想的另一个他者，所以再次逃离。这番解释让人一下读懂了好多近代男作家的私小说。吉行的作品也不外乎是这个类型。

关根英二，我的同代人，一位日本文学研究者，曾一度沉迷吉行，后来终于"毕业"。他坦陈了吉行作品对男人们的巨大魅力。关根的论文集，书名为《"他者"的消失——吉行淳之介与近代文学》（1993），这个题目意味深长。将女人"他者化"，其实是把女人归入自己能够控制的"他者"范畴之中。这样的他者，既充满魅力又可以轻蔑。无论是将其视为"圣女"来崇拜，还是当作"贱妇"来侮辱，都是一枚硬币的两面。据说，使关根从吉行"毕业"的原因，是他与一位美国女性恋爱并结婚一事。因为这位来自异文化的女人，不断坚持"我不是随你所愿的他者"。这里出现的他者，是真正的"他者"，既不能被理解也无法被控制，一个全然不同于自己的怪物。

在《男流文学论》中，我把岛尾敏雄的《死之棘》视为日本近代文学所能达到的一个高度。在岛尾的这部小说中，他逼真地写出了妻子作为"异形他者"的原本状态，作家没有企图逃离。我那么推崇他，是因为深深知道这种态度在男人中多么罕见。

水田还将她的分析再往前推进一步。她问，女作家又如何呢？为了发现自己的内心世界，她们也梦想了〈男人〉吗？答案是完全不对称的。男人梦想女人，但女人们早早便从〈男人〉这个现实中觉醒过来了，她们逃往的去处，不是男人，而是女人，她们自身。水田轻松地得出结论："近代女性文学的特征是男人幻想的稀薄。"（水田，1993：86）就连在性幻想的构成中，性别也如此不对称。

斋藤环有个深具慧眼的发现，他指出，"对偶幻想"是男人做的一个梦（2006b）。当然，也许会有女人陷入男人的性幻想之中，愿与男人一起合作，扮演男人"梦想中的女人"。但今天的女人，已经不想再干那种蠢事了，她们已经开始退出男人的脚本了。如今，男人从现实世界里的女人那里逃离，转去向虚拟空间里的女人"萌情"。今昔无异也。

◆ 作者注 ◆

[1]《榻榻米房间秘稿》(四畳半襖の下張り),被视为永井荷风所作,是一部戏作风格(译注:"戏作"指江户时代通俗小说)的色情作品。1972年刊载于杂志《面白半分》时,因被警察检举,成了广为人知的"《榻榻米房间秘稿》事件"。

第二章

男性同性社会性欲望
·
恐同
·
厌女症

男人的价值由什么决定

当我看着男人,经常不由得想:男人其实更喜欢和男人在一起吧,男人与同性共度时光,比跟女人在一起时更舒畅快活吧。女人的价值由男人的选择而定(据说如此),可男人的价值不是由女人的选择来决定的。在这一点上,异性恋的秩序,对于男女是不对称的。那么,男人的价值是由什么决定的呢?是在男人世界里的霸权争斗中决定的。对男人的最高评价,是来自同性的喝彩吧。就像在古装武打片中可以看到的场面:两位高人交手,打得难分难解之际,对方逼近过来,在耳边低语"你这家伙还真行"。那种悸动的快感,是女人的赞叹没法比拟的。我不是男人,不知道男人心里到底怎么想,但是,我这样推测是有根据的。

男人喜欢在男人世界里的霸权争斗中,让自己的实力得到其他男人的承认、评价和赞赏。在霸权争斗中,有为地位的权力争斗,有为财富的致富争斗,有为名誉的威信争斗,等等。如果在霸权争斗中获胜,作为奖励品,女人随后会自动跟来——直到最近仍是如此。活力门公司原社长堀江贵文的豪言"女人跟着钱来",未必是夸张。男人喜欢成为英雄,女人喜欢成为英雄的男人。一个男人若想得到女人,更为快捷的方式,是先在男人之间的霸权争斗中获胜。英雄身边美女成群。男人在意女人的评价,是在女人凭自己的能力获得地位财富名誉以后的事。

与之相应的情形,在女人世界里不会发生。女人世界里的霸权争斗,不会只在女人的世界里完结,一定会有男人的评价介入,将女人隔断。至少,男人认可的女人与女人认可的女人,评价标准不是一致的。

男人之间的这种强有力的纽带,我长久以来误认为是同性恋。男人之间的性爱关系被称为同性恋,为与这种同性恋相区分,塞吉维克(Sedgwick,1985)将不带性爱关系的男人之间的纽带称为"男性同性社会性欲望"[1]。在日语中,homosexual被译为同性爱,但homosocial至今还没有恰好对应的译语。塞吉维克的那本书,在日本的书名为《男人之间的纽带》[2],这种译法也许是最恰当的。homosocial与homosexual,两者似是而非、似非而是。为了尊重这种语感,我就不勉强译成日语的和式词汇,而直接使用表音的片假名。

---

[1] "male homosocial desire"的中文译法,参照《男人之间》(郭劼译,上海三联书店,2011)。
[2] 塞吉维克该书的日文版为《男同士の絆——イギリス文学とホモソーシャルな欲望》(上原早苗、亀澤美由紀訳,名古屋大学出版会,2001)。

男人纽带的成立条件

前面我写道,"男性同性社会性欲望"就是"不带性爱关系的男人之间的纽带",但更准确的说法是,"压抑了性存在的男人之间的纽带"。

"性存在"是什么意思?弗洛伊德将"生的欲动"分为自我确认(identification)和性欲发泄(libido cathexis)两种。前者译为"同化",后者译为"欲望满足"。社会学学者作田启一,用最为简明的说法,将这两者表达为"成为的欲望"和"拥有的欲望"。出生于父母之间、成长于三角形家庭中的孩子,渴望与父亲同化、拥有母亲(替代者)的人,就成为男人;而渴望与母亲同化、拥有父亲(替代者)的人,就成为女人。因为无法拥有现实中的母亲(已为父亲所拥有),便寻求母亲的替代者为妻的人,就成为异性恋的男人。同时,发现母亲与自己同样没有阳具(作为象征的男性性器)而渴望父亲的阳具的人,则通过生儿子来寻求阳具的替代品,实现与母亲的同化,这就是异性恋的女人。也就是说,只有那些把"成为的欲望"和"拥有的欲望"成功地分别投向异性双亲身上的人,才能顺利地成为异性恋的男人或女人。这种精神分析的成长理论,不给人们成为男人或女人以外的其他选择,不过,这种理论也承认,在这个成长过程中,会有"失败"的可能性。弗洛伊德的成长理论,本来并没有生物学宿命论的因素。顺便提一句,将弗洛伊德理论彻底地符号化的精神分析家是拉康。斋藤环的《拉康:为了活下去》(2006a)一书,正如作者自诩的那样,的确是"解说拉康最好懂的日文书"。读了他的书,弗洛伊德理论会更容易理解。

那么，同性恋者是怎样的人呢？按弗洛伊德的说法，是"成为的欲望"和"拥有的欲望"这两种性欲望的分化失败了的人。也就是说，男同性恋者，就是将"成为的欲望"和"拥有的欲望"两者都指向了同性男人的人。

可是，"成为的欲望"和"拥有的欲望"，不是那么简单就能分离的。"想成为像那个人一样的人"的强烈渴慕和"想拥有那个人"的热切渴念，这两种欲望常常是重叠的。塞吉维克指出，男性同性社会性欲望中包含同性恋欲望，两者是连续体。

男性同性社会性欲望中包含同性恋欲望，是一件伴随危险的事。因为，"成为的欲望"是通过与对象的同化而成为性的主体；而"拥有的欲望"则是通过将欲望指向对象而将对象作为性的客体。因此，不能把同化对象的他者（主体）同时也作为性欲望的对象（客体）。"同化"，是指通过"成为那样的人"（即成为他者）来成为主体。在异性恋秩序中，儿子"成为男人"，就是与父亲的同化，即成为像父亲那样拥有女人（客体）的性的主体。

一部男人的历史，可以理解为因调整"成为的欲望"和"拥有的欲望"二者之间的关系而受苦的历史。福柯的名著《性经验史》（Foucault，1976）一书也可以从这个角度去解读。在古希腊，性爱的最高等级是同性恋。准确地说，是对少年的爱，不是成年男人之间的性爱。自由民的成年男人能获取的性对象只限于少年或奴隶，双方关系是不对称的。女人，只是为自由民男人生子的工具，被视为与家畜、奴隶同等的财产。异性恋对于有责任的自由民男人是一种义务，少年爱才是他们高贵的权利。

为什么说古希腊的同性恋是不对称的呢？因为，使用阳具的"插入者"（penetrater）与"被插入者"（penetrated）之间，是一种单向的关系，"被插入者"被视为居于劣位。换个说法就是，"插入者"是性的主体，"被插入者"是性的客体，两者角色不能混淆。其中，如果是自由民少年基于自由意志（其实是被引导）主动选择成为性爱客体，那便被视为最高价值的性爱；奴隶没有自由选择的权利，所以，与奴隶之间的性爱，价值就低了一等。自由民的少年，虽然居于"被插入者"的地位，但长大成人后，他也可以将其他少年作为性的客体，那时他自己就成了性的主体。

被插入、被得到、成为性的客体，这些说法的另一种表达，就是"被女性化"（feminize）。男人最恐惧的，就是"被女性化"，即性的主体地位的失落。

男人的同性社会性欲望的纽带，就是相互认可的性的主体者之间的纽带。"你这家伙还真行"的赞许，便是这种主体成员之间的相互认可，也就是"好，让你加入到男人世界里来"的盟约。在这个由主体成员构成的世界里，如果出现了同性恋欲望，就可能相互沦为性的客体。主体成员的客体化现象一旦发生，结果将会引发"阶层的混淆"。所以，可能导致性的主体者之间相互客体化的性爱欲望是危险的，必须被禁忌、压抑和排除。

塞吉维克还指出，由于同性社会性欲望和同性恋本来难以区别，所以对同性恋的排除便更加残酷。要否定自身本来有的东西，比起排除完全异质的东西，其行为不得不更为激烈。正因为如此，"那家伙是个同性恋"，就意味着丧失在男性集团中的成员资格，成为男人之间最大的辱骂。将不具有男人价值的男人从男人集团中驱逐出去时，使用的表达为"同性恋"，即"像女人的男人"，这个女性化的比喻极具象征意义。男人对潜伏在自己集团中的"同性恋"的恐惧，也就是对自己也许会被当作性的客体即丧失主体地位的恐惧。所以，男性集团中对同性恋的搜索非常严厉。这就是"恐同"。为保证男人集团的同质性，即保证每个成员皆为性的主体，这是必不可少的。

由此可知，男人的同性社会性欲望是由恐同来维系的。而确认男人的主体性的机制，是将女人客体化。通过一致将女人作为性的客体，使性的主体者之间的相互认可和团结得以成立。"拥有（至少一个）女人"，就是成为性的主体的条件。

"拥有"一词很确切。"像个男人"的证明，就是把一个女人置于自己的支配之下。"连让老婆听话都做不到，还算什么男人！"这种判断标准至今仍然有效。所以，厌女症就是绝不将女人视为与自己同等的性的主体，而是将女人客体化、他者化，更直接地说，就是歧视、蔑视。

男人的同性社会性欲望，建立在厌女症的基础上，由恐同来维系。这就是塞吉维克教给我们的精彩的理论。

上述理论术语，可以换成更易懂的口语化表达，即相互承认对方为男人的人们之间的团结，是通过将没能成为男人的人和女人排除在外加以歧视而成立的。男人的同性社会性欲望，不但要歧视女人，还需要严格管理与同性恋的分界线，并不断地将之排除在外。这反过来证明，男人这个东西，是建立在多么脆弱的基础之上。

不过，对于这种排除中间项的性别二元制所具有的普遍性，有人举出反证表示怀疑。比如德勒兹、加塔利等人所说的"n种性"[1]。事实上，在人类历史上，不是只有男人和女人，还存在被称为"第三性"的非男非女的中间性别。如北美印第安的博达切（Berdache）[2]、印度的海吉拉（Hijra）[3]、汤加的法卡莱奇（Fakaleti）[4]等特定人群。可是，属于这个范畴的人群，都有以下共通点。第一，他们在生物学上是男人；第二，他们通过女装等女性符号而被女性化；第三，他们常常不仅担任宗教仪式中的角色，还向男人卖身。总之，他们是"虽为男人但未能成为男人的男人""被女性化了的男人"，他们的存在意义，完全就是向男人提供服务的性的客体。这样的"第三性"常被当作"n种性"的存在证据，可是，从以上分析可知，称之为"第三性"是一种误导，他们不是位于男女之间的性别，而是从属于性别二元制之下的次等范畴。只有男人才能转为"第三性"，而女人却不能，这反过来证明了性别二元制是何等强固。"n种性"在理论上可以成立，但在现实中却不存在，由此亦可得到反证。

男人的性的主体化认同，是以将女人作为性的客体而成立的，因为性别分界线可能产生混乱，所以必须严格管理。明白了这个道理，许多难题便迎刃而解了。

比如，为什么战争中的强奸常常是当着其他同伴的公开强奸或与同伴一起的轮奸？在这里，性行为没有私密性。彦坂谛在《男性神话》（1991）一书中回答，战时强奸的目的是强化男人之间的连带感。我们没必要发出"男人在那种状态下也能勃起吗"这种天真朴素的疑问。在那种状态下也能勃起，正是被同性认可——"好！承认你也是个男人"的条件。把女人作为共同的祭品，是男人之间增进连带感的一种仪式。

战时强奸，实质是日常和平时期的轮奸的延伸形式。这里，我想起了早稻田大学一个叫Supper-Free的学生俱乐部的强奸事件。我曾有机会阅读关于这个事件的记录资料（小野，2004），那份资料记叙的事件经过如下。在一次晚会上，这个俱乐部的会员用度数很高的酒把女生们灌醉，在她们几乎失去意识的状态下，会员们集体把她们轮奸了。年长的会员说，要让从地方来东京念书的后辈"尝尝好滋味"，唆使他们"下一个该你了"。对这种男生，我们该说什么才好？即便面对的是醉如烂泥、口吐秽物、丧失意识、全无反应的女体，居然也能勃起，我们该说现在的青年男子的性的主体化已经确立到了这个地步吗？现代社会存在温柔、被动的"草食男"，反之也在产出"野兽男"。在我的研讨课上写过关于这个事件的报告的学生，由此得出结论：狭隘的特权意识、男人气、在共同犯罪中产生的同性社会性欲望的连带感，堪称"绝妙的劳务管理术"。劳务管理术与军队士兵管理术，何其相似！

男人一直在谈性吗

再举一个事例，男人之间的下流话。所谓说"下流话"，就是男人共同把女人当作性的客体将之贬低、用语言加以凌辱的一种仪式性交谈。不要以为以下半身为话题就等于下流话。下流话自有一套规则和程序，是男人作为性的主体进行相互确认的仪式。加藤秀一（2006）称之为"男人话语"。

我一直有个怀疑：关于性，男人们虽然看起来谈了那么多，可对自己的性体验，他们其实并没有以第一人称来表述的词汇。女人一直忌讳言及下半身和性器。因为只要一开口，就只能使用男人们用的充满对女人的侮辱的词语，于是想说的话也踌躇着说不出来。比如，在日语俗语中，"性交"一词为omanko-suru，而不说tinko-suru[1]，性行为用女性性器而不是用男性性器来指代，就是一个极端典型的例子。女人的性器直接成为性行为的代名词，表明女性性器完全被视为男人欲望的客体，仿佛不是女人自己身体的一部分。将女性性器称为阴部、性毛称为阴毛，也妨碍了女人面对自己的身体。直到最近，女人们才终于开口谈自己的身体和性，相互都为这种经验的新鲜而惊喜兴奋，其中的代表作有《海蒂性学报告：女人篇》、《身体・我们自己》（Boston Women's Health Book Collective，1984）等书。

每当听到有人说"女人终于开始谈性了"，我头脑中便掠过一个疑问：那么男人呢？男人们真的谈过性吗？看似那么喜欢说下流话的男人，其实不过是在下流话的固定格式中谈性，男人的未经格式化的个体经验，其语言表达难道不是一直都被压抑着的吗？反倒可以说，固定格式对男人的性的主体化的压抑非常强有力。

荻野美穂是《关于身体的研究2——作为资源的身体》（鹫田ほか编，2006）一书的编者，她向男性研究者加藤秀一提出一个问题：身体对于男人意味着什么？对于她的问题，加藤（2006）努力而胆怯地试图用第一人称作出回答。提倡身体史研究的荻野，一直严厉批评男人身体缺席的现象。她指出，一说到身体，就不言自明

---

[1] omanko指女性性器，suru为动词（相当于英语的do）。tinko指男性性器。

地想到被对象化了的女性身体，连男性学者以身体史为研究对象时，也从来没人以男性身体为主题。加藤在接受她的批评后，给自己定了一条伦理规则。他把"第一人称的身体"与"第三人称的身体"加以区分，指出男人谈论的身体全是"第三人称的身体"。比如"你也是个男人，应该能懂吧"，便是一种相互寻求赞同的固定格式的话语，加藤将之称为"男人话语"。他给自己定下的伦理规则，就是禁止使用"男人话语"，探索不用"男人话语"的可能性。不过，他的诚实态度虽然值得肯定，但其尝试本身并不成功。

男人为成为男人而实践的同化与排除行为，不是单独一人能完成的。社会学学者佐藤裕在《论歧视》（2005）一书中尖锐地指出"歧视需要三个人"。对他为歧视下的定义，我稍加修改，这样表述：歧视就是通过将一个人他者化而与共同行动的另一人同化的行为。如果把前面的"一个人"换为"女人"、后面的"另一人"换为"男人"，直接就成为对"性歧视"的定义。

佐藤举出了一个极具说服力的事例。比如，男人A说"女人脑子里怎么想的，真是弄不懂"。这句话，不是男人A对女人B说的，而是对男人C说的。男人A发出这种话语的意图，是想寻求男人C的同意，试图和他一起将女人B他者化，从而构成"我们男人"的集体认同。女人B这时是否在场无关紧要。正如佐藤指出的，排除是一种共同行为。如果男人C回答"对，完全如此"，对男人A表示赞同（即与男人A同化），那么，歧视行为就得以完成。而假如男人C表示反对"不，没那回事儿"，男人A的男性集体身份认同的企图就在这里失败了。那么，男人A为掩盖自己的困惑恼怒，会转而攻击男人C，把他视为对男人世界的偏离："怎么？你还是个男人吗？"不是男人就是女人，不是女人就是男人。在不允许中间项存在的顽固的性别二元制之下，偏离了男人世界，便等同于"被女性化了的男人"。

与佐藤一样，加藤也从话者与听者的共犯关系来探讨"男人话语"的形成机制，他所说的"男人话语"，就是指这种强迫听者与固定格式同化的话语方式。

于是，我们得知，担保一个男人为男人的，不是异性的女人，而是同性的男人。男人的性的主体化，需要的是认可自己为男人的男性集团。正如拉康一语道破"欲望乃他者之欲"，男人是通过模仿其他男人的性欲望而成为性的主体的。所以，成为男人的途径，没有任何多样性。下流话成为一种固定格式，绝不可能成为第一人称"我"的话语，理由就在这里。男人那么拘泥于勃起能力和射精次数，是因为只有那才是男人之间可以比较的一元化尺度。当我们叹息"男人的性多么贫瘠"的时候，我们必须追溯到更为根源的问题，即男人的性的主体化途径本身，就是一种排除了偏离和多样性的固定格式。

◆ 作者注 ◆

[1] 法国哲学家德勒兹和精神分析学家加塔利在其合著《反俄狄浦斯情结——资本主义与分裂症》（Deleuze et Guattari, 1972）一书中提出的表示性的多样性的概念。
[2] 指北美印第安社会中的"第三性"，即女装男人的范畴。

[3] 指印度贱民中的"第三性"集团。为女装的男人,也有接受阉割手术的。既从事宗教仪式,也操卖身业。
[4] 指汤加的"第三性"。生物学上的性别是男人,但从事女人的工作,动作姿态像女人,有时会和男人结婚或卖身。在萨摩亚也有被称为fa'afafine的"第三性",即从事女人的工作的男人(石原,2005)。

第三章

性的双重标准和对女性的分离支配
——以"圣女""娼妓"为名的他者化

社会性别·人种·阶级

当我们与他人无论如何也无法沟通,或者想要放弃去理解的努力时,我们会不由自主地脱口而出"终归人种不同,没办法"。

像我这样的人,看着男人们,有时忍不住想嘀咕:怎么回事,真不敢相信是同一种生物,终归人种不同。

每当"婴儿潮一代"被笼统地当作一个整体来谈论时,我一直坚持说这一代男人和女人"人种不同"。这是忠实地坚守"浪漫恋爱"信念的最初也是最后的一代,可这一代男女配偶的结局却是同床异梦。20世纪60年代后半期,在男女择偶行为中,"恋爱结婚"的比例初次超过"相亲成婚"。在父权家庭中长大的这一代男女,热烈向往自由恋爱的结婚,并付诸实践。没有任何人强迫,明明是自己挑选的人,可是,那时自己"爱上"的,就是眼前这个"外星人"吗?——肯定有不少的妻子是怀着一种落寞萧索的心情在望着饭桌那头的丈夫的脸吧。

萨义德在《东方学》(Said,1978)一书中指出,把对方当作不可理解之物(异人/异物/异教徒),将之从"我们"之中放逐出去的方法(亦称"他者化"),有"人种化"和"性别化"两种，这两种方法互为一体，即"东方"等于"女人"。这里的"东方"是"异国"（异乡）的别名，"东方主义"是将与自己不同的社会他者化的方式。

萨义德将"东方主义"简明地定义为"关于何为东方的西方世界的知识体系"。"东方主义"，就是关于东方是什么、应该是什么、希望它是什么的西方人的幻想的别名。因此，他们无论知道了多少东方主义，对真正的"东方"还是一无所知，他们知道的不过是西洋人头脑中的东方。

最脍炙人口的"东方女人"，应该是普契尼的歌剧《蝴蝶夫人》中的女主人公。对，在东方主义的视野中，日本就被表象为"蝴蝶夫人"。用现在的话来说，蝴蝶夫人就是单身赴任的驻外人员的当地妻子，她的情人接到本国的调令后体面地抛弃了她，但这个死不甘心却又软弱无力的女人，日复一日望着大海，沉溺于"在一个晴朗的日子，你一定会来接我"的幻想之中。无须赘言，这个幻想，不是蝴蝶夫人脑子中的，而是创作出蝴蝶夫人这一形象的普契尼的脑子中的幻想。

对于西方男人，没有比这更舒适方便的幻想了。对方是自己不能理解的他者，这意味着，那既是充满迷幻魅力的快乐之源，又是不会给自己带来丝毫威胁的、完全无力的存在。对方不但作为诱惑者主动委身，还在自己离去之后毫无怨恨地继续爱慕自己。男人对"被我抛弃的那个女人"所怀有的一点点心痛的感觉，也因女人的爱的伟大而得到净化。还有比这更能满足西方男人自尊心的故事吗？质疑"怎么可能有那种女人"的声音，被西方人的巨大幻想所淹没，没人听见。东方主义就是让支配集团不去面对他者现实的装置,所以,无论如何陈述"日本女人其实是这样的",这种声音也传不到他们的耳朵里。用更低俗的话说,东方主义就是西方男人的自慰品。我真弄不懂看到这种自慰品还拍手喝彩的日本观众的心思。我一看到《蝴蝶夫人》就作呕,根本没法心平气和地看下去。

人种与阶级也是合为一体的。

在最近的人种研究中,与"社会性别"(gender)一样,人种亦为历史建构的产物,这已经成为常识。人类是一属一种,无论任何人,99%的DNA是相同的,但却偏要制造出"人种"(race)的概念,用肤色把人区别开来。所谓"性别",就是通过排除"非男人"(未能成为男人的男人和女人)来维持分界线,使男人作为男人得以实现主体化的装置。与此同理,所谓"人种",就是(发明了人种概念的)白人通过排除"非白人"而定义"何为白人"的装置。白人研究(藤川编,2005)将这些真相接连不断地暴露出来。"身为白人",意味着拥有支配劣等人种的资格。在历史上,人种概念是与帝国主义支配世界的意识形态同时出现的。

获诺贝尔文学奖的黑人女作家托妮·莫里森(Morrison,1992)在剖析马克·吐温的《哈克贝利·费恩历险记》时指出,在这部可称为美国建国神话的"国民性小说"中,为了确立哈克的"白人性"(whiteness),黑人逃亡奴隶的存在不可或缺。这部描写一个少年成长经历的美国版教育小说(Bildungsroman),同时也是一个讲述"真正的美国人(男人而非女人)如何诞生"的国民故事。通过帮助逃亡奴隶,哈克成了赢得独立战争和南北战争、解放奴隶、保卫民主自由的美国高贵的"白人男性"(white man)的象征。对于"白人性",白人们毫无自觉,完全看不到他们着手研究这个问题的迹象，所以，才有了由莫里森这样的黑人女性开始的白人性研究（whiteness study）。

人种这个概念，以前的用法与现在有区别。在西方露骨的人种主义偏见传入日本的明治时代，当时的文本中有"上等人种""下等人种"等用法，实际含义相当于现在的"上流阶级""下流阶级"。贫困、懒惰、性的堕落，被描述为"下等人种"的特征，几乎如DNA一般，世代相承，无法期待能被改善。

比如，娼妓产生于"下等人种"中，这是一个不可否认的社会事实，但在明治时代的话语中，成为娼妓不是因为贫困，而是因为她们生来淫乱。就连被誉为明治时代第一号"女性之友"的岩本善治[1]先生，也展开"自我责任"论，说失身女人本人有问题。

在这里，我们会想起明治时代另一位著名的"男女平权论者"植木枝盛[2]。植木以言行不一而著名。作为自由民权论者，他在各地举办讲演会，呼吁男女平权。植木还有一丝不苟地记录每天行动的习性，留下了一部《植木枝盛日记》。日记中有如下记述："明治一三年九月一七日 夜 在千日前席上演说。讲男女同权论。召菊荣妓。"（高知新聞社編，1955：173）

这则日记成为植木刚讲过男女同权便去妓院买娼的证据，为此，后来的女性主义者批判他言行不一。可是，对植木本人来说，这种行为不是什么自我矛盾。在他的头脑中，娼妓"人种不同"，可以任意使唤，根本不能成为"平权"的对象。他在别处表示，自己将来的妻子必须是才德兼备值得尊敬的女性。在一个以阶级的双

---

1 明治时期著名教育家。
2 明治时期思想家、政治家、自由民权运动理论家。

重标准来对待女人的社会里，植木的言行未必能说是不一致。视之为不一致，是在平等思想，即一切女人不分阶级皆为同等之人的观念普及之后的事。

"圣女"与"娼妓"的分离支配

我在前面两章讲过，男人为了成为性的主体而将对女人的蔑视深植于自我确认的核心，这就是厌女症。而恐同，则可以理解为男人对男女界线的模糊暧昧而带来的不安所抱有的恐惧。男人们必须持续不断地证明，自己不是"像女人一样的男人"。

但是，这种厌女症有个致命弱点，即母亲。公然侮辱生下自己的女人，会引来关于自己出身身份的精神危机。所以，实际上，厌女症不单是蔑视女人，还有崇拜女人的另一个侧面。这是自相矛盾的吗？

性的双重标准（sexual double standard）告诉我们，这其实并不矛盾。

在厌女症的历史中，我们可以举出叔本华、奥托·魏宁格（Otto Weininger）等18、19世纪的诸多男性思想家的名字。值得注意的是，这些近代性别二元制的思想领袖，同时也是性的双重标准的发明者。在历史上，性的双重标准，是在以夫妻为中心的近代家庭制度形成的时期成立的，而这也是作为产业的娼妓制度形成的时期，近代家庭制度与娼妓制度，两者互为表里。米歇尔·福柯的大作《性经验史》（Foucault, 1976）的第一章，标题为含有讽刺意味的"我们也是维多利亚人"。英国维多利亚女王治下的19世纪初，是奠定近代社会诸多制度的黎明期。在这个时代，一夫一妻与买娼卖娼，作为制度同时确立，因此，"维多利亚时代式"一词等同于"伪善"之意。那个时代的绅士，一边恭维一见蟑螂便要惊叫晕倒的优雅的淑女，一边频频造访妓院。在那个时代，这被视为理所当然。

所谓性的双重标准，是指面向男人的性道德与面向女人的性道德不一样。比如，男人的好色被肯定（如吉行淳之介、永井荷风等），而女人则以对性的无知纯洁为善。近代一夫一妻制表面上称颂"相互对等的贞操"，但实际上从一开始就把男人的"犯规"编入制度之中了（既然无法遵守，一开始就别发誓好了），所以，另外需要充当男人的"犯规对象"的女人。

结果就是，性的双重标准将女人分为两个集团，即"圣女"与"荡妇"、"妻子·母亲"与"娼妓"、"结婚对象"与"玩弄对象"、"外行女人"与"内行女人"等常见的二分法。每一个现实存在的活生生的女人，都有身体与灵魂，有子宫与阴道。可是，"用于生殖的女人"被剥夺了快乐，异化为仅仅为了生殖的人；"用于快乐的女人"，专为快乐服务，异化为远离生殖的人。带着孩子的娼妓，就是因为扰乱了这个界线而让人扫兴。

当然，这里的快乐是男人单方面的快乐，男人无须在意女人的快乐。即便如此，"慰安妇"这个词还是太绝妙了，真不知道是谁想出来的。"慰安"，当然是慰男人之安，对慰安妇而言，那是地狱般的奴隶劳动。正因为如此，当慰安妇幸存者发出声音留下证言时，她们中有人拒绝那种称呼，声明："我不是什么慰安妇。"

("アジア・太平洋地域の戦争犠牲者に思いを馳せ、心に刻む集会"実行委員会編，1997）

"分而治之"（divide and rule），是支配统治的铁定法则。支配者总是将支配对象分离隔断，让他们相互对立，绝不允许他们之间产生连带感。从女性的角度来说，就是来自男人的"圣女"与"娼妓"的分离支配，再加上阶级与人种的裂隙。

下面，让我们以慰安妇的事例来剖析这一现象。慰安妇中也有日本女性，但日本慰安妇与非日本慰安妇（尤其是朝鲜人）待遇不同。日本慰安妇多为军官专用，被视为当地妻子（当然并非全部）；而朝鲜慰安妇则被视为士兵的泄欲工具。就这样，在慰安妇之间，划出了一道民族的分界线。仿佛人种不同就可以不把人当人来看。

同时，军队里还有一类女性，即从军护士。当慰安妇在战场上护理受伤士兵时，慰安妇与护士的界线变得暧昧不清，护士为之不快。从军护士接受士兵的"母亲"或"姐妹"的角色，但拒绝被当作性对象。"别把我当慰安妇"，成为维系她们尊严的骄傲和自负。这就是女人的"娼妓歧视"。被性的双重标准分离隔断的女人，一方蔑视另一方。有这样的事例，有的年轻士兵在临死前央求护士"让我在死以前看一眼你的乳房"，她们中有人答应了。用现在的话说，这就是性骚扰。其中可能会有女性是因怜悯而同意的，但也有被强迫要挟的情况吧。可是，护士的"圣女"形象，使她们倾向于否认自己被视为性对象的可能性。也许正因如此，在从军护士留下的记录中，竟然看不到性骚扰及强奸之类的痕迹。女人的"娼妓歧视"非常严重，这使她们连对自己被视为性对象也感到肮脏，所以，对于自己受到的性侵犯，她们不愿承认，也不愿告发。

我们从慰安妇的证言中得知，在人手逐渐不足的战场上，她们除了要运送弹药、护理伤病员、充当士兵的性对象以外，还要扮演挥着太阳旗把士兵送上前线的"爱国妇人会"的角色。这些出身于殖民地的慰安妇，取着日本名字，穿着简易和服，拟装为士兵的"故乡女性"。到了战争末期，她们中许多人与走投无路的士兵们同生死共命运。

在战争期间，日本有两大协助军国体制的女性团体——国防妇人会和爱国妇人会。爱国妇人会的成员多为中产良家妇女，而起源于大阪的国防妇人会，则因其中下层平民色彩而获得广泛支持。国防妇人会的人气秘密之一，是发明了白色围裙和斜肩带[1]配套的制服。"白色围裙"是一种"圣女"标志，只要身着这个符号，一瞬间，就可以暂时跨越阶级与人种的裂隙。国防妇人会留下的资料记录了这样的事实：大阪的花柳街飞田地区的女性，因穿上"白色围裙"而得以加入国防妇人会的行列，她们因自己也能为国家做贡献而"感激涕零"。"白色围裙"，一时遮蔽了良家妇人与飞田女性之间的"阶级界线"（加纳，1987）。

战争中的另一类女性，"后方的妻子"，又是怎样一番情形呢？如果不能保证士兵的妻子或未亡人的贞操，前方士气就会受到影响，所以，"贞操问题"成为一个秘而不宣的国家课题。从事"后方史"研究的加纳实纪代（1987）揭露，国防妇人会的一个隐秘任务，是以慰问士兵家属为名监视妻子们的贞操。出征士兵的妻

---

[1] 旧时女性做家务时把和服的宽袖束起来的带子。

子和阵亡士兵的未亡人们,只能是妻子和母亲,她们的性被严格地压抑在生殖之中,不能有快乐。尽管国家呼吁"多生多育",但她们的子宫不能怀上丈夫以外的男人的种子。

二战期间的德国,死于战争的男性国民多达五百万。到了战争末期,男人匮乏,鼓励生育的国策难以实施,于是有人献策,鼓励"珍贵"的纳粹党卫军(纯正血统的雅利安人种)与后方留守妻子"偷情"。不过这个对策毕竟太令人皱眉反感,结果不了了之。

被限于生殖的异化、被隔离生殖的异化,反面即为被隔离快乐的异化和被限于快乐的异化(当然均为男人的快乐),对于女人,都是压抑。不是只有慰安妇才被压抑,后方的妻子们也被压抑着。女人的性,被分离为"为生殖"和"为快乐"两种,相互对立,但都被异化。当然,压抑和榨取有程度的差异,其间还有等级和歧视的存在,但不能因此就可以为自己被当作"圣女"来祭奉而庆幸感激。换言之,"圣女"和"娼妓",是压抑女性的两种形态,无疑都是"他者化"。"圣女"要求"别把我当娼妓",赤裸裸地歧视娼妓;与此同时,"娼妓"又怀着自己养活自己的职业女性的骄傲,悯笑"外行女人"对男人的依赖和软弱[1]。

性的双重标准的两难困境

以性的双重标准来分离和支配女性,对于创造出这种制度的男人一方,也引发出奇妙的悲喜剧。如果对特定的女人"认真",就不能把她看作性对象;反之,如果把她视为性对象,就等于对她不

"认真"。这个两难困境,男人自己陷入其中。我曾听过一位从旧制高中毕业的高龄男性讲他年轻时的一桩"浪漫往事"。讲述的时候,那位绅士目视远方。"从前,我和自己喜欢的女人去旅行,两人一起过了好几天,可最终连一根小指头也没碰。旅行期间,她似乎为此很苦恼,可我觉得那样才好。因为她是我想珍惜的人,所以就让她保持纯洁地告别了。"

我很想跟那位绅士说别那么自以为是,不过,对于那个年代的男人而言,那就是对女人的"珍惜"吧。一个活生生的女人,在那种情形下当然会苦恼。如果明明知道对方女人在苦恼,却有意无视,就是男人的自我中心。那个男人所"珍惜"的,并不是对方女人,他不过是以身相殉一己之念而已。那位被连累的女人,该说是倒了霉吧。把这种行为称作什么"纯粹""浪漫",不过是男人的脑子出了问题。

可是,这并不是从前的故事。源于性的双重标准的两难困境,至今仍然存在。人们还在疑问:因为爱着,所以不能性交吗?性交了,就不能算作爱吗?少女们的苦恼似乎和从前没有两样:要求性交的男朋友,是真心爱我呢,还是只想要我的身体?抱怨去红灯区能勃起,可在妻子面前却勃不起来的阳痿男人,与前面那位毕业于旧制高中的老爷爷没什么不同。他们都活在一种反差之中:面对的如果是必须在意其反应的女性,无法勃起;而当对方是无须在意的对象,便可为所欲为。男人自己播下的种子,该说是自食其果。

明白了这个双重标准的机制,前面所说的植木枝盛的"言行不一",就不再是"不一"了,他只是很好地将女人"按用途分别使用"而已。他在把春楼女子当作性玩具的同时,对"将来的妻子"

则遵循"男女平权"的思想表示相应的敬意。使这种分离正当化的理由,是阶级隔阂。我们只需想起明治时代的身份制度是如何根深蒂固,便应该能理解,那种"身份",是无论如何也超越不了的"人种之隔"的别名。

不过,为男人定制的规则,总是留有允许"犯规"的漏洞。低阶层的女人不能娶为正妻,但可以纳为情妇或小妾;若实在想娶,还有一招,让她成为高等身份人家的养女之后再去结亲。无论男女,婚姻都是一种两家结盟的交换行为,目的是使双方的社会资源最大化,所以,男人期待正妻的门第和财产。也正因为如此,为娼妓赎身后将之迎娶为正妻、与女仆私通将就成婚之类的行为,都是坐失"资源最大化"机会的愚人之举[2]。

现在想来,植木那个时代的人,压根儿没想过要求妻子既美貌又能做家务(娼妓和女仆的组合)吧。正妻无须美貌也不要性魅力,除了门第家产,只要能持家生子就足够。甚至连生殖能力也可以不要,"三年无后去之"只是神话,正妻地位乃两家盟约的枢轴基石,不是因此便能被动摇的。有研究表明,江户时代的夫妇十对中就有一对为自然不孕,想要孩子可从别处领养。柳田国男曾经报告,在明治时期的越后农村地区,有的女人即使成了婚,但直到孩子出生为止,都一直住在娘家,搬进男家要以主妇权的转让为前提,得到之后才带着继承家业的孩子堂堂正正地嫁过去。身份不明的女人单凭美貌便能爬上阶级阶梯的灰姑娘故事,不过是近代的幻想,在真正的身份制社会中是不可能的。

对"圣女""娼妓"的分离支配,最为深刻激烈的揭露和批判,是田中美津的《从便所开始的解放》一文。那篇文章写于

1970年，作为日本70年代女性解放运动的宣言，现已广为人知[3]。

> 对于男人，女人的存在被分离为两种形象：或为母性的温柔＝母亲，或为性欲处理机＝便所。（略）男人心中的"母亲"或"便所"意识，在现实中表现为"结婚对象"或"玩弄对象"。（略）男人的"母亲"或"便所"意识，来自将性视为肮脏之物的性否定的心理构造。无论他们把女人当作玩弄对象还是当作结婚对象，根源同一。
>
> "母亲"或"便所"，同根所生，同源而出，无论女人被视为哪一方，本质不变。［溝口ほか編，1992：202；井上ほか編，1994；田中（美），2004］

在现今的生殖技术之下，女人不但是"性欲处理机"，还成了"生殖机"[4]。在"代孕母亲"已经来临的时代，"借腹生子"不是比喻而成了现实。加拿大作家玛格丽特·阿特伍德写出《使女的故事》（Atwood，1985）是在1985年，这部科幻小说描写了一个极端的生殖管理社会的噩梦。在那里，有专用于生殖的使女，经妻子同意，丈夫与使女不带快感地性交，让其生子。那本书出版后不久，噩梦不再是梦。人工授精便可让借来的肚子怀孕，不再需要野蛮的性交行为。当然，出租子宫为的是钱，不是出于什么人类博爱。代孕母亲的报酬，在美国约六万美元，而在印度只要一万两千美元左右，十分廉价。在全球化的今天，国境之间的差价当然要被利用起来。在印度，有些地区整个村子的女性在中介商的斡旋下成为代孕母亲。如今这个时代，生了孩子的母亲，也无须背负"终生责任"了。

在日本，从20世纪80年代到90年代，女人们把被分离为"圣女"与"娼妓"的身体完整地回收到了自己手中。也就是说，"外行女人"与"内行女人"的隔墙变低了，母亲、妻子、女儿们用自己的性身体挤入性的自由市场。男人们为"星期五的妻子"[1]"援交"[5]等现象而震惊，因为他们被迫面对的现实是，连自己的妻子女儿也不一定在分界线的"这一边"（宫台，2006）。本来，女中学生的身体是"禁止用于性目的的身体"[6]，可因为男人们对这种身体给出高价，让中学生们自己"发现"了"外行女人"也是性存在的事实。从这里开始，到用一个身体来分别扮演性的双重标准的东京电力公司女职员A子，距离已经不远了。

• 作者注 •

[1] 在京都祇园的艺伎世界里从事田野调查的美国人类学学者赖萨·戴尔比（Dalby，1983），由于没有看到结构性歧视的存在，成了艺伎们职业"自尊"的代言人，犯了一个人类学学者的初级错误。

[2] 不但是相亲，即使是经由恋爱的婚姻，人们也倾向于选择能将资源最大化的同阶层内通婚，这种择偶倾向得到各种数据的支持。

[3] 这份具有里程碑意义的传单，分发于1970年8月22日的"反对侵略＝歧视的亚洲女性会议"大会会场。原文再录于引文后括号内

---

1 意为"偷情的妻子"，源自20世纪80年代风靡一时的电视连续剧《金曜日の妻たちへ》。

所记文献中。

[4] 2007年1月27日，安倍内阁的柳泽伯夫厚生劳动大臣（当时）在提及少子化问题时说女性是"生殖机器"，后来道歉了。
[5] "援助交际"的略语。买娼的委婉用语。初期以向白领女职员和女大学生"援助"服装和学费为名，后来演变为专指以初高中少女为对象的嫖娼。
[6] 依据大塚英志《少女民俗学》（1989，1997）一书，我把"少女"定义为"其身体虽已达至性成熟年龄但却被禁止用于性目的，这种身体的所有者即为少女"。

第四章

"无人气男"的厌女症

"性弱者"论的陷阱

年轻男性评论家的"性弱者"论，是何时开始登场的呢？

在"恋爱与性的市场"里出现了"规则放松"的现象（森永卓郎），随着这种"自由市场化"程度的加深，由拥有的"恋爱资源"的多寡，产生了"性强者"与"性弱者"的分化，女性的青睐日益集中于一部分"人气男"，"无人气男"则越来越无人问津。持这种主张的一个评论家宫台真司说："寻找性对象的整个体系的'自由市场化'程度越深，成为性弱者的男人就会越多。"（宫台，1998：265）

一读便知，宫台这篇文章的主语是男性，而这被视为理所当然。关于女性中的"性弱者"，他们完全没有提及。女性中也有男人根本不屑一顾的"性弱者"。我在本书后面的第十三章将谈到男人对待丑女人的态度，他们放言"丑女不是女人""不能刺激我的性欲的女人没有当女人的资格"。按照这个标准，女性"性弱者"连作为选手出场的机会都没有。而另一面的现实是，无论美丑老少，每个女人都有可能遭遇强奸。这个事实表明，男人不是对女人的属性而是对女人的符号发生反应而已。有身体障碍的女性，被剥夺了做女人的资格，却成为性骚扰的受害者；有智力障碍的女性，根本不被视为恋爱结婚的对象，却被强奸而怀孕。但是，没有任何一个论者把她们也置于"性弱者"的范畴之中。在"性市场"登场的"选手"中，存在着显著的社会性别的不对称。

近年来的"性弱者"论，通过使用"弱者"一词，将这个问题与"社会弱者""边缘群体"等一系列的问题连接起来了[1]。他们的逻辑是，"弱者"的存在是社会现象，是社会让"弱者"成为"弱者"的（此处即为女人的选择），所以社会负有救济"弱者"的责任。多么奇妙的逻辑！同时，这个逻辑完全不反过来用于女性，即女性"性弱者"是男人选择的结果，所以男人有救济的责任。在这一点上，也存在着明显的性别不对称。不过，所谓"男人对女人的性救济"，只是把女人当作欲望对象而已，很多女性"性弱者"才不稀罕那种"救济"呢。

将"性弱者"的逻辑以极其单纯的形式提示出来的，是以《想扇"丸山真男"的耳光——三十一岁、无业、愿望是战争》一文震惊了男人论坛的赤木智弘（2007）。当然，看到如此粗陋杂乱的言论便"震惊"，只不过证明了这些男人的"丸山真男情结"和面对"战争"这种挑衅性词语的脆弱程度。对赤木来说，不过是丢下鱼饵看着鱼儿上钩，正中他的下怀。赤木的文章，暴露出极为幼稚的人种歧视、性别歧视和年龄序列观。

> 我，作为一个"三十一岁的日本男人"，理应位于在日韩国人、女人、因经济好转而轻易就职的比我年轻的人们之上，理应得到比这些人更受尊敬的地位。即

使没有正式职业,即使是无力的贫困劳动者阶层,如果社会转向右倾,那我也能恢复作为人的尊严。(赤木,2007:219)

赤木还说,职业女性有义务扶养自己这种"性弱者"(赤木,2007)。那么,我想问问他:既然想被女人扶养,那女人迄今为止在家庭中承受的一切,包括家务劳动、抚育儿女、护理老人、性的奉献、家庭暴力,他都做好了接受的准备吗?可他对此没有提及。"主夫"很少,不仅因为具备供养主夫的经济能力的女人很少,还因为愿当主夫的男人很少。这不过是因为,男人们早已知道,不仅主妇,主夫也是处于不利位置的。其实,对家庭收入毫无贡献却并不承担家务的丈夫从来就有,只是没人把他们称作"主夫"而已。从来没人主张过,有赚钱能力的男人必须承担供养经济弱者女性的义务;不仅如此,弱者女性为了"被供养",付出了一切努力和牺牲以求被有经济能力的男人选上,这个事实也没人指出过。赤木出示的不等式为:强男(工作+)>强女(工作+、家务-)>弱女(工作-、家务+)>弱男(工作-)。在这个奇妙的不等式中,"弱男"居于最下位。可是,"最弱女"(工作-、家务-),即非婚无业的女人、在不利条件下工作并抚养孩子的单身母亲,被有意识地从这个序列中排除掉了。同时,收入与男人匹敌的"强女",不但是绝对少数,婚后还要在压力沉重的工作之外承担家务(工作+、家务+),这一点也被他忘记了。而且,他还没有意识到,如果"弱女"和"弱男"都有"(工作-)"这个共通项,那么,没有家务负担的"弱男",或许还处于优势。赤木的论述纰漏百出，可见他对女性的现状既无理解也不关心。

"性弱者"论，就这样成了对"性的自由市场"的怨恨之声。在关于这个问题的讨论中，只要稍稍以"性的自由市场"为议论的前提，就全被当作强者理论而遭拒斥。我本人也仅仅因为在与宫台真司的对谈中（上野·宫台，1999）劝告"性弱者"磨炼与人交流的技能，就成了被批判的对象[2]。本来，性与恋爱，都是接近他者身体的技能，可以算是广义上的人际沟通交流技能中的一种。既然这是一种社会性技能，那就应该能在社会生活中学会。而嫖娼，无疑就是通过金钱媒介把这个逐渐接近的过程一举缩短（无须交流也能有性交涉）的一种强奸行为。

性的自由市场

正如山田昌弘（1996）所言，在"性的自由市场"里，"魅力资源"的分配是不平等的。不过，魅力资源并不仅仅是学历、职业、地位、收入等"社会经济资源"。高学历高收入的男性中，"无人气男"也很多。那么，身高、外貌、运动能力等"身体资源"就是决定因素吗？没有这种资源的男性中也有"人气男"，可见未必如此。其实，魅力资源不是由"交换价值"决定的，而是由只对消费者当事人有用的"使用价值"来测量的。性与恋爱，终究还是人与人的关系。"性的市场"的"规则放松"，意味着要求男人也应该具备与人沟通交流的技能。

抱怨"性的自由市场"的人有个倾向，即对"规则放松"以前的"结婚市场"抱有怀旧之情。在"从前的好时代",无须年轻人自己行动,自然会有热心的亲戚帮忙介绍对象,不用费力,结果是一个几乎所有男女都能找到结婚对象的"全民皆婚社会"。不过,如果我们以为,在一夫一妻制之下"全民皆婚"是理所当然的,那就错了。在阶层差距大的身份制社会中,处于上层的男人独占许多女人,下层男人得不到充分的女性资源。众所周知,过去的江户是一个充满单身汉的城市,妓院就是为他们而发展起来的。近代之后,重婚状况也没有消失,即使正妻只有一个,但"有本事"的男人会包养好几个小妾或情人。进入战后经济高度成长期以后,日本才达到几乎百分之百的男人都能分配到一个女人。落合惠美子(1994,2004)称之为"再生产的平等主义"(即女人与儿童的平均分配)。"全民皆婚社会",于20世纪60年代中期几乎实现了百分之百,之后便转为下降趋势,那个时代并未持久。反过来说,只有在这个时期,(男人之间的)"性的平等"才是成立的。

"全民皆婚社会",对女人又意味着什么呢?那是女人被强迫结婚的社会,是女人不能选择不结婚的时代。在那个时代,结婚被叫作女人的"永久就职"。

与此相对,在结婚只是女人的选择项之一的社会里,一般而言,女人的结婚率会降低,离婚率会上升。这意味着,女人有了"永久就职"以外的选择。在"全民皆婚社会"已经终结的今天,内田树、小谷野敦这样的男性评论家表达对"人人都能结婚(都不得不结婚)的时代"的乡愁,山田昌弘、白河桃子等人提出《寻婚活动时代》(山田、白河,2008),应该说是一种时代错误吧。

秋叶原事件与"无人气男"

"无人气男"成为"男人问题"的关注焦点,是在2008年K君(加藤智大)的秋叶原无差别杀人事件[1]发生之后不久。用K君当时的话说,他行凶的原因,不是考学校失败,不是家庭纠葛,也不是被解雇失业,这一切都不是原因,原因只是"无人气",没有女人喜欢他。没有女人喜欢,就可以成为无差别地杀伤毫无关系的他人的充分理由,当然是令人难以置信的。

据K君说,他对自己的外貌自卑。他认为,就是因为外貌,所以不受女人喜欢。我们不必惊呼"这怎么可能",无论这是否为事实,我们只需确认以下两点即可。第一,K君本人的思维方式,是认定外貌的不理想与"无人气"之间有因果关系;第二,这种因果关系为他提供了"动机词汇"[3]。将"无人气"归因于外貌,在某种意义上是保护自尊心的一种安全方法。因为外貌与(通常认为)可以通过努力去改变的学历、职业不同,与后天努力无关,只能怨恨爹妈。也许,对于K君来说,他没有学历、职业、收入等其他一切能够吸引女人的条件(承认这一点很难过),在他看来,只有容貌可能成为他翻身的最后资本(在用男招待接待女客的酒吧里有无数这种成功故事),可他连这个资本也没有,因而感到最后一个据点的崩溃。即便如此,从K君将他的"无人气"归因于外貌的

---

[1] 秋叶原无差别杀人事件,发生在东京著名电器商店街秋叶原的行人专用区,杀人者加藤智大(本书中称"K君"),25岁,在一个星期天中午,先驾驶货车无视红灯碾伤行人,然后下车持刀行刺,造成七人死亡、十人轻重伤。由于凶手职业不定收入低微,反复在网上留言吐露孤独心境,行凶前在网上预告杀人计划但无人关注,因此,部分社会舆论对他表示同情。

思维方式，我们可以看出，他是多么欠缺与女性的实际交往。在他的头脑中，女性就是被男人外貌吸引的那么简单的动物。也许他只是用自己对异性的反应来反向揣测，这只能显示他自身的异性观的贫瘠。

总之，我们很容易看到一个简单的事实：一般来说，被称为"性弱者"的男人，由于没有与女性的现实接触，他们关于女人的固定观念与现实完全脱节，几乎达到妄想的程度。如果我们姑且承认他们的"女性观"，那么，可以同意三浦展在论述K君问题的《无人气！》（2009）一书中的这段话：

"对于现代日本的年轻人（引用者注：三浦所谓的年轻人只有男人），'人气''容貌'才是人生最大的问题，在阶层差距日益增大的社会里，这是一个根本问题。"（三浦，2009：22）

K君在去秋叶原街行凶之前，在网上留下这样的话：

要是外貌好，我就会有女朋友；有了女朋友，性格也不会这么怪僻。

我就可以普普通通地干一份普普通通的工作，有车有房，过着普普通通的生活。

外貌，是一切后果的根本原因。（五月八日上午五点三分）

（转引自浅野，2008：190-1）

不用说，这里所说的"普普通通的生活"，与前面赤木所述的一样，都是以就职和结婚为前提的、非常保守的男人的生活模式。

铃木由加里（2008）也指出，"恋爱弱者"论的话语方式，建立在"因外貌不好而不受女人喜欢"的基础之上。她引用了东京大学准教授本乡和人的下面一段话：

> 已经受够了。我一直在忍，不想再忍了。蠢女人们，我最讨厌你们！！我从小就不受女孩子喜欢，一点儿也没人气。为什么？就为脸没长好。因为我很胖，我个子不高。（略）气焰嚣张的女性主义大妈们说："磨炼你们与人交流的技能，要是不够，没有女人会理睬你们这些宅男。"错了，绝对错了。根本不是因为我是个"宅男"而没人气，而是因为外貌，在与女人交流之前就完全被拒之门外了。我凭什么要委屈自己向你们这些人献媚讨好？［本郷，2006：16；转引自铃木（由），2008：142-3］[4]

"因为外貌在交流之前就被拒之门外"的经历，对于丑女来说，在介绍男女相识的集会上，是很熟悉亲切的吧。想想女人们迄今为止"委屈自己献媚讨好"地寻找结婚对象的漫长历史，只能说，才刚刚开始体味这点儿经验就狼狈退缩的男人们，还没有习惯当弱者。何况，他们还有从恋爱市场上"退出"的特权。长久以来，女性一直被宣告"不被男人选上你就什么也不是"，现在，男人们自己开始宣布"不被女人选上你就什么也不是"，那么，从女性的立场来看，这种现象可以理解为社会性别关系的不对称终于得到矫正而出现的结果吗？

K君说:"有了女朋友,就不会辞职、卖车,不会为了躲债而深夜潜逃,也不会患上手机依赖症。这是有希望有前途的家伙们根本不会懂的。"

"有女朋友",成了从所有负面状态中将自己拯救出来的最后逆转手段。K君的这种思维,是完全颠倒的。实际的因果关系应该是:"辞职、卖车、夜逃、依赖手机"的家伙,不会有女朋友。

对男人来说,"有女朋友"意味着什么呢?为什么他们会说,即使没有学历、工作、收入,"只要有了女朋友就行"呢?也就是说,为什么"有人气"对于男人会成为超越其他所有社会条件、带来最后逆转的资本呢?那是因为:"只要有了女朋友",我就能成为一个男人。

"有女朋友"意味着被女人选上吗?根据在第二章介绍的塞吉维克的"男性同性社会性欲望"的概念,男人不是被女人选上而成为男人的[5],男人是在男人集团中被承认为正式成员后才成为男人的,女人只是加入其中的资格条件或成为成员之后的奖励。"有女朋友"指的是将一个女人据为己有的"拥有"状态。即使其他所有要素都欠缺,只要有了这最后一个要素,即拥有一个归己所有的女人,便能满足男人之为男人的最低条件。反言之,即使学历、职业、收入等其他一切社会条件都很优越,但却"连一个女人也弄不到手"[6],这种男人的价值就会降低。男人集团绝不会承认这样的男人为一个成年男人,绝不会给予他这个集团的正式成员资格。这就是男"败犬"[1]比女"败犬"更难承认"败"、处男比处女更难

---

1 日本人对过了适婚年龄而未婚的女性的戏称,源自日本女作家酒井顺子的畅销书《败犬的远吠》。

以启齿的原因。

这样的"无人气男",在现实中对女人是怎样的态度呢?让我们来看看前面提到过的三浦的书中引用的几个事例。

"我的头脑其实是很守旧的。(略)我不喜欢去讨女人的欢心。(略)我觉得迎合女人很土气,很没风度。"(27岁,公司正式职员)(三浦,2009:68-9)

"我认为'只要冷淡地对女人,她们就会自己找上来',或者说希望如此。"(同上)(三浦,2009:69)

"我从来没有自己去找过机会跟女人说话。"(27岁,无业)(三浦,2009:71)

"跟女人单独说话我会很紧张,也不知道该说什么才好。反正我都会被讨厌。与其被女人伤害,自己手淫就够了。"(25岁,公司正式职员)(三浦,2009:73)

这种男人,会有人气才怪呢。

同时,他们要求的女人又是怎样的呢?三浦的书中泄露了他们的真实想法:只要给男人面子,怎样的女人都行(容貌不论)。

对男人来说,女人最重要的功能是保护他的自尊心。无论哪个女人,都有讨男人喜欢的秘诀。那就是,绝不伤害男人的骄傲,一定要不知厌倦地倾听已经听过无数遍的男人的自夸,把自己的脸倾斜45度仰望他[7],像唱催眠曲一般在他耳边不断地喃喃低语"你真行,你好了不起"。如若不信,敬请诸位自己去试试。要是这个男人在第三者眼中无论如何也很难说有什么了不起,那就再加一句"知道你的好处的,只有我一个"。然后还加上"你是我唯一的男人",就绝对完美无缺了。

我传授的这个秘诀，有来自20世纪80年代的证言，用传统的词语将这个意思表达出来。三浦的书的合著作者、自由撰稿人佐藤留美，在那本书中介绍了男演员田原俊彦的发言。田原在80年代被女性杂志*an·an*选为"最想被他拥抱的男人"的第一位。

"我希望有女朋友。话不多、可爱、安静、地道日本式、恭谨有礼的女孩子。我觉得我的趣味不算差吧。"（三浦，2009：168）

佐藤在引用这话后立即加了一句评语："在今天，对女人说这种话会有什么结果，得有相当的觉悟。"（三浦，2009：168）

我们不愿相信，如此"趣味差"的时代一直持续到了最近。可是，从上面的21世纪初的年轻男人的证言可知，直到今天，这种男人还很多。女人一直没有订正男人的误解，是因为让误解继续流通下去对她们自己更有利吧。

"女高男低婚"的结局

与演艺界明星藤原纪香结婚的阵内智则（以下简称J君），应该说是与K君正好相反的事例。J君与藤原于2007年举办了花费五亿日元的豪华婚礼，却在两年后便离婚了。据报道，离婚原因是J君的婚外情和家庭暴力。他们的婚姻，无论名气还是收入，女方都远在男方之上。这种婚姻，要圆满维持的办法只有一个，"妻子给丈夫面子"。可是，这个心理幼稚、尚未成熟的丈夫，很可能是通过把"有能量的妻子"任意踩在脚下（精神上和肉体上），支撑他的自尊心。人人都认可的、这么漂亮这么能干的女人，随我打骂侮辱，还不会离开我——丈夫用这种方式来维持自己的骄傲。对方越有能量，侮辱必须越彻底。结果，妻子最终还是逃走了。庆幸的是，妻子还有逃走的选择。

在《胜间和代的独立生活方式实践指南》（2008）一书中，作者出示了一个女人要维持"独立生活方式"[8]的三项条件。条件之一，年收入六百万日元以上；之二，有值得夸耀的伴侣；之三，魅力随年龄而增。"值得夸耀的伴侣"的一个条件是"年收入一千万日元以上"。她举出的这三项条件中，第一项的门槛已经够高，而满足第二项的男人到底又有多少呢？这种条件的"寻婚"，比骆驼过针眼还难吧。据胜间本人说，她并不是喜欢有钱的男人，而是经验告诉她："面对年收入六百万日元的女人，没有一千万，男人的面子就没法维持。"可见，她从现实中学到，男女关系的平衡，无论如何终究要让男人居上位，要"女人给男人面子"，才能够勉强得以维持。那么危险又脆弱的东西，据说就是男人的"自我确认"。

《男人保护法》的反时代性

三浦说，"无人气"是关乎现代男人生死的问题，作为对策，他提出了《男人保护法》。他断定"这是一个男人受难的时代"，说"无论在小学、中学、大学，还是在就职活动中，女人都比男人占优势。在现实社会里男人勉强保持了优势，但不到十年，就会完全被女人支配"。（三浦，2009：213）

自称为社会学学者、总是出示数据重视事实的三浦，在这一点上却坦然地陈述着与事实完全相反的话。事实上，几乎属于义务教育的小学至高中阶段暂且不论，大学升学率的男女差距至今犹存（家长对女儿的高等教育投资不如对儿子热心），就职时的性别歧视则是公然横行，这从拿到企业签约的男女比例的数据可以看得清清楚楚。日本的HDI指数（Human Development Index，人类发展指数）位居世界第十位，但衡量女性社会地位的GEM指数（Gender Empowerment Measure，性别发展指数）却落到第五十七位（2009年数据）。从国际上看女性地位与社会发达程度不成比例的日本，再过十年就会变成一个女性强势的社会——做出如此预测的人士，除了三浦以外，再没有第二个了吧。

他还泄露了他的真心话。"本来，要我说的话，当今好女人实在太少了。想被她喜欢、想与她结婚的那种好女人，没有比现在更稀缺的时代了。在男人看来，'没有好女人，有也肯定是已婚的'。"（三浦，2009：217）

他所说的"好女人"，翻译出来很容易，即"对男人来说很便利舒适的女人"。对这种女人的喜欢，也许对20世纪80年代的田原来说是"趣味不算差"，但她们在今天已经濒临灭绝了。三浦还用别的词语来表达，如"让男人奋发的女人""让人感觉到母性的女人"。这些说法翻译出来也很简单，即"无论如何要给我面子、让我成为男人的女人""不管怎么打怎么骂都会无条件地接受我的女人"。

以前，我对三浦作为时代潮流观察者的敏锐一直寄予信赖，但在这一点上他露出了马脚。只要涉及性别问题，他也不过是和田原同等水准的"老派男人"。

不出所料，三浦也反对"恋爱与性的自由市场化"。"从前的相亲制度，就像一个被种种规则惯例所束缚的市场，虽然自由比较少，但好处是每个人都能得到一点儿恩惠，即每个人都能结婚。"（三浦，2009：60）

当然不用说，这个"好处"的最大受惠者是男人。

他的《男人保护法》要求："雇用时男人优先。尤其是正式职位，要压倒性地优先雇用男人。"（三浦，2009：221）其实，即使没有这种法律，现实社会也早就如此了。三浦说，他必须故意提出这种要求，因为"男人现在是弱者"，"部分弱者男人需要作为'社会弱者'被加以保护"。（三浦，2009：221）

他警告在先："请别生气，说我是反时代。"可是，这不是"反时代"又是什么呢？事实上，三浦的书，会让赞同"社会弱者"论、对女性抱有憎恶感的男读者感到很解恨、很痛快吧。三浦的言论，无论本人是否有意为之，无疑会煽动自认是"弱者"的男人们的厌女症。他使用的"社会弱者"一词（我认为只是误用），具有将厌女症正当化的效果。

"成为男人"的条件

K君在网上还写道："如果我也是'只要有动漫或色情电子游戏就能满足'的人就好了，不幸的是，我对现实有兴趣。"

如果对现实、对现实的女人有兴趣，除了努力建立人际关系，别无他途。只要有学历、地位、收入或外貌，一言不发也会有女人自动找上来的时代,已经过去了。

那么,与人沟通交流的技能,当然就是必需的。三浦自己也承认:"现代社会已经进入一个交流能力成为人气条件的时代了。"现在,视"交流能力"为一种新型"权力"加以揭露批判的姿态,俨然成为一种时代潮流,对此我感到很不可思议。或许是由于"技能""能力"等用词引来的误解。沟通交流的能力,固然的确是在学习和经验中培养起来的,但并不像其他资源那样,不能测量也不能存储。而且,人与人的关系因对象而异,不存在一种对所有人都通用的交流技能。

"沟通交流"是人际关系的别名。不能建立人际关系,是不会有女朋友的。"在从前的学校和职场,只要在男人之间能够没有障碍地交流就足够了。"(三浦,2009:143)三浦对男人之间的同性社会性欲望的交流方式表示肯定。男人们只要遵从男人集团里的等级秩序(公鸡啄食顺序),自然会被分到一个女人。男人的奋斗,全为在男人集团中争到一个优越的位置。

可是,伴随地位序列的人际关系是一种定型的模式。三浦自己也指出,现在的时代需要交流技能,是因为非定型的人际关系(即使在家庭里和在男女之间!)的增加。

最不能定型化的人际关系,应该是朋友关系。朋友之间,没有利害得失,角色分担不固定,不能期待从中获取直接利益。正因为如此,没有比朋友关系更难以维持的了。正如深泽真纪在《不消磨自己的人际关系的维持方法》(2009)一书中所言,朋友关系是"人际关系的高级篇"。维系朋友关系需要高度的技能,或许比恋爱、结婚还难。因为在恋人关系和夫妻关系中,双方只需扮演一种固定的角色。

不过，夫妻恋人都在逐渐失去固定的模式。在没有固定模式的两性关系中，对方会变成多么异形的他者，这在文学作品中已经有很多现场报告了。真正的交流沟通，并不是简单肤浅地表达同感，而是需要交付自己，甚至不惜生死地互动。如果有人不愿意，只好请他退场。

K君"想有女朋友"的呼声，如果真的是"想与他人交流"的愿望，那么，他的行动应该是与去秋叶原街刺杀行人决然不同的。至少，从其行动来判断，K君和J君的共同希求，只能说是为让自己"成为男人"而"拥有女人"的、完全自我中心的欲望而已。

◆ 作者注 ◆

[1] "性弱者"论因为与真正的"弱势群体"（残障人群）连接起来而变得错综复杂。残障男性，由于其身体状态、社会地位、经济能力等因素而在"性的自由市场"上被视为"性弱者"。在关于残障人士问题的讨论中，人们意识到残障人士也应享有性欲得到满足的权利，所以开始讨论残障人士的买淫行为是否应该得到承认、自慰及其他性行为是否应该得到援助等问题。不过，在这些讨论中，女性残障者的"性弱者"问题也被有意无意地忽视了。

[2] 小谷野敦说，"上野千鹤子等人说与人交流的技能可以超越外貌学历等'无人气'要素"（小谷野敦，2005：64），他对此提出怀疑。

[3] 这是社会运动论里的"资源动员论"的用语。这个理论提出，在动员人们参与一个运动时，发起人往往会提供易于得到社会广泛认同的话语资源，将其作为"动机词汇"。

[4] 铃木说:"男人似乎天性中就有'淡淡的厌女症'。"[铃木(由),2008:152]男人的厌女症不是"淡淡的",塞吉维克说,厌女症才是"男人性"的核心。
[5] 女人在被男人选上之后才能得到作为女人的存在证明。在这一点上,男女性别是不对称的。
[6] 另外,"连让老婆听话都做不到"的男人、妻管严的男人,会成为被同性侮辱的对象。妻子的通奸之所以成为男人的耻辱,不是因为被妻子背叛了,而是因为连妻子也控制不了的羞耻被暴露给其他男人了。向女人复仇,是为了挽回作为男人的名誉,不是对妻子的嫉妒。
[7] 女人用媚态来操纵男人,在日语中被表现为"读鼻毛"。当女人娇媚地依偎在男人身上,以45度仰望时,男人的鼻孔正好位于女人视野的正中。由此可知"读鼻毛"一词的生动形象。
[8] 指在精神上和经济上都不依赖他人的独立自主的生活方式。

第五章

儿童性侵犯者的厌女症

"欲望问题"

伏见宪明在《欲望问题》(2007)一书中介绍了一封读者向他请求解决办法的邮件[1]。

> 我是一个二十八岁的同性恋者。更准确地说,(略)是喜欢成年之前的少年。(略)最近,我会不知不觉地在街上跟踪自己喜欢的男孩,总是在差点儿就要上去搭话的时候才清醒过来。清醒过来之后,自己也感到很可怕。我到底该怎么办呢?有什么办法吗?我真的就快要对小孩子下手了……(伏见,2007:6)

伏见说,他收到这封邮件后,想到的是"自己和他到底有什么不同呢"。伏见对这位读者表示理解和同情:"他的'痛楚'的呼声来自心灵深处,从字里行间切切地传达出来。"伏见自己是同性恋者,他的欲望对象是成年男性,这个"二十八岁,男"的欲望对象是少年。伏见说,他与他之间只有"一纸之隔"。伏见写道,"(同性恋者的)我可以将自己的欲望作为人权问题向社会公开诉求,但对幼小孩子抱有性欲的人却被社会当作罪犯来惩罚",他对此感到不公平(伏见,2007:13)。他同时还指出,在争取性少数群体权利的运动中也没有"恋童者"参与的事实。

可是,"恋童"一词本身存在问题。女性主义把"开性玩笑"改成了"性骚扰",把"夫妻吵架"改成了"丈夫对妻子的暴力",那么,我们是不是应该把"恋童"改为"儿童性侵犯"呢?对于"憋不住想对少年施行性侵犯"的人,伏见也会怀着"痛楚"表示同情吗?

让我们把来信中的"恋男童"一词换为"恋女童"。

> 我是一个二十八岁的异性恋者。更准确地说,(略)是喜欢成年之前的少女。(略)最近,我会不知不觉地在街上跟踪自己喜欢的女孩,总是在差点儿就要上去搭话的时候才清醒过来。清醒过来之后,自己也感到很可怕。我到底该怎么办呢?有什么办法吗?我真的就快要对小孩子下手了……

伏见会像对同性恋者那样,对异性恋者也表示"同情"吗?

让我们在这里避免使用"恋童""性爱"这种容易引起误解的词语吧。"性"是指欲望,"爱"是指关系。在我们已经明确意识到"性"与"爱"原本是别物的今天,不必再使用"性爱"这种引起混乱的词语了。我们所知道的明明白白的事实是:既有伴随爱的性,也有不伴随爱的性,甚至还常有伴随着憎恶和侮辱的性。伏见在这里提出的问题,他的命名极为正确,正是一个"欲望问题"。

公共性行为·私人性行为

性欲、性行为、性关系，这三个概念必须加以严格的区分。

性欲，是在个人内部完结的、存在于大脑之中的现象。正如全美性信息和性教育委员会（SIECUS）所下的定义：性欲不是存在于"两腿之间"（between the legs），而是存在于"两耳之间"（between the ears），即大脑之中。所以，性欲研究其实不是关于下半身的研究。激发性欲的装置，因人而异，因文化而异。也许有人眼前没有实在的身体就不会感到性欲，可也有人只需要被符号化了的片断的肢体部位，还有人可能对完全虚拟的符号图像也会感觉出欲望。性的反应，有时由实物或符号直接引发，有时需要加上一定的幻想作为舞台装置。不过，这种作为舞台装置的幻想，也不能说是完全个人的东西，其基础是文化中既有的现成脚本，在现成脚本的基础上添加个人色彩，就形成了个人的幻想。所以，我的《发情装置》（上野，1998b）一书，加了一个副标题"色情的脚本"。即使性欲望伴随的幻想是一种对恋爱关系的想象，但因为欲望本身是在个体内部完结的，所以"我爱你与你毫无关系"的说法是成立的。在这个范围内，欲望，与想象力一样，是自由的。我们可以放纵自己的欲望：人神交媾、被圣母拥入怀中、强奸、碎尸少女，等等。对欲望的禁止和压抑，除了本人，任何他人无能为力。

与此相对，性行为，则是将欲望付诸行动。这种行动可分两种，一种需要他者（身体），一种不需要他者。如果将性关系限定为前者，那么，"关系欠缺"的性行为，就是与自己身体之间的色情关系，即自慰。人在与他者身体建立色情关系之前，先学习与自己身体之间的色情关系。不过并不能因此便认为，自慰行为是与他人建立性关系的预备阶段或不完整的替代物[2]。

人在与他者身体发生交媾之前、之中、之后，与自己身体的色情关系伴随终生。甚至可以说，与他者身体的色情关系或许反倒是偶发性的。

《美国之性》（Michael et al., 1994）一书的作者麦克尔、加尼翁等人，将"无伴侣的性行为"（sex without partner）和"有伴侣的性行为"（sex with partner）区分开来，将后者称为"公共性行为"（a public world of sex）。与此相对，"无伴侣的性行为"则指自慰行为。也就是说，只要有他者介入，无论何种性行为，都是社会关系的一种，具有"公共"的性质。

对于具有"公共"性质的性行为，所有关于社会关系的市民社会的规则都应该适用。没有对方的同意，即使夫妻之间，"强奸罪"也可以成立；让对方不愉快的性接近，可视为"性骚扰"。迄今为止，这些行为都在"私人"的名义下被封闭起来了。性关系根本不是"私人的"，是两人以上的个体之间的社会关系的一种。按照麦克尔等人的说法，所谓"私人"，应该完全限定在个人世界之内。

也可以说，身体是最初的他者，所谓"私人性行为"（无伴侣的性行为），就是与自己身体之间的、无须取得同意的性行为。许多人以为可以让身体随意听从自己意志的操纵，可实际上我们面对的常常是不随己愿的身体。尽管如此，我们还是既可以爱抚自己的身体，也可以伤害自己的身体，有时还可以杀死自己的身体。即使身体会抵抗，我们也可以随意地排除和压抑。在现行法律之下，无论我们对自己的身体施行性的玩弄还是加以伤害，均不构成犯罪。即使对自杀未遂者，法律也没有设想过因其对自己身体的危害行为而加以逮捕。自己的身体，是自己最初的也是最后的领土，是可以任意地支配、遗弃、处置的私有财产——这就是近代自由主义的个人观。正因为如此，许多人对自己身体施加诸如割腕、催吐等暴力行为。

可是，性行为一旦有他者身体介入，被称为"性关系"的人际关系就成立了。性欲中包含有性关系欲，当他者一旦登场，就不再是自我完结的欲望了。这时，如果想将对方绑缚起来，在夺去其自由的状态下性交，或者不被鞭打就不能射精，那该怎么办呢？性行为所需的装置如果无法自备，可以在经同意后，让对方接受自己使用其身体的一部分。或者也可以将自己的性幻想脚本，在经同意之后，让他人和自己一起共演。当然可能需要为此支付代价。但是，如果有人要强行压制对方的抵抗才能更加兴奋，或者想利用孩子的单纯无知去玩弄孩子的身体——如果是这样的"性关系欲"，那该怎么办呢？我们可以将这样的欲望也视为一种"性少数群体"的欲望形态而加以认可吗？

不仅限于性欲望，人还有攻击、压抑、侮辱、支配、杀害他人的欲望。如果本章开头提到的那个"二十八岁，男"，像秋叶原无差别杀人事件的嫌疑犯K君加藤智大那样，怀有"谁都无所谓只想杀人"的欲望，会怎样呢？

假设这个男性将自己的"性欲望"转化为"性行为"，把一个少年卷入到他的行为之中，如伏见所言，就成为"性犯罪"。伏见还写道："每当发生性犯罪，我在对被害者表示深切同情的同时，

也不能不对犯罪者的痛楚产生共鸣。我总不禁会想,在犯罪现场的也许就是我自己。"(伏见,2007:14)

伏见的这种想象力,如果从"性犯罪"中去掉"性"的因素也能成立的话,那么,许多人对犯罪者的共鸣,我们不是不能理解。比如,宫崎勤事件[1]之后,有人表示"M君就是我";秋叶原事件之后,网络上也有"K君也许就是我"的表达共鸣的留言;就连那个联合赤军私刑杀人事件[2]被发觉时,田中美津也说过"永田洋子就是我"的话。

可是,无论M君的事件还是K君的事件,我们必须明白,在欲望和将欲望付诸行为之间,有千里之遥。我们后来知道,M君有收集血腥暴力录像的癖好[3],媒体说他对幼女的碎尸行为是在模仿录像,但那类录像的爱好者也并不是所有人都在看了之后就成了罪犯。再如K君,据说他无差别杀人的原因是失业,可失业的年轻人有几十万,不是所有人都像他那样去杀人。

想象力是不能被管制取缔的,虽然女性主义者中要求禁止暴力性色情制品的人占大多数,但我不能表示赞同。

美国的女性主义者罗宾·摩根(Robin Morgan)提出一个著名的公式:"色情制品是理论,强奸则是其实践。"迄今为止,美

---

1 指1988年至1989年发生在东京和埼玉县一带的一起幼女拐骗猥亵杀人事件。犯人宫崎勤,将四名四岁到七岁的幼女以猎奇为目的拐骗,杀害后碎尸甚至食尸。事件本身的猎奇性和犯人精神状态及行为的异常,引起社会震惊。
2 指日本20世纪60年代学生运动中诞生的激进左翼组织"联合赤军"领袖永田洋子(1945—2011)等人于1971年至1972年在山中集训基地将十二名成员以私刑名义处死的事件。该事件被发觉后引起日本社会极大震撼,学生运动自此走向凋零。永田洋子因私刑事件于1993年被判死刑,在死刑执行前病死狱中。本书作者在《增订二:"别扭女子"的厌女症》一章中亦提及此事。

国主流派女性主义者一直要求对针对女性的暴力性色情制品进行法律制裁。在日本，部分女性主义者也与漫画家和作家之间围绕"表达自由"的问题发生了论争。我本人在女性主义者中属于维护"表达自由"的少数派。永山熏与人共著的《2007—2008年漫画争论大爆发》（2007）一书，可称为"表达自由"论争的续篇，他将我视为少数派的女性主义者，在书中收入了对我的采访（上野，2007）。

儿童性侵犯者

现实中有将"二十八岁，男"的欲望付诸行动的人，即儿童性侵犯者。他们因此成了"性犯罪者"。

有位研究者，对"他们为何要把幼小的孩子当作性爱对象"的问题，怀有比谁都更迫切的关注，她就是受害的当事人。更准确地说，一位受害女性，用一生来追究这个对于自己来说最为迫切的问题，最终成为一名研究者。她采访了被监禁的性犯罪者，基于采访记录写出一本书。这就是帕梅拉·舒尔茨的《不是怪物》（Schultz，2005）。

该书腰封的内容简介写着"他们为何要把幼小的孩子当作性爱对象"，这一问题之后是"他们如何使孩子沦为性爱牺牲品"。如果这里也回避使用容易引起混淆的"性爱"一词，应该改为"他们如何以幼小的孩子为欲望对象并使其成为牺牲品"。对于还不知道性为何物的孩子，性侵犯者是不可能去征得他们的同意的。作为孩子的支配者，这些儿童性侵犯者（几乎全为孩子身边的大人），将孩子的身体作为满足自己欲望的道具。为了打消孩子们的抵抗，他们反复使用"我爱你"这句便利的话。"叔叔爱你，所以跟你做这样的（你不喜欢的）事，（别反抗要合作）"这样的台词，与"爱你才打你"的家暴男的话很相似。根据舒尔茨的研究，加害者都想相信受害者是自己情愿的。日常生活中多为胆小之辈的加害者们，试图借此减轻自己的罪恶感。其实，这也是色情制品的常规套路，即使是强奸，也偷换为"女人等着我去强奸"的"诱惑者理论"。

该书作者一开始便坦陈，自己是在儿童时期受到过性侵犯的亲历者。她说："我有种想去寻根究底地追问男人侵犯我的动机到底何在的欲望。"这种探究的欲望牢牢地抓住了她，她是为了相信"我不仅仅是便利的工具"。

她从幼儿期到进入思春期（青春期）为止，一直受到近邻成年男人的性侵犯，十多岁以后侵犯才停止。她说，停止的原因可能是那个男人对进入思春期以后的她失去了兴趣。那个加害者，正是只对成人之前的少女抱有性欲望的男人。

舒尔茨感到，迄今为止的性犯罪研究偏重于关注性犯罪的受害者，可是，"只听受害者一方的诉说只能得到胜利的一半"。为了"主动去倾听加害者一方的话"，她去采访被监禁的人，去面对本来最想回避的对象，为此，她付出的心理代价是面对罪犯时自己心情的混乱痛苦。然后她发现，他们犯下的罪行"令人发指"，但他们本身并不是"怪物"。

"我想懂得你们，想理解你们为什么要伤害他人。（略）我想知道，他们能够对他人做出那么残酷的事，到底是因为体验过怎样

的痛苦。"（Schultz，2005：20）

她之所以要去做这件事，是因为被性侵的经历给她留下了一生无法治愈的心理创伤。受害者希望，加害者至少能够意识到自己给对方带来的伤害；可加害者却总想过轻地看待受害者受到的伤害，甚至还故意认为受害者是自己情愿的。其实，这反过来证明了，他们实际上是有罪恶意识的。

他们对自己是加害者这一事实是有自觉的，所以，才会有意识地把"凯蒂和我性交的时候"换为"也许该说是我对凯蒂性交的时候"（Schultz，2005：366）。他们不但没有得到对方的同意，还剥夺了对方的反抗，他们对此是有自觉的。

有个男人为了让养女顺从，威胁她"让我干，不然就揍你"。"鸡奸一个男孩的时候，那孩子哭嚷起来，我就用手蒙住他的嘴让他发不出声音来。"这些人的动机"与性与爱都毫无关系"，完全不顾对方的心情，"把愤怒全都发泄出来"（Schultz，2005：191）。有男人坦白，是"杀人还是性交"（Schultz，2005：259）的二者择一。也有男人想，"幸亏性侵了孩子，才没干出更凶残的杀人罪"（Schultz，2005：395）。

根据自述，这些人对小孩抱有欲望的理由如下。"不管干什么，因为是孩子所以没问题""孩子不去和别人比较"；孩子容易控制，"孩子天真单纯""容易被骗"（Schultz，2005：140）。此外还因为犯人自己"未成熟"，于是用自己的方式对孩子"以行动表示亲近感"（Schultz，2005：177），"崇拜"孩子（Schultz，2005：258）。还有男人愿意相信孩子也"很享受"性行为（Schultz，2005：224），希望得到孩子的肯定（Schultz，2005：259）。

在这些男人中，也有人意识到，自己对孩子的"爱"，其实是"固执贪恋"的别名，是为满足一己之欲而利用孩子。不过，这种意识是在回答舒尔茨的提问中，在她称为犯人的"自我述说"（self-narrative）的过程中，通过回顾得到的自我反省的结果。

儿童性侵犯者，为满足一己之欲，利用可以不征得同意的、无力反抗的他者的身体，并对此固执依赖，长久持续地控制对方，摧毁对方的自尊心、对他人的信赖感和自我管理意识，并且还希望对方是自己情愿，把对方当作诱惑者。加害者99％是男性，受害者九成是女孩，一成是男孩。

舒尔茨还发现，这些男人大多自我评价很低，他们中有人也是有过被性侵经历的受害者。尽管会激怒受害者，她还是坚持诉说"促进修复的司法"[4]的重要性。

她着手的工作是"加害者受害者双方的自我述说"。不过，"双方不能互无关联"，因为双方的叙述构成了"事件的现实"。"这种叙述，会成为一个信息来源，为我们提供社会中的儿童性侵犯的真实状态，告诉我们，性、性取向、性习惯是怎样成为一种权力手段的。"

儿童性侵犯者，不是少数的特殊人群。应该说，尽管他们在数量上是少数（或许只因没浮出表面，是否真为少数亦未可知），但他们的心理状态绝不是特殊的。

为满足一己之欲，加害者利用可以不征得同意的、无力反抗的他者的身体，并对此固执依赖，长久持续地控制对方，摧毁对方的自尊心、对他人的信赖感和自我管理意识，并且还希望对方是自己情愿，把对方当作诱惑者——这种关系，也可见于强奸、性骚扰和家庭暴力的事例之中。不但如此,还可见于异性恋的男女之间。正如伏见所说,他与"二十八岁,男"的"恋童者"之间只有"一纸之隔",无法划出界线,儿童性侵犯者的性欲、性行为、性关系,无限接近"普通"的性关系。此处所谓的"普通",意为"男人支配下的"。

如果是这样,让这些男人从性关系中撤离,将性行为限定为自慰,停留在自我完结的性欲望幻想之中,还要好得多。事实上,媒体形式的性产业,都是在提供辅助自慰的性幻想装置。在二次元平面的色情游戏、美少女漫画中,旧调重弹的男权主义性幻想被再三地重复生产。在那里,女人作为诱惑者,主动顺从男人的欲望。

厌女症与恐同

在这里,让我们再次回到伊芙·塞吉维克(Sedgwick, 1990)。

塞吉维克将厌女症和恐同视为构成男人之间纽带的一组难分难解的机制。男人为了成为同性集团的一员、得到其他男人的承认,必须要证明自己"不是女人"。因为,在"欠缺对立"(privative opposition)的基础上成立的、作为"标准"的"男人性",只能以"被标识(marked)的女人性"的欠缺来定义[5]。承认一个男人为男人的是男人,不是女人。为了证明自己"不像女人",男人需要通过拥有女人而立于支配女人的位置。所以,"拥有女人"就是"成为男人"。这个关系是非对称的,不可反转。将至少一个女人置于自己的支配之下,是"男人之为男人"的必需条件,正因为如此，如果对女人控制失败，就成为男人的污点。"连让老婆听话都做不到"的男人、妻管严的男人，是被轻蔑的。妻子的通奸，不但意味着男人管理的失败，还因为是"被自己养的狗咬伤"而让男人失去面子。所以，男人要对女人报仇，与其说是因为妻子的背叛，不如说是因为事关在同性集团中的"男人名誉"的问题。

关于恐同的原因，米歇尔·福柯（Foucault，1976）认为，是缘于"插入者"与"被插入者"之间性行为的非对称性。这种非对称性，不是指阳具之有无的解剖学意义上的实物差异，而是指主动与被动、性的主体与性的客体之间的不对称。由于这种非对称性，"处于女人位置"就成为男人的精神创伤，被称为"女性化"（feminization）。所以，同性恋男人成为"女性化了的男人"（feminized man）的符号。而且，如果男人集团中混有同性恋男人，就意味着其他男人有可能沦为那个男人的欲望对象而被"女性化"。男人必须排除这种可能导致男人地位失落的危险，所以，恐同在男人集团中成为一种严厉的规则。而且，如塞吉维克指出，基思·文森特（Vincent等，1997）亦强调的那样，正因为每一个男人身上都潜藏着对其他男人的色情欲望，这种排除便必须更加严格，而且还必须是一种自我审视和自我检阅。已有许多论者指出，男性同性社会性欲望的集团，同时也是带有浓厚的同性恋色情色彩的集团。男人之间的关系，用了多少性爱的词语来表达！如"男人为之着迷的男人"之类。在《叶隐》[1]一书中，"恋"本来是指男人之间的忠君恋阙之情。

1　讲解武士道精神和修炼法的指南书，成于1716年前后。

对于男人，无须冒着被"女性化"的危险去实践同性恋行为的唯一办法，是"少年爱"。在这里，年长者与年少者之间、"插入者"与"被插入者"之间，非对称的关系是固定的，不会发生逆转。也就是说，年少者总是年长者的欲望客体，年长者绝不会反过来因少年的注视而沦为少年的欲望客体。在古希腊的"少年爱"中，被视为最上等的是与自由民少年之间的性爱，与奴隶少年的性爱则次之。因为与奴隶少年的性爱伴随着强制，而与自由民少年之间的性爱则被视为有自由意志的因素。在表现肛门性交场景的古典色情制品中，被动的少年一方亦感快乐的表象明显稀少，由此可以推测，少年们不是因为快乐，而是出于尊敬和爱而将自己的身体主动献给长者。因为这些少年将来会成为自由民，所以他们奉献出的性爱被赋予了极高的价值。

本书的读者，到这里应该意识到了吧，福柯介绍的古希腊的"少年爱"理想，与儿童性侵犯者的幻想，何其相似。

无须担心男人性主体地位被侵犯的危险，在性活动中控制他者，为此选择障碍最小、无力反抗的对象，并且还希望对方也很情愿——这就是儿童性侵犯者。至于受害者是女童还是男童，已经不重要了。

由此，这些儿童性侵犯者多为胆怯之辈、他们作为"男人"的自我确认十分脆弱的理由，便很好理解了。他们就是这样来实践着厌女症和恐同——一枚硬币的正反两面。

◆ 作者注 ◆

[1] 《欲望问题》一书的腰封上写着"作者以生命为赌注写出此书,也请读者以生命为赌注来阅读"。尽管这种宣言稍嫌夸张,但本人的心情或许确实如此。该书编辑多次发来邮件希望我对此作出回应,但因当时太忙完全没有时间。本文可视为我对该书的回答。

[2] 在对自慰问题的最新研究中,视自慰为对有对象的性交的不完整替代物的观念已经完全被淘汰了。不仅如此,实证研究表明,与伴侣的性关系越活跃的人,自慰次数越频繁。由此可知,性行为活跃度越高的人,与自己身体和他人身体发生性关系的机会也越多,并非一种方式代替另一种方式的问题。

[3] 所谓"血腥暴力录像/电影",是指活生生地再现杀人现场尤其是碎尸场面的录像和电影,因画面鲜血四溅,故名为Splatter。连续杀害幼女的宫崎勤被逮捕后,在他房间里发现了堆积如山的血腥暴力录像带,后来还得知,他的收藏在这个圈子里小有名气。

[4] 指通过犯罪受害者与加害者的对话来恢复两者关系促进犯人改过自新的手法。

[5] 所谓"欠缺对立",是指对立的双方中,只有一方有特征标识(mark),而另一方则以无此特征来定义。比如,"品行不端的少年"与"普通少年"、"不良行为"与"非不良行为",便属于这种两项对立。man/woman [人=男人/(有子宫的)人=女人],也是这种对立关系。

第六章

皇室的厌女症

一个男孩的诞生

2006年9月6日，一个特殊的男孩降生在日本。这个男孩的父母不向当地政府提交出生证明，他也没有户籍，不知是否被算入"日本人"的人口统计中。男孩从一出世就被使用敬称（Okosama），虽然他的出生早就被预知，但报纸却要发行"号外"来报道。"因胎盘前置有危险"，妇产科医师团队采用剖腹接产，可见医生们为确保母子安全所下的坚定决心。这就是在现行《皇室典范》下被定为第三位皇位继承人的秋篠宫悠仁亲王的诞生。从那以后，这个孩子的举手投足均被置于监视之下，他将会度过没有隐私的一生吧。

"男孩诞生"——所有的媒体都这样报道。日本列岛没有比这一天更充满厌女情绪的日子了。政治家和市民们满面喜色地连呼"恭喜"。可如果是个女孩，他们又会有什么反应呢？

从出生之时开始，孩子的价值就因性别而异。在落地的瞬间，婴儿的两腿之间如果有"把子"，便"好极了"；要是没有，就大失所望。这是日本社会长久以来的惯例。"末子长男"（最小的孩子为男孩）的家庭很多，其父为秋篠宫的这个男孩，如果父母不再生孩子，也算这种类型。因为接连出生的都是女孩，夫妻为想要一个男孩而坚持努力，如愿以偿后便终止生育行为——所谓"末子长男"，指的就是这种家庭里的男孩。最近因少子化倾向，"末子长男"的人数急剧减少，因为经济状况已经不允许在第三个、第四个孩子之后"再生一个"了[1]。

从出生之时开始，人的价值便因性别而异，没有比这更明白易懂的厌女症了。在各大报纸登出的皇族家谱中，只有拥有皇位继承权的男性才被加上记号，女性皇族仅被视为男系血统的承载媒介物（所谓借腹生子）。似乎在说，只要种子高贵，承载的器皿可不问出处。事实上，大正天皇的母亲是明治天皇的侧室，可家谱上连那位母亲的名字都没有。都21世纪了，我看到的却仿佛是平安时代（794—1185）的族谱，一瞬间只觉快要晕倒。不过，我并不因此就要求"天皇制的男女共同参与"。

在2006年9月6日这一天，在这个国家里，看到这个受特殊待遇的孩子，只要心里升起一丝"幸好不是女孩"的念头，无论男女，全是厌女症患者。所谓皇族，就是将厌女症露骨地制度化了的一个家族。

秋篠宫的长兄夫妇即皇太子及其妻子，或许在为自己的孩子是个女儿而庆幸。因为社会和媒体从此将会去关注弟弟一家，他们自己可以从女儿将来或许要"继承家业"的压力中逃避出来，可以从不孕治疗中解放出来，终于可以期待今后能稍稍自由地养育女儿了。对于除了死亡以外没有退位和脱离皇籍的自由的皇太子（与其妻），这也许是值得欢迎的事。可是，代价是兄弟之间的力量关系的逆转。只因孩子性别不同，父母地位的高低强弱也随之转换。难道是平安时代吗？我不由得再次失语。

以厌女症为核心机制的社会，被称为父权制社会。在父权制社会，人们通常有喜好男孩的倾向。不但在孩子出生之后，有时从出生之前的胎儿阶段就开始筛选。更现代的方法是在受精之前就决定孩子的性别。在生殖技术中，生男生女的区分是最简便的，只需用离心分离器将有X染色体和Y染色体的精子选出即可。这种一目了然的选生男孩，在统计数据上表现为出生时的性别比例。发达国家的自然出生性别男女比例为105∶100，但在实行独生子女政策的中国，2009年的数据是119.45∶100。从医学的角度来说，有依据可以判定这个数据背后无疑有人为操作的因素。

在东亚儒教圈的日本、韩国和中国这三个国家里，只有日本在选生男孩的问题上显示出不同的倾向。这三个国家都出现了少子化趋势，但在"如果只能生一个，希望男孩还是女孩"的持续性社会问卷调查中，韩国和中国至今仍然是压倒性的多数选择男孩，而日本在20世纪80年代前期，选择女孩的人数就超过了选择男孩的人数。不过，如果就此便下结论说日本的男女平等度提高了，则是过早。这个现象应该解释为：在日本，人们一方面对养育孩子没有信心，男孩教育费用负担沉重；另一方面，对高龄化社会的不安使人们期待女儿将来照顾老人（超过儿媳）。这些因素导致孩子从"生产资源"变为"消费资源"，所以，日本进入了一个"养女儿更轻松"的时代。当孩子成为不能期待收回养育投资成本的"消费资源"以后，"生女儿更能轻松地享受育儿乐趣"的想法，反过来证明了养育孩子的负担之沉重。与此相反，在孩子被视为"生产资源"（将来可能收回投资成本并从中获益的手段）的社会里，生男选择还会跋扈横行。对于日本皇室，男孩显然是"生产资源"。

皇室从何时变得厌女的

皇室是从什么时候变得厌女的？我提这个问题，是因为皇室在历史上并非从来就有厌女症。让我们在这里将厌女症简略地定义为：男人为自己没生为女人而庆幸，女人为自己生为女人而诅咒。在古代史中，女王卑弥呼应该没为自己生为女人而诅咒吧。平安时代的摄关家族藤原氏，应该是为女儿的诞生而欢呼的吧，因为能送入天皇后宫的女儿，是藤原家族通往权力的捷径，即"生产资源"。

在这里，我用的是"皇室"一词，没有用"天皇制"的说法，这是因为，"天皇制"是大正（1912—1926）末期的共产主义者对应该被推翻的近代日本统治体制的命名，是一个近代特有的历史概念。"古代天皇制""近世天皇制"等以"天皇制"一词贯穿历史的用语，其意图不过是想在事后给这种制度赋予历史的一贯性。"万世一系"明明只是虚构，但"被创造的历史"却轻易地忘却了起源，似乎是从来就有的传统。基于历史事实，可以说，1889年（明治二十二年）《皇室典范》的成立，宣告了近代"天皇制"的厌女症的确立。这个"皇室改革"的最大焦点，是继承人只限于男系男子（到江户时代为止都有女性天皇）。现在不能容忍女性天皇的论调，正与那时皇室改革派的见解一致，而这些人还自视为"传统派"，实在滑稽之至。而且，那次改革是将皇室改造为符合武士家庭的继承规范。到近世为止在平民中通行的各种继承家业的惯例，如长女当家[2]的女系继承、收育养子、女性户主等，全被重视男系的明治民法和户籍法抹去了痕迹。

记纪的神话理论学

《古事记》和《日本书纪》是大和国的建国神话[1]。建国神话之所以往往有很长的谱系（谁与谁结婚生下了谁），是因为这是将国家统治者正统化的故事，即谁为/谁应为这个国家的统治者。皇室家族就在这个谱系中登场。

当我还是结构主义者的时候（笑），看到埃德蒙·利奇（Edmund Leach）写的论文《伊甸园中的列维-斯特劳斯》(*Levi-Strauss in the Garden of Eden*)，便借用他的题目写了一篇名为《高天原里的列维-斯特劳斯》的英语论文［后改题为《记纪的神话理论学》（上野，1985）］。利奇做了列维-斯特劳斯自己没碰的《圣经》研究，他是用结构主义手法去解剖《旧约圣经》中的谱系的。我也同样用结构主义的婚姻规则来解剖"记纪"中的婚姻。尝试的结果，是找出了一个非常明快的模式。图1就是关于各代天皇与皇后的婚姻模式。

皇室家族的起源始于天孙降临的神话[2]。在"记纪"中，初代天皇是神武天皇，不过，之前还有一个被高天原[3]驱逐的、名叫速须佐男的大王降临出云国的故事。神武天皇就是速须佐男的复制品。更准确地说，速须佐男才是神武天皇的复制品，即作为神武天皇的回溯性原型，速须佐男大王是事后构建出来的。其实，神武天皇本身的真实性，在历史上是被怀疑的，作为史实，能够确认的天皇是

---

1 《古事记》成于712年，《日本书纪》成于720年，两书合称"记纪"。
2 指女性始祖天照大神之孙降临地上建立王国的神话。
3 指神话中天神所居的世界。

从崇神天皇开始。在崇神之前的从神武到开化的九代天皇，都有照搬复制崇神之后的谱系的嫌疑，因为在神武之后，崇神天皇再次作为初代天皇登场。我们可以推想，"记纪"这两部书的制作者们添进这九代天皇的谱系，是为了增加历史纵深感，他们的努力让人感动得掉泪。全靠他们，日本史的起源被虚构为可以上溯到神武天皇即位的公元前660年。1940年（昭和十五年），当时的大日本帝国还举办过庆贺"纪元二六〇〇年"的无聊活动。之所以要庆祝，是因为从神武即位算起的皇纪，比基督诞生的西历还古老，可以满足一下皇国日本的小骄傲。

降临的天孙必须有婚姻，不然谱系没法开头。我们姑且称之为"创始婚"。创始婚的形式为"外来者"与当地女人（当地豪族的女儿）的通婚。大和国的建国神话与分布在大洋洲一带的"外来

时期	代	天皇女儿	皇族女儿	豪族女儿	其他	女帝
第一期 神武～开化	9代	0	2	7	0	0
第二期 崇神～允恭	10代	0	6	1	3	0
第三期 安康～持统	20代	11	3	0	3	3
第四期 文武～桓武	8代	1	0	2	2	3

图1[1] 记纪的婚姻类型 [由（倉塚，1979：244（左）；上野，1985：279（右）)] 合并而成

---

1 亲属关系图中，〇表示女性，△表示男性，=表示婚姻，|表示这段婚姻所生育的孩子。

085

王"传说有很多共通之处。"天皇"就是大王，即王中之王，也即酋长们的总头目。为了从"酋长制"转换为"王权"，在群雄割据的豪族中，必须有个高出众人一头的王中之王即大王的登场，同时，还必须要赋予这个大王超越其他酋长、理应成为统治者的正统性。

创世神话讲，有个统治者来了，他来自天上或大洋彼岸。为了让这个男人成为统治者，他必须是"外来者"。统治的正统性是不能被怀疑的，所以正统性的依据不能来自集团内部。正统性（authority）需要有赋予正统性的人（authorizer），统治者的正统性必须由神灵从外部赋予（即王权神授论），所以统治者不能与被统治者属于同一集团。与此相对，民主主义就是统治者由被统治者赋予正统性的制度，正因为如此，民主主义始终为"我凭什么要服从你"这个正统性依据的问题而苦恼。

天皇是"外来者"。为什么可以这么说？因为"记纪"神话就是这么写的。这是理论构造的问题，不是天皇来自朝鲜半岛的历史事实的问题。我曾以故事结构分析的结果写过一篇"外来王"的论文（上野，1984），我还以为会有天皇主义者来抗议，结果是我多虑了。

创始婚会自我模仿。从创始婚生出的儿子，与母亲的兄弟的女儿结婚，这是列维-斯特劳斯（Levi-Strauss，1949）在《亲属关系的基本结构》一书中论述的MBD（Mother's Brother's Daughter）婚。大王一夫多妻，接连不断地娶当地豪族之女为妻，这种结婚当然是为了扩展大王的霸权。对于豪族一方，女儿则是与大王一族联姻结盟的资源。要么打仗，要么通婚，古代部落之间的关系是二者中择一[3]。

这种婚姻，从阶层的角度来看，是上升婚（女人与比自己身份高的男人结婚）。在上升婚中，妻子出身阶层的劣势与社会性别的劣势相互重合。谚语"媳妇从灶台的柴灰里找"，就是这种阶层上升婚的反映。"灰姑娘"不就是满头灶台柴灰的女人吗？与侍女结婚，男人终生都能当被侍奉的主人。

可是，大王家族中也会有女儿诞生。在上升婚的社会里，最高一族的女儿，除了与同族男人结婚以外别无出路。MBD婚的下一步是FBD（Father's Brother's Daughter）婚的登场，即一族之中的同族婚。皇族的女儿们与皇族的儿子们结婚。在一夫多妻制下，大王既与皇族女儿（FBD）结婚，也与豪族女儿（MBD）结婚，后妃的地位则因出身阶层而异，皇后的位置由皇族女儿占据。孩子的地位是由母亲的地位决定的，所以，皇后所生之子优先成为下一代天皇。事实上，第一期和第二期的天皇均为皇后所生，即使第三期，皇后所生的天皇在二十代中亦达七人。

在第三期中，皇女即前天皇的女儿成为皇后的事例增多了。天皇自己也是前天皇的儿子，所以是近亲结婚。这可以吗？不用担心。虽说是近亲婚，却是异母兄弟姐妹婚。父系制其实是一种方便的制度，即使是同一个父亲，母亲不同，兄弟姐妹就归于异族，这样，半个兄妹之间的结婚就可以了。皇族成员之间的结婚，因女方身份高，故孩子的地位亦高。皇女所生的孩子，在大王的正统继承人的排序中得到优先。

天皇的女儿，如果不与同族男子结婚，就一直保持非婚状态。皇女保持非婚，是为了成为神的妻子。这种制度的表面理由，是皇女过于尊贵，不能降等与普通人结婚，只能做神妻，实质上，是为了把皇女体面地放逐到伊势[1]去。这就是斋宫制度[2]的成立。通过将同族女子与神结盟，天皇的外部性得到保障。

在古代，出现过八位女帝，推古天皇、持统天皇和皇极天皇等，几乎都是天皇的女儿。这意味着，天皇的权力已经到了不再依赖与豪族联姻的程度了。父系制提高了父系出身的女性的地位。二战前的历史学者，出于证明男系继承权的正统性的需要，不得不将女帝的存在视为例外，提出了"中继天皇说"。这完全是瞎说。这些女帝权力之大，用"中继"一说根本不能解释。持统天皇以发挥了强有力的领袖才能而著名，是她确立了真正的律令国家体制；皇极天皇则在退位之后又作为齐明天皇再次登基。

斋宫制度的成立，使天皇的权力完成了向超越性王权的飞跃。我的这个想法来自古代史学者仓塚晔子。她的斋宫制研究（仓塚，1979）出色地论证了：斋宫制的确立，既是天皇的超越性王权的成立契机，同时也是天皇家族女性地位沦落的开端。我们知道，在这个时期为给天皇赋予支配的正统性而编制的创世神话，就是"记纪"二书，即《古事记》和《日本书纪》。

以后世的眼光来评价，7世纪皇室策划的"记纪编撰工程"，以失败而告终。天皇家族试图确立超越性王权的野心落空，那之后的皇室，长久以来被藤原摄关家族等外戚操纵，沦为一个傀儡政权。对于担任摄政、关白、将军等职位的实权派势力来说，"正统性来自外部"，他们将作为权威源泉的天皇放逐到"外部"，这样

---

[1] 皇室祭祖的伊势神宫所在之地。
[2] 指皇族未婚女性代替天皇在伊势神宫执掌祭祀的制度。始于7世纪，持续六百多年。

利用起来更方便。这就是历史上漫长的对天皇的文化利用的开始。

"记纪"中还有一个"谜",即天皇一族为父系氏族,那为什么在说明始源的创世神话里会有一个叫天照大神的女性祖神呢?我将之命名为"天照大神之谜"。在非洲的父系社会的神话里,父系氏族的始祖多为女性。在实行一夫多妻的父系氏族里,父亲死后,氏族多以母系为单位内部分解。这个倾向颇具讽刺意味,父系原理在父亲死后似乎不再持续有效。

"记纪"神话中,在"外来王"的创始婚(速须佐男与栉名田姬的婚姻)之前,有一个天照大神与速须佐男的誓约婚(相互交换誓约而成婚)。上升婚的极限,就是最上位的兄弟姐妹之间的近亲婚。这种兄弟姐妹间的婚姻被神圣化,在所有婚姻中价值最高,只有王族才被允许,下层平民则被禁止。不过,这并不是因为身份高贵的人享有侵犯禁忌的特权,而是上升婚的婚姻规则的原理导致的必然归结。事实上,在与7世纪的大和国有类似大王体系的夏威夷,只有大王才拥有与姐妹结婚的特权,这叫Pio婚,被视为神圣婚姻(图2)。

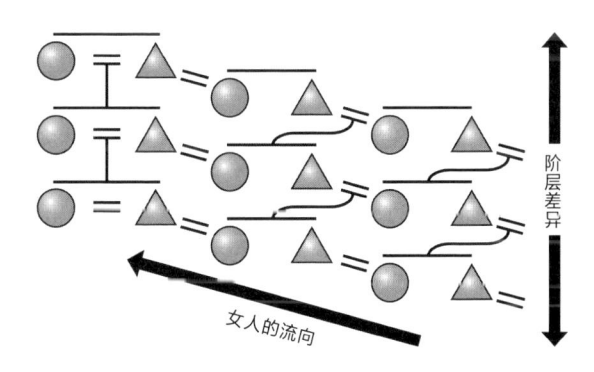

图2 上升婚与神圣婚(兄弟姐妹婚)
根据(上野,1985:270)修改

让我们再次回到这个问题：大和国的创世神话为什么会有女性祖神？

如果把这个疑问当作一个理论游戏来破解，可以说：因为王权的正统性需要外部，而外部的表象则为女性。皇室的女人们，或者升天上，或者去异乡（伊势），总之都必须被放逐到外部。仓塚一言道破："天照大神升上高天原，与她失去王女身份，发生在同一天。"（倉塚，1979：283）皇室的女儿，要么像斋宫那样终生独身；如果她要结婚，就得先脱离皇籍，变为臣籍之后才能结婚。这种不对称的性别规则，至今还贯穿着《皇室典范》。

皇族与人权

皇族女性与普通人结婚要脱离皇籍，但皇族男性却不必。所以，皇太子的弟弟与住三室一厅的普通公寓家庭出身的平民女性结婚后，皇籍没有被剥夺。日本的《国籍法》，长久以来都规定：日本男性与外国女性结婚后生下的孩子拥有日本国籍，但日本女性与外国男性之间的孩子却没有。这种法律的片面性，到1985年才终于得到改正，但《皇室典范》却至今如故。《皇室典范》的规定，明显违背禁止歧视女性的国际条约，同时也明显违背追求男女平等的日本国宪法，但却几乎无人将其视为问题。皇族成员在法律之下的人权，似乎没有人要去保护。

日本这个国家，就这样建立在皇族女性同时也是皇族男性的牺牲之上。天皇主义者们说不定在心想：为了捍卫天皇制，必须让

"陛下"成为牺牲品，不能允许陛下的"任性"。不知天皇主义者们自己是否意识到，他们其实是在任意践踏背负着皇室招牌的家族成员们的人权。同时，只要我们还称之为"皇室家族"（Royal Family），并将其作为国民的家庭范本，日本社会就还不能从深植于皇室的厌女症中得到自由和解脱。

◆ 作者注 ◆

［1］ 据说，秋篠宫家因为添了一个孩子，每年的皇族费增加了305万日元。如果政府在为少子化苦恼，应该给每个家庭都发这笔钱才对。
［2］ 指如果第一个孩子为女儿则收养女婿让长女继承家业。
［3］ 所以，在大洋洲区域的部落里现在还说"与敌人结婚"。

第七章

春宫画的厌女症

暴力·权力·财力

"女人寻求关系,男人追求占有",小仓千加子一语道破。

后来,斋藤环出版新著,书名为《关系的女人、占有的男人》(2009)。桐野夏生受斋藤的影响,在小说《杀心》(2009)里引用了这句话。我不知道这句话出自何处,如果没记错的话,应该是小仓说得更早。也许小仓和斋藤各自独立地想到了这种表达。在以"爱"为名的男女关系中,其根底里存在着性别的不对称,没有比这句话将这种不对称表达得更简洁准确的了。

男人对妻子施暴或为逼复婚而杀妻,如果视为出于男人对女人的终极支配的欲望,很容易理解。最容易杀害女人的,不是陌生人,而是丈夫或恋人。美国甚至有"所谓配偶就是杀死自己的概率最高的他人"这种让人笑不出来的玩笑。起因于家庭暴力的杀人事件,可能性最大的,是妻子、恋人提出分手时男人为求复合而杀人,所以甚至有"复合杀人"一词。要求复合而被拒绝,男人会勃然大怒,为了不让别人得到这个女人,便杀掉她,因为杀人是占有的终极形式。

女人的嫉妒指向夺去男人的别的女人,而男人的嫉妒则指向背叛了自己的女人。因为女人的背叛是对男人所有权的侵犯,建立在占有一个女人的基础上而得以维系的男人的自我，会因此面临崩溃的危机。对于女人，嫉妒是以其他女人为对手围绕男人展开的竞争；而对于男人，嫉妒则是维护自尊和自我确认的争斗[1]。

可是，用暴力占有女人，是下下策。

男人拥有的资源，按原始性程度来排序，为暴力、权力和财力。权力和财力也就是地位和经济能力。在拥有"后宫"的动物世界里，雄性以身体暴力保护雌性不受外敌侵犯。不能弄错的是，这种暴力指向的"外敌"，主要是同种动物的其他雄性。一群动物的头目，凭体力赶跑企图窃取后宫的其他雄性，又用暴力威胁偷偷接近其他雄性的雌性，凭借体力爬到顶端。雌性动物就这样进入雄性的权力支配之下。

可是，靠暴力获取并维持的权力，随着雄性动物的身体能力的下降，终有一天会被夺走。人类社会亦不例外。不过，人类社会的权力机制比动物世界更高等洗练，不仅凭身体能力，还靠智力和精神的能力来维持。即便如此，权力依然是附随于地位的，而不是个人属性。离开了那个位置的人，变为"原首相""原总经理"，只是一个普通人。不仅如此，如果与原先地位落差很大，或许反会沦为被哀怜的对象。

与此相比，经济能力为更上位的资源。因为经济能力不但比暴力和权力更为安定，还具有更广泛的通用性。只要有钱，暴力和权力都能买到。身体衰弱的老人，可以用钱雇保镖；无能之辈，可以用钱获得地位，至少在从前，钱权交易更公然无忌。

所以，女人屈从男人的暴力，服从男人的地位，"跟着（男人的）钱来"（原活力门公司社长堀江贵文的话）。

通过快乐的支配

那么,没有体力,没有地位,也没有金钱的男人,该怎么办呢?

我在第四章谈过了秋叶原无差别杀人事件的加害者K君的问题,他的烦恼是不得女人的喜欢。反过来说,学历、职业、金钱皆无的男人,若想"一举逆转"局面,其手段途径,就是"得到女人喜欢"。漫画家仓田真由美和一个极端"渣男"(没学历、没钱、离过三次婚)奉子成婚,她写道:"此人的自我顽固无比,根基是他一直很得女人的喜欢。学历收入之类,在'有人气'这个绝大的自信心面前,根本算不了什么。"[2] 仓田的证言,从反面印证了K君的"只要有女人喜欢,人生便会完全不同"的确信。

有论者将"有人气"称为"魅力资源"。可"魅力资源"到底是什么呢?K君认为是外貌。对他的误解,我在第四章里已经论述过了。

暴力、权力和财力,都是决定一个男人在男性同性集团中的位置的资源。外貌的价值,表面看来取决于身体的自然条件,其实也是社会性的。正如勒内·吉拉尔(René Girard)在"欲望的三角形"(Girard,1965)论中所言,人们只欲他人所欲之物。外貌,也是他人承认之后才有价值。

男人集团围绕社会性资源而展开霸权争斗,女人则是按男人集团中的序列分配给男人的财产和报酬。将男人社会的价值观内化为自己的价值观的女人,会主动去适应男人的序列,期待通过男人得到财富的分配。女人"发情"的对象,是男人在男人集团中的位置,而不是个体的男人本身。"发情"的脚本,极具文化性和社会性（上野，1998b）。

身体容貌俱佳的男人、地位高的男人、钱包厚的男人，的确会"有人气"吧。可如果告诉他们，有人气的不是他本人而是他的外表、地位、钱包，多数男人会怎么反应呢？

以喜欢女人而闻名的作家渡边淳一，对这个问题毫不畏缩。我在一篇随笔里看到他回答说："那也不错啊，钱包厚度也是男人魅力的一种嘛。"这种"钝感力"也是他的魅力的一种吗？

不过，在暴力、权力和财力之外，还有一种方式可以将这些男人的霸权争斗化为乌有，一举逆转胜负。对于雄性，凌驾于所有社会性资源的价值之上的、体力地位金钱都买不到的、最强有力的资源，就是通过给予快乐而达到的女性支配。

"就因为我那家伙好用，这女人离不开我。"这种话，肯定有好多男人想当着女人的面对其他男人夸耀。也肯定有好多男人想看看，有钱有地位的人听到这种话时张皇失措的狼狈样。

无论在社会上处于多么弱势的位置，只要能在性方面支配女人，便可以扭转其他一切负面因素——男人的这种信念十分顽固。在色情制品中，这一点表现得非常充分。

男根中心主义

男人愿意相信，男性性器既是男人的快乐之源，也是女人不可缺少的快乐之源。把对男性性器的强迫观念上升到心理学理论高度的，应该是弗洛伊德吧。在弗洛伊德的理论里，男性性器的有无甚至决定了人格。

其后，将弗氏理论中的解剖学意义上的男性性器支配转换为拉丁语phallus，视为在语言中的象征支配而使之更加普遍化的，则是拉康。Phallocentrism、Phallocracy等拉康派心理学用语，在日语中只能勉强译为"男根支配"。当这些用语在日本登场的时候，在一场学会讨论中，一位年长的学者对批判"男根至上主义"（Phallocracy）的女性主义者很认真地说："至少我没用男根支配过妻子。"这个小插曲，要说是误解，实在让人啼笑皆非。

干脆，这样回答怎么样？"我，不是凭地位和能力，也不是靠金钱，而是用我的性器支配着妻子，妻子也就因为我那家伙好才离不开我。"要是他这么回答，男性听众会失笑吧，同时，也会传来男人们羡慕不已的叹息声吧。

既非暴力支配，亦非权力支配和财力支配，而是"性力"支配，并且让被支配方自发服从，也就是说，不是通过恐怖，而是通过快乐进行支配。这才应称为终极的支配吧。我们知道，权力论的要义，是自发的服从才能降低支配成本，从而使支配稳固安定。

色情制品的常规模式，便体现出这种"通过快乐的支配"。对于男人来说，消费色情制品是一种仪式，这种仪式的核心，是让他们在被剥夺了一切社会属性之后还能恢复男性性。在这里，男根，占有快乐之源的不可动摇的位置。

春宫画研究之始

我开始研究春宫画是在三十年前。那时，米歇尔·福柯的《性经验史》（Foucault，1976）的英语版刚刚出版，日语版的翻译出版（1986）还需要一段时间。于是我便如饥似渴地啃读英语版，读后感觉茅塞顿开。

原来如此！性（sexuality），既不是"自然"也不是"本能"，而是文化和历史的产物……对，就是这样的！我从福柯的书中得到勇气和启发，开始了对日本的性的研究。

福柯把"性爱术"（ars erotica）与"性科学"（scientia sexualis）区分开来，近代之后的"性"，意味着关于性的科学知识，是一种定义正常与异常、分辨标准与偏离的知识体系。将性提升到科学高度的是弗洛伊德，同时，他也是将同性恋病理化、将男根之有无的解剖学偶然变为"宿命"的罪魁祸首。也因为如此，女性主义者不得不与这种"解剖学宿命"（Anatomy is destiny）展开斗争。

随着知识体制的变化，近代以前的"色情"（eros）被近代之后的"性"所取代，所以，"性"不能上溯到近代以前。这是福柯的"性的历史"论的核心之一。因此，我们可以说"性的近代"，但却不存在"近代的性"，因为"近代的性"这种说法会随即引出"中世的性""古代的性"等根本不存在的观念。在没有"性的（近代科学）知识"之地，既无正常亦无异常，不存在异性恋，也不存在同性恋。事实上，在古代希腊被称为"爱欲行为"（aphrodisia）的性爱范畴中，少年爱并不被视为偏离越轨。福柯就这样追溯了今昔迥异的"历史谱系学"(上野,1996)。

我们由此明白,近代以来的关于性的日常"常识",比如,夫妻之间的性爱在性爱范畴中被尊为最上位,异性间的性器性交才是正常,其他方式皆为异常等观念的历史,并非那么久远。不难想象,尤其在近代化迟来的日本,关于性爱的常识观念的变化,应该是非常显著而快速的。日本的"性的近代"不会上溯到明治时代以前,那么,被"性的近代"污染之前的日本的"色情",是怎样的呢?

基于这种想法,我开始了春宫画研究。因为我发现,关于性爱的历史资料通常难以存留,但日本却保存了大量的春宫画和春本,图像文字史料很丰富。

与许多国家的色情画相比,日本的春宫画有两个显著特征。一个是男女性器尺寸的极端夸张和精密写实主义。还有一个是与性器相比,身体其他部分虽然简略并格式化,但男女面部的愉悦表情却被描绘得很清晰。特别是与其他亚洲国家的人物体位复杂却面无表情的色情画相比,这个特征尤其引人注目。

春宫画的表情特征,是男女"和睦同乐",尤其表现了女性的愉悦快乐。当然,我们不能单纯地认为表象就是现实的模仿或反映。我们知道,江户时期的春宫画是"属于男人、来自男人、为了男人"的性消费品,那么,"和睦同乐"作为春宫画中的一种固定模式,应该视之为"这么干,女人会喜欢"的男人幻想的投影。

在江户中期的浮世绘版画家铃木春信(1725—1770)的春宫画里,男女皆无表情,其中有种图式,是师傅对刚来见习的女孩子"破处",但画面上貌似处女的女孩子没有显出反感的表情。堪称浮世绘春宫画最高峰的鸟居清长(1752—1815)的《袖之卷》,

展示了男女"和睦同乐"的种种场景。男人女人肢体丰满，交互缠绕，双方都眯着眼睛，显出十分愉悦的表情。江户春宫画中的人物，不单是娼妓与嫖客，还有年轻姑娘与意中人、人妻与奸夫、寡妇与情人、上了年纪的夫妇等，形形色色的男女组合，不择地点时间，随心所欲，摆出种种放荡的体姿，拥抱交合，幸福陶醉。

到了江户后期，画面开始发生变化。溪斋英泉（1790—1848）等人所作的极为鲜艳的彩色锦绘问世以后，强奸、紧缚之类开始登场，画中女人面部扭曲，显出强忍痛苦的表情。再后来，从幕府末期到明治时期，被称为"责绘师"的伊藤晴雨（1882—1961）登场，出现嗜虐趣味的紧缚场景。如果我们眺望从江户时期开始的浮世绘春宫画的历史，可以看到，越到近代，错乱的"重口味"的色情趣味越多。似乎从中可以发现一个对女性的支配从"快乐的支配"到"恐怖的支配"的变化过程，也可以解释为是一个文化洗练程度下降的过程。这种变化让人承认：与近世的"色情"相比，近代的"性"，的确是野蛮的。

不过，对这种变化，我们不能简单地解释为：江户时期的女性在性方面是解放的，随着时代发展，男性支配加强了。

前面我已经说过，春宫画中的"和睦同乐"是一种固定模式。色情制品的基本设定是：女人任何时候都处于性交的准备状态，无须花费时间口舌，随召随应；同时，女方还是诱惑者，男人无须对结果负责。即女人寻求快乐，在对男人的服从中，她得到了回报。没有比这种设定对男人更便利的了。

就像"和睦同乐"是一种模式一样，女人脸上的快乐表情，无疑也是浮世绘春宫画的一种约定。我们不能简单地相信表象即为事实。这种表象的正确解释应该是：男人想相信，女人从性行为中得到了快乐。

不过，春宫画中还有一个表现女人快感的图标，在世界上也很少见。这被称为巴宾斯基反射，是女人达到性高潮时手指足趾发生弯曲的身体反应。春宫画中的精密写实之处，甚至让人怀疑是对模特儿的写生，这个巴宾斯基反射便是其一。春宫画中无疑有一种冷静地拉开距离观察女人身体反应的视线，这是仅仅沉溺于自身快乐之中的人不可能有的。就连对以嫖客为对象的娼妓，也画出了这种巴宾斯基反射。

如果男人性支配的终点就是女人的快乐，那不是本末颠倒了吗？

有男人感叹："我们流汗费劲，最终不过是给女人奉献快乐而已。"

可是，"奉献"一词，含有反向支配之意，即将女人的快乐完全置于男根的控制之下，让女人主动服从，失去自控能力。

将这种支配的奥秘表现得最充分的，是被誉为昭和时期色情文学最高杰作的《榻榻米房间秘稿》（1972）。这篇被视为出自永井荷风之手的短篇小说，充分地继承了江户时代戏作小说的传统，描写了一种"男人的视线"。这是一种在将娼妓引入无法自持的极乐世界的同时，又在极为冷静地观察着这一切的视线。这部作品很充分地表现了男女间的不对称关系，即"注视的男人"与"被注视的女人"、"支配快乐的男人"与"被快乐支配的女人"。就凭这一点，这篇作品也堪称色情小说的经典。自己出钱来买性的"内行"的娼妓，却让女人身不由己地品尝用钱买不到的快乐——这若不是男人，不，应该说若不是男根的最终胜利，又是什么呢？为避免误会，需要强调，这种"男根之胜利"，完全不是什么现实的反映。这种表象有力地表达的，是希望以为这是"男根之胜利"的男人的性幻想，不，男人的妄想。

在江户的花柳界，有一整套围绕"达人"与"土气"的美学。男人的恋爱对象是娼妓，而不是"外行"的普通女人。男人对与普通女人的恋爱毫无兴趣，她们的功能是结婚和生育，不被视为性爱与快乐的对象。娼妓的"真心"，只是谎言的别名，相信并沉迷进去的人就是"土气"。可又正是在尚处"土气"的阶段，才能从恋爱与性中得到真正的快乐。一旦男人修炼成"达人"，一切都成为约定与虚构的游戏。精通此道之人被称为"达人"，不懂其中奥妙的被称为"土气"，可"达人"反倒失去了快乐。宽政年间（1789—1801），笔名南陀伽紫兰的洼俊满著有《古今插图吉原大全》一书，书中有言："若感快乐，尚属青涩；如成达人，了然无趣。"作者是个通晓之人。将这个世界提升至"色道"的，是写出《色道大镜》（1678，1976）的藤本箕山；将之表现在戏作文学中的，则是山东京传。

语言可以说谎，但身体不说谎。藤本箕山将娼妓在性交过程中肌肤渐渐红润的姿态作为"极上"来描写。以性为职业的娼妓，是不想在和客人的性交中每次都达到高潮的。能将客人的快乐置于自己的控制之下，才是专业行家。娼妓的生意，一次回合只有鸨母点灶香的时辰（约二十分钟），时间如此短促，没有精力每次都高潮。要是每次都高潮了，身体支持不住。

"达人"把这种女人买下来，有时并没有性行为而只是挨着一块儿睡，有时会倾听女人讲述身世。不过，这也是一种花柳界的约定。"达人"以一个晚上便问出女人的身世为夸耀的资本，娼妓则为满足"达人"的需要，早已准备好各种版本的"悲惨故事"。

那么，快乐呢？在"达人"与他用钱买来的女人之间，围绕用钱买不到的快乐，两人展开着争夺控制权的游戏。让未经世故的小姑娘发狂，并非"达人"的目标。他的对手，是力图自我控制、有时甚至拒绝快乐的"内行"女人。"达人"要让女人忘我地溺入快乐的深渊，将这一过程冷静地控制在自己手中。女人若将性行为置于金钱关系之外，嫖客便转为"情人"身份，这么一来，"达人"就落为"土气"了。真正的"达人"，要抗拒走向此途，应该自始至终坚持做一个嫖客。看到女人不能自持之后，把钱如数付清，转身离去，留下一句："你我之间不过是一场约定的游戏。"被自己的身体背叛、不由自主地失控的娼妓，只能咬紧嘴唇，忍受这一切。在这种游戏中，被快乐支配的一方，就是输家。

前面提到的《古今插图吉原大全》一书中说"无需金银便可随意操纵娼妓，方可称好色之男"，紧接这一段又说，"此等皆为下品，不足为道"。嫖客成了娼妓的情夫，游戏就结束了，所以，"适度而止，方称'达人'"。

男根崇拜

这种快乐的源泉，便是男根。江户春宫画中对男根的恋物癖异常强烈，而且不仅限于异性恋的场景。江户初期，有时可见与男童的同性恋（应该说是少年爱）的画面，在这里男根也占据中心位置。春宫画遵循着色情制品的固定规则，被犯的对象喜欢被犯，这是春宫画的必需条件。

顺带提一句，就我所见，在色情文本中，即使有描写女性的快乐的，也没见过描写少年的身体快感的。对于接受性器插入的少年，描写的是他们的精神性以及双方情义之深。少年似乎是将自己的身体如祭品一般献给值得尊敬的年长同性。

正如福柯针对古希腊的少年爱所言，无论异性恋还是同性恋，伴随性器插入的性交行为，在根本上都是不对称的。在"插入者"与"被插入者"的不对称关系之下，"插入者"是男根的拥有者，而"被插入者"则是被象征性地阉割，即被女性化了的一方。快乐只为"插入者"独享，"被插入者"并无快乐可言。人们应该是知道这一点的，所以，在古希腊，最被理想化的性爱，是自由民少年向年长者的主动委身。在那里，成为男人之前的、正值稍纵即逝的花季之中的少年，被视为世上最美的存在。那样的少年，怀着爱与尊敬，主动牺牲，奉献自己的身体——还有比这更让男人自我满足的吗？

与自由民少年的"上等"之爱相比，"下等"的则是与奴隶少年的爱，价值最低的是与女人的异性恋。前者的"下等"，是因为那是使用权力的强制，是不由分说地让对方服从的单纯支配；后者的价值低下，则是由于古希腊的女性观。愚蠢卑贱的女人，连市民资格也没有，是与男人根本不同的生物，与女人的性交，不过是让对方像家禽一样服从的行为。在拉丁语中，familia是统称妻子、奴隶和家禽的集合名词。由此也可见，古典时代的性爱中刻印着男性同性社会性集团的难以消除的厌女症。

男根被置于快乐的中心地位，这在描绘女同性恋的春宫画中也可以看到。我已经说过多次，但还是要再次重复：男根乃快乐之中心是男人的幻想。春宫画中有描绘女人的自慰和女人之间性行为的场景。有这样一种图式，一个年轻姑娘或女佣，一边偷看主人或其他男女的性交，一边玩弄自己的性器。这里描绘的，是被异性恋触发的女人的欲望。由此暗示：自慰为得不到"正常"性交满足时的替代行为，性欲的终点应该是有对象的性交。女人的自慰场景能给消费色情制品的男人带来性刺激的原因，是画面上男根的缺失，男人可以象征性地把自己的男根代入那个缺失的位置。

同样地，在描绘女同性恋的春宫画中，所要表达的，是"男根之缺失"。为了寻求缺失的男根，女人们甚至用模型来替代，她们那种令人同情掉泪的痴态，很能刺激男人的欲望。

在这里，我们看到的是男人的"希望如此"的妄想：男根为将女人引入极乐世界的装置，女人必须从男根得到快乐，女人的快乐不应该从男根之外去获取。如果这种男根中心主义是色情制品的常规模式，那么，春宫画的表象，就是象征性（非实物意义）的男根支配的定型化。画中所表达的，不是作为一个身体部位的男性性器，而是占据男人性幻想核心的作为符号的男根。

这与其说是对现实的解剖学意义上的男性性器的执着，不如说是几乎达到恋物癖程度的、对象征性男根的崇拜。只有从这个角度，我们才能理解许多不解之"谜"。比如，男人对勃起障碍（ED）的恐惧、"伟哥"得到进口批准的前所未有的快速（比女性用口服避孕药的解禁迅速得多），等等。男根崇拜，女人根本就没与男人共有，尚未从此咒缚中解脱出来的，是男人一方。

无需男人的快乐

最后，我给大家准备了一个出乎意料的结局。

春宫画的作者，无疑知道什么是女人的快乐。表明这个事实的，是描绘"章鱼缠绕渔女"这一著名场景的春宫画。画面表象极具冲击力。一个全裸躺地的女人，大腿之间是章鱼的精怪，面部浮现出恍惚的表情。这种场景不仅见于葛饰北斋（1760—1849）的画中，同时代的其他浮世绘画家也以各自不同的风格趣味制作了相同类型的作品，由此可知这种组合是一种流行式样，可视为春宫画幻想中的一种固定模式。

如果我们问：春宫画的消费者是谁？春宫画是为了给谁带来性的兴奋？那么，不能不承认，在春宫画这种"属于男人、来自男人、为了男人"的性消费品中，还存在着以女性为消费对象的那一部分。

在女性主义运动兴起的时候，为了挣脱男根支配，有一场"阴道高潮还是阴蒂高潮"的争论。结论早已尘埃落定。弗洛伊德说，不能达到阴道高潮的女人是成长失败的、未成熟的女人。他是在命令女人必须从阴道得到快感，这就意味着，女人只有被男根插入方能有高潮。可是，争取女权的女人们反对弗洛伊德，宣布女人的快乐无需男根。即使更谨慎一些，也可以说，对于女人，阴蒂高潮与阴道高潮同样重要，阴道高潮并非唯一目标。

当男人们看到"章鱼缠绕海女"的画面时，他们会被一种无力感击倒吗？或者，就像在偷窥，一面窥视女人的自慰，一面不知不觉地沉溺于手淫之中吗？在这里，"女人的快乐"也成为性的象征性斗争的赌注。当然，只是对男人而言。

在色情制品中，"视线"的所有者是男人，被其视线所占有的是女人的快乐。这种不对称关系，直到最后也没被动摇。

为什么我对"男人在为女人的快乐而奉献"的说法感到不快？因为这种诡辩以主客颠倒的伪装掩盖了男人通过快乐来支配女性的实质所在。

我不是不懂男人想说"这女人就因为我的家伙好……"的心情，也可以承认那是凌驾于一切权力支配之上的终极的女性支配。

不过，也许不是没有女人会抱有"这种支配，我情愿……"的念头。因为相比男根中心主义的春宫画的厌女症，近代之后的厌女症，远更野蛮，远更不洗练。

◆ 作者注 ◆

［1］女人中也有人将嫉妒视为自尊与自我确认的争斗。这时，她的攻击和男人一样，应该是指向伤害了自己自尊心的直接对象。

［2］"是个包袱，不过也背了——与离婚三次的渣男的怀孕再婚"，*AERA* 2009年7月27日，第70页。

第八章

近代的厌女症

作为文化理想的"母亲"

对于厌女症的男人，只有一个女人不能归入他侮辱的对象范畴之中，即"母亲"。

生我养我、不惜辛劳地抚育我、作为人生最初的强者伫立于我面前却又侍奉更强的丈夫、为了我忍受来自丈夫的一切苦楚、主动承受一切牺牲、接纳我的一切……这样的女人，我怎么可能去侮辱呢？这个可称为自我的无条件的"存在依据"的女人。当然，现实中没有这样的女人，这种母亲只存在于幻想之中。不过，"母亲"这个范畴所具有的"规范力"束缚着儿子，也束缚着女人本身。

如果有读者心想"要是当今还有这样的母亲，倒想亲眼去看看"，那就证明"母亲"所具有的规范力历史性地减弱了。倘真若此，我们也就可以瞑目了。也许，这种"母亲"的文化理想，已经只存在于文本之中了。

我以前曾对"父权制"下过一个简洁的定义：所谓父权制，就是让自己大腿之间生出来的儿子侮辱自己的体制。可是，对于男人来说，即使能够侮辱女性，侮辱母亲却很难，因为那是玷污自己"出身"的行为。

在很多语言圈中，用侮辱其母亲的词语来侮辱一个男人，如"婊子养的"（a son of bitch）、"杂种"（bastard）等，这是有原因的。在2006年世界杯足球决赛时，阿尔及利亚移民之子、法国代表齐达内用头顶撞意大利代表马特拉齐，被判违规罚退场，这在当时成了一个话题。据后来的报道说，马特拉齐好几次在齐达内的耳边用侮辱其母的话骂他。男人因为母亲的名誉被侮辱而奋起反击，在大多数男人眼中，无疑是值得同情与理解的行为。

对"母亲"的最大侮辱是"娼妇""未婚母亲"，也就是在男人社会即父权制社会中没有登记注册的女人，这一点颇具象征性。父权制亦即决定女人和孩子的归属的规则。属于一个男人，即在男人的支配和控制之下的女人和孩子，被社会分配一个指定席位；不是那种女人生出来的孩子，则不能在这个社会中得到登记。从登记婚姻中出生的孩子与从非登记婚姻中出生的孩子之间，至今还有民法上的歧视（最近开始用"婚外子"一词来代替歧视性色彩很浓的"私生子""非嫡出子"等用词）。

无论怎样出生的，孩子都是孩子。但奇妙的是，政府最近的"少子化对策"虽然鼓励结婚、鼓励已婚女人生育，可哪儿也看不到鼓励"婚外子"出生的政策。这只能让人感觉，日本政府的少子化对策不过如此，实在太不够真格。也就是说，比起孩子的出生，还是保护父权制更重要。

男人们之所以被上述那种侮辱性词汇激怒，是因为他们自己将制造出"圣女"与"娼妇"的性双重标准的父权制歧视意识（参见本书第三章）内化为自己的价值观了。男人们希望自己能归属于男人共同体之中，作为"像样的男人"的条件，他们希望正式地拥有一个属于自己的女人。正因为他们自己是歧视他人的人,所以歧视性词汇才会让他们那么愤怒。

在各种表象中,"娼妇""未婚母亲"被描绘为"放荡""轻浮"的女人,被指为"魔女""恶女"。所谓"魔女""恶女",就是不服从男人的控制、在性方面过剩的女人。用当今的用语说,就是"行使性的自我决定权"的女人。如果不喜欢这种说法,可以换为"自由地使用自己的性身体的女人"。总之就是:"居然不经老子的许可!"

其实,大多数娼妓,不过是为了金钱不得不将自己身体的性使用权暂时转让给男人的女人,女人成为未婚母亲,大多不过是因为本应成为父亲的男人逃跑,或否认应承担的责任。她们中很多是父权制下的牺牲品。将原因转嫁到受害者身上,是加害者的一贯手法。

"不成器的儿子"与"不开心的女儿"

无论谁生的,孩子都是孩子;对孩子来说,不管怎样的母亲,都是不可替代的唯一的母亲。无论在婚姻之中还是在婚姻之外,在父权制下饱尝艰辛的母亲,本应是孩子同情的对象。

可是,作为儿子,由于自己属于与父亲同样的性别,故不能从对母亲的加害意识中逃脱出来。"威压的父亲"的儿子,当然如此;倘若父亲是"逃跑的父亲",那作为"父亲的儿子",既是受害者也是加害者。大多数男人,即使能"弑父","弑母"却很难，堪称人生最大的难题。这种困难，是有相应的理由的。

弗洛伊德记述了"儿子如何成为父亲、女儿如何成为母亲"的成长故事。在父权制度之下，这个问题可以换写为："儿子如何成为厌女症的父亲、女儿如何成为厌女症的母亲？"

围绕这个问题，将近代家庭中父亲与母亲、儿子与女儿的关系展示剖析得最为精彩的，是已故文艺评论家江藤淳。关于江藤淳，我在别处已有过论述（上野，1994），但要谈"日本的厌女症"，还是不能绕过他。

《成熟与丧失："母亲"的崩溃》（江藤，1967，1988）是论述战后日本社会文化的里程碑式著作，在此书后记中，江藤这样谈到他的动机：

> 将文学中表现出来的日本的"近代"问题作为"父"与"子"的问题来把握，这个想法在我心中已经酝酿很久了。（略）而将这个问题作为"母"与"子"的问题来把握的视点，则是到一九六四年夏天才确立起来的，那是在我从美国回到阔别两年的日本之后。（江藤，1967，1988：251）

江藤此处所说的"子"，只指"儿子"。我将江藤视野中遗漏的"女儿"加进去，从"没出息的父亲""不满的母亲""不成器的儿子""不开心的女儿"之间的关系来论述了日本版近代家庭的机制。重录于此。

对儿子来说，父亲成为母亲以之为耻的"没出息的父亲"，母亲则因除了伺候那个父亲以外别无出路而成为"不满的母亲"。可是，儿子因预知自己的命运不过是早晚成为父亲那样的人而不能彻底厌恶父亲，他通过与"没出息的父亲"同化而成为"不成器的儿子"。儿子又因为不能回应将"不满的母亲"从困境中解救出来的期待而在内心深深自责。同时，儿子还悄悄地意识到，保持"不成器的儿子"的状态，却又正好暗合了希望儿子不脱离自己支配圈的母亲隐秘的期待。（略）女儿虽然没有与"没出息的父亲"同化的必要，却也没有像儿子那样被给予自力挣脱"没出息"状态的能力和机会。女儿因为明晓前面的人生终归不过只是委身于一个无法自主的男人，度过如"不满的母亲"那样的一生，所以成为"不开心的女儿"。与儿子不同的是，女儿对"不满的母亲"既没有责任亦无须表示同情，于是她的"不开心"便更不留情。（上野，1994：199-200）

这里的前提，是家庭中"父"与"母"的不对称的性别关系。"母亲"总是抱怨自己的不如意，不断对孩子，尤其对儿子念叨"别像你父亲那样"，所以成为"不满的母亲"（亦可称"抱怨的母亲"）；而"父亲"则是不讲理地支配母亲的"支配的父亲"。在这种家庭中，产生了"母子关系密切"的扭曲的日本版"俄狄浦斯故事"。

这是日本的"文化传统"吗？

在传统的父权制之下，女人的地位取决于儿子，继承家业的长男之母身份最尊贵。在NHK的长篇历史连续剧《风林火山》中，战国时期武将的正房和侧室，为了让自己的儿子继承家业使尽一切计谋。剧中有个叫由布姬的角色，为地方豪族诹访氏之女，其父被武田信玄讨伐，她自己则被武田当作胜利品掠为侧室。剧作家让她在临死之际吐出"唯愿来世生为男儿"的辞世之言。女人诅咒自己生为女人——太好懂的厌女症。

可是，进入近代之后，本应是强有力的"支配的父亲"，变成了"让人羞愧的父亲""没出息的父亲"。这是因为社会整体的流动变化使儿子超过父亲成为可能。从这个角度来看，江藤的《成熟与丧失》一书写于20世纪60年代的社会史意义便十分显著。60年代是经济高度成长的时期，也是高等教育急速大众化的时代。在那个时代，"婴儿潮一代"如雪崩一般大量涌入高中和大学。回顾历史，比起父母一代，孩子一代在整体上生活水平和教育水平都提高了（换言之，这一代作为一个整体比父母一代"有出息"），但这是时代所致，并非个人努力或能力的结果。

不过，对女性来说，脱离出身阶层实现阶层上升，不是通过教育，而是通过结婚。当女性作为"妻子"失败之后，便作为"母亲"期待儿子超越父亲。于是，儿子从小就听母亲像唱催眠曲一般念叨"你跟你爸爸不一样，你要……"，他们被迫担负起对母亲怎么也还不尽的巨大负债。

"自责的女儿"的登场

以社会史的眼光来看,这种变化有代际因素和性别因素的影响。从代际因素的角度来说,当日本从成长期进入停滞期(有人称为成熟期)之后,"婴儿潮一代"的下一代即"婴儿潮第二代",已经很难期待能超过父母的经济成就和教育水平。高等教育的升学率已达饱和状态,甚至出现学历膨胀现象。孩子超过父母被视为理所当然的时代已经结束了。

另外的一个性别因素也不可忽视。当结婚以外的获取社会成就的途径面向女性开放以后,女儿也开始难以逃脱母亲的期待。女儿成为"长着女人面孔的儿子",母亲对女儿和对儿子的期待的性别差距缩小了。我把这视为少子化现象的效果。无论如何,性别差距的确是缩小了。这是应该被欢迎的现象吗?

母亲对女儿的期待,包含着与对儿子的期待不同的两面性。母亲对女儿发出双重信息:"要像儿子一样成功。""要成功地做一个女儿(女人)。"无论哪一种,在母亲对女儿的"别像我这样"的期待中,既有自我牺牲的意味,又隐含着"让我成为今天这个样子的就是你"的暗暗谴责。

接受了这种相互矛盾的双重信息的女儿,不能不陷入分裂状态。如果说"不开心的女儿"是高度成长期的产物,那么,那一代从历史舞台退场之后,继而登场的,则是作为母亲的代理人为负债而苦恼的"自责的女儿"。和"不成器的儿子"一样,女儿也被期待具备能够对"母亲的幸福"负责的能力和状态。但与儿子不同的是,女儿为了达成与母亲的同化,她们要代理实现母亲的缺憾人生，很难逃离这份债务。信田佐代子在《不堪承受的母亲之重——守墓女儿的哀叹》（2008）一书中，以丰富的事例将女儿们的现实状态描写得淋漓尽致。在我看来，从"自责的女儿"到"自伤的女儿"，只有一步之遥。

近代社会中的女人的厌女症

在《成熟与丧失》一书中，江藤以小岛信夫的小说《拥抱家庭》（1988）为素材，写下了一段让人不安的"神谕"：对于小说中主人公的妻子时子，"做'母亲'、做'女人'，是她厌恶的对象"。

江藤将"女性的自我厌恶"称为"'近代'给日本女性植入的最为深刻的情感"，"在某种意义上，女性的自我厌恶，可以说是所有生活在近代产业社会中的女性的普遍性情感"。（江藤，1967，1988：61）

将厌女症的历史性表达得如此明确的论述，我在别处从未见过。厌女症是有历史的，这就意味着：既然有起源，那么耐用期就总会有失效的时候。

对女主人公时子的厌女症，江藤举出的一个原因，是对丈夫的竞争心。时子的丈夫当年留下妻子，独自一人去美国留学，如今成了大学教师。江藤指出的这个原因很有道理。在战后男女同校的制度之下，考分竞争在原理上没有性别差异，肯定有不少妻子能对丈夫说"学生时代我的成绩更好"。所以，丈夫越成功，妻子一方被剥夺的感觉就越强烈。

厌女症通过比较而被强化。将两者相比，也就意味着两者是可以比较的。之所以可以比较，是因为双方具有可比的公约项。在性别和身份的差异被视为不可改变的命运而被人接受的世界里，有的是"区别"而非"歧视"。只有当"都是一样的人"这种可以公约的"分母"出现之后，"歧视是不应当的"的心性才会产生。性别歧视本身，并非从前不存在，但"近代"通过"比较"反过来将这种歧视强化了。所以，控诉性别歧视的女性主义的诞生，是近代社会引发的必然结果。也正因为如此，已故的女性学先驱驹尺喜美，对"从'区别'升格为'歧视'"的变化表示欢迎；而不愿看到这种变化的人们，则总想把"歧视"拉回到"区别"。

作为自我厌恶的厌女症

男人的厌女症，是对他者的歧视和侮辱。因为男人不必担心会成为女人，所以可以放心地将女人他者化并加以歧视。

可是，女人呢？对于女人，厌女症是对自身的厌恶。怀着自我厌恶活下去，对任何人都是一件艰难的事。

社会性弱者（social minority），无论哪一类，都承受着同样性质的"范畴的暴力"，因为制造和划分范畴的，是社会的支配性集团（social majority/dominant group）。在这里，让我引用一段将这种机制表达得极为精彩的文字。这段文字出自铃木道彦针对小松川事件的犯人李珍宇[1]在1966年写成的《恶之选择》一文。

> 当少年绝望地喃喃自语"我是朝鲜人"的时候,这里的"朝鲜人"一词,其确切含义是什么呢?语言中包含有历史和价值,被日本人蔑视的"朝鲜人"一词,顽固地拒绝着被消解为一种单纯的人种事实。当一个人说"我是日本人"的时候,这是一种事实认定;但人们不能以同样的含义和语气来用日语说"我是朝鲜人"。只会说日语的少年不得不勉强地将日本人在日语中加给"朝鲜人"一词的所有含义都接受下来。[铃木(道),2007:82再录]

铃木是法国文学学者,以研究普鲁斯特而闻名。他为什么要来论述李珍宇呢?这个谜,从他将李珍宇称为"日本的让·热内"便可知其缘由。让·热内(Jean Genet),一个同性恋的小偷和诗人,一个曾让萨特为他写出名著《圣人热内》(1966)的越轨者。少年时代的热内,有一天因为偷了一点儿微不足道的东西被发觉而被叫作"小偷",于是,他下决心:"我被叫作了小偷。所以,从此我决定做一个小偷。"

让·热内将命运改变为选择的"自由",正是让萨特着迷的"存在主义式自由"的行使。在少年李珍宇身上,铃木也看到了同

---

[1] 李珍宇(1940—1962),在日朝鲜人第二代,家庭环境极端贫困恶劣,18岁时因杀害两名女性被判死刑(即"小松川事件")。当时多位著名左翼文化人士指出,导致他犯罪的社会根源为日本社会存在的对朝鲜人的民族歧视,为他呼吁减刑,但请愿无效,李珍宇被处以绞刑。

样的将命运改变为选择的"恶之选择"。

西蒙娜·德·波伏瓦写道,女人不是天生的,而是后天形成的。那么,女人是怎么变成女人的呢?是通过接受"女人的范畴"、通过自认"我,一个女人"而变成的。

可是,正如"朝鲜人"之于少年李珍宇,"女人"这个范畴也充满了轻蔑。

语言世界先于个体而存在,每个人都只能后来降生于那个先已存在的语言世界里。语言不是自己的东西,属于他者。"女人"的范畴在自我诞生之前已经存在,个体从他人那里接受"你是女人"的指名。"对,我是女人。"当个体如此自我定义之时,"女人"就诞生了。正如阿尔都塞所言,当一个人回应"喂,那个女人"的质询(interpellation)时,女人的"主体"就诞生了。

内田树在《私家版·犹太文化论》(2006)一书中论道,所谓"犹太人",就是对"犹太人"的范畴"迟来登场"的人们。同样,"女人"(以及"朝鲜人")也是对那个范畴"迟来登场"的人。在"接受"那个范畴的时候,也必须同时接受那个范畴所承载的历史负荷。

但是,除此以外,并无"自由"的选择。铃木以少年李珍宇为例,出色地剖析了这个矛盾悖论。将铃木的论述用到女人身上,即可说:

人在成为女人的时候,要先将"女人"这个范畴所背负的历史性的厌女症姑且接受下来。如果满足于这个范畴所指定的位置,那么,"女人"就诞生了。可是,女性主义者,就是对那个指定位置感到不满、对厌女症不能适应的人。所以,不存在不是从厌女症出发的女性主义者。做一个女性主义者,就意味着与厌女症的纠葛和抗争。没有厌女症的女人(假如那种女人真的存在的话),没有理由也没有必要成为女性主义者。有时会听到有女人号称"我从来没有拘泥过自己是女人这回事",这种说法其实应该翻译成"我一直在回避与厌女症的正面抗争"。

将"女人"这个强制的范畴改变为选择,"解放"的关键应该就在其中。

第九章

母亲与女儿的厌女症

作为反面教师的母亲

女人的厌女症从母亲处学来。母亲通过厌恶女儿的"女人味"而在女儿心中根植自我厌恶的意识,女儿则通过目睹母亲的不满足与不如意而轻蔑母亲。当少女迎来初潮,告诉母亲时,如果母亲用一种仿佛看到秽物的语气回答"你也终于成了女人了",这会让很多少女受伤吧;要是女儿被母亲告诫"好好收拾卫生用品,千万别让爸爸哥哥弟弟们看见",这会让少女不但不能为自己身体的变化而喜悦,反倒怀有一种必须对他人隐藏的羞耻感吧。

同时,孩子们也看到,在他们的人生中作为最初的绝对权力者登场的母亲,却伺候并被控制于更为强有力的权力者。

母亲的不如意,与自己无法改变现状的无力感混为一体。母亲一边诅咒自己的人生,一边又将同样的人生强加给女儿,引来女儿的憎恶。女儿一边视母亲为反面教师——"不想成为那样的人",但同时也知道要想摆脱母亲的束缚就必须借助他人(男人)之力,对这种只能委身于他人的人生深感无力。而且,她还预感到,自己委身的那个男人,或许与不合理地支配母亲的父亲一模一样,为此而恐惧不安。

这是完全看不到出口的无尽循环。

母亲的代价

没做母亲的女人不被这个社会当作"成人"对待；成为母亲之后，女人虽然会被道喜，但对她们所承受的重负，社会却一点儿也不来分担。女人也许为当上母亲而喜悦，但要意识到为之付出的代价之大，是在孩子出生之后。

当然，这里必须加一个条件，即在"近代家庭"制度之下[1]。在近代之前，支配阶层的女人只管生，孩子生下以后自然有人来养；而下层平民家的孩子，则无须费时费心，自然就会长大。前近代的女人们，不像近代之后的女人有那么多烦恼吧。而且，在一切都被决定、女儿只能有与母亲一样的人生的社会里，母亲和女儿无须相互竞争。或许可以说，前近代的女人有苦劳，但没有苦恼。

对于自己付出的代价，母亲想让孩子来补偿。如果是儿子，补偿方式简单明快，即出人头地，将母亲从蛮横粗暴的父亲手中拯救出来，终身恭顺孝养。在父权制度之下，母亲的最终胜利和最大报酬，就是把儿子培养成一个有恋母情结的孩子，在儿子继承家业以后，自己登上"家业继承人之母"即皇太后的地位。

女儿呢？女儿早晚要出嫁成为"别人家的人"，对女儿的投资不过是白白扔进阴水沟，不能期待投资的回报。可是，这种"常识"已经属于稍前一个时代了。现在，女儿终其一生皆为母亲的所有物。并不因为出嫁了，女儿便可以免除对娘家父母年老后的护理义务，母亲也指望女儿来照料自己。在过去十年里，"希望接受护理"的家属顺序中，第一位从儿媳变成了女儿。与此相应，实际上由女儿护理父母的比例也增加了。

于是，出现了在现实中依赖女儿、口头上却要否认的现象。有的女儿代替身为长男的弟弟收留照料母亲，母亲却至死都叹息："让女儿照料自己，我好可怜。"女儿听到的是母亲的哀叹，而不是感谢，却还得继续照料下去，实在很悲哀。

母亲要女儿"代理实现"自己未能得到满足的欲望，这是在女性的人生选择机会增加了之后才出现的新近现象。现在的女性，失去了"不过只是个女人""反正就是个女人"的借口，也有了"只要努力就能有所成就"的选择可能。在20世纪90年代以后的这二十年里，选择进四年制大学的女生人数急速上升，超过短期大学的女生入学人数。同时，在女生选择的专业中，医学系、法学系等实用学科增加了。在最近的国家医生资格考试和司法考试中，女性占及格人数的三成左右。在这个现象背后，我看到了两代女人的执着。女儿的高等教育，没有母亲的支持是不能实现的。即使父亲说"女人不需要什么教育""短期大学已经够了"，但母亲也坚持抵抗、支持女儿，"虽然你父亲那么说，别担心，学费我给你出"。——有这样的后援，女儿才能升入大学。女性对资格证书的热衷，是出于"女孩子也应该有一技之长"的意识。在这种意识背后，我们可以看到母亲一代对现实的把握和绝望。女生进工科和经济系的很少，这是因为，母亲一代在结婚前有过办公室白领职员的经验，她们深入骨髓地懂得，在需要集体协作的职业领域里，是没有女人的位置的，所以，她们劝女儿去寻求只要有了资格便能单干的职业。

随着少子化现象，女儿成了"长着女人面孔的儿子"。在只有一两个孩子的家庭里，很可能只有一个女儿或都是女儿。在这种情况下，对子女的教育不会有性别差异。事实上，像儿子一样被期待、被精心养育、接受着与儿子同等的教育投资的女儿为数不少。大学升学考试落榜后再次挑战的女生比率上升，也是这个原因。

可是，女儿还是与儿子不一样。女儿要回应母亲的双重期待，既要像儿子，又必须做好女儿。女性的选择可能性扩大的时代，同时也就是"作为女儿"和"作为儿子"的双重负担使女儿的负荷更为沉重的时代。假如是一个既有女儿也有儿子的家庭，母亲会为儿子倾注更多的精力与财力，这使女儿的角色更加微妙复杂。女儿必须回应母亲的期待成为优等生，但为了不至威胁到母亲更溺爱的儿子的地位，又要费心使自己的成绩不要超过哥哥弟弟。在《噩梦》（2007：50）一书中，小仓千加子描写了处这个位置的女儿的苦恼："虽然是个女人，但要做出与男人匹敌的成绩，却又决不能压倒了哥哥。"

母亲为女儿的幸福高兴吗

女人有两种价值。自己获取的价值和他人（男人）给了的价值。在女人的世界里，后一种价值似乎高于前一种——酒井顺子的《败犬的远吠》（2003）一书这样告诉我们。在前一种价值不能期待的时代，女人们可能还活得轻松一点儿。但当今的女儿，两种价值都必须实现，母亲也变得这样期待女儿。还有的母亲等着给结婚后的全职女儿带孩子。

对这样的母亲，女儿会感谢吗？

这种母亲其实是在对女儿宣告：我这一辈子都不会对你放手。这等于是说，你的人生属于我，作为我的分身，实现我的梦想蓝图才是你的职责。信田佐代子有本书题为《以爱的名义支配》（1998），母亲的行为，完全如那书名所示。女儿当然会对母亲的期待感到压抑。母亲一方将"爱""自我牺牲"强加于人，性质恶劣。

演员、社会活动家中山千夏，长年生活在拼命让孩子成为明星的母亲的支配之下，她在一篇随笔里写了与母亲的抗争对决。面对激动亢奋地坚持"都是为了你好"的母亲，她执拗地追问到底，最后终于逼母亲承认了："其实是为了我自己。"中山能够与母亲建立起这样的个人关系，令我尊敬，但我自己一直在回避这种机会。待我意识到时，母亲已经老了弱了，不可能再去逼问已成弱者的母亲了。这个机会，我永远地失去了。

假如女儿得到了幸福，母亲会为女儿感到高兴吗？

母亲一方面对女儿抱有期待，可另一方面，当女儿真的实现了自己未能达成的欲求，母亲却又不会只是单纯地高兴，而会怀有更复杂的心情。儿子无论实现了什么，母亲都无须与他竞争，性别在这种时候起到了便利的缓冲作用。但女儿不同。因为同为女性，母亲无法为自己找到借口。当然，母亲可以为自己辩解，自己当年没有后援，女儿的成就也是由于自己的支持。可是，成功的毕竟是女儿，不是自己。

同时，对于母亲来说，女儿仅仅实现"自己获取的价值"是不够的。如果女儿没有得到"他人（男人）给予的价值"，母亲的野心就没有实现。母亲之所以为母亲，是因为她实现了被男人选上的价值（即使并不满足）。如果女儿没有实现这一种价值，不管她多么能干有为，母亲也可以一生都不把她当作一个成人来看待。具有讽刺意味的是，母亲不把女儿当作成人，同时也是确认女儿还停留在自己的领地里。对于没有当上母亲的女儿，即没有像自己那样背负为母之辛劳的女儿，母亲决不会承认她是一个真正的成人。

假如女儿选了一个连母亲自己也想选的、无可挑剔的男人结了婚，母亲会怎样呢？新娘的母亲爱上女婿很常见，想让自己也会着迷的男人当女婿的母亲有千千万。即便如此，和那个男人结婚的依然是女儿，而不是自己。女儿越幸福，母亲心中滋味越复杂，还伴随着女儿被别的男人夺走的丧失感。我毫不怀疑，对离婚后回到娘家的女儿，母亲在心中是暗暗欢迎的。

母亲的嫉妒

"母亲嫉妒女儿"，每当女儿快得到幸福的时候，母亲便出来干涉——就这么一个简单的命题，心理学者岩月谦司（2003）炮制了好几本关于母女关系的书。

当然，母亲与女儿的关系不是那么简单的。

自女性学登场以来，母女关系成为一个重要的课题。当然，这也是弗洛伊德之后的心理学一向只谈父子关系而将母女关系等闲视之的结果。正因为如此，海伦·多伊奇（Helene Deutsch）、梅兰妮·克莱因（Melanie Klein）等弗洛伊德学派的女性心理学者们，竭力想建立弗洛伊德未完成的关于母女关系的理论体系。

以弗洛伊德理论来解读母女关系的最出色的著作，是竹村和子的《关于爱》（2002）一书。书中讲道，婴儿无论性别，都密切地依赖母亲。父亲的角色，是用"阉割恐惧"来分离母子。可是，女孩子本无阳具，无法被阉割；更准确地说，女孩子是把阳具置于母亲腹中了，所以一出世便已经是被阉割过的了。女孩子与男孩子一样，以母亲为最初的爱恋对象，但女孩子却不能像男孩子那样，通过与父亲的同化来将母亲（那样的女人）作为欲望的对象。女孩子不但不能爱母亲，也不能爱与母亲同性别（即自身性别）的对象。因此，比起男孩子，女孩子的"爱恋对象的丧失"，根源更深。为了忘却那种"丧失"，女孩子将"丧失对象"内化了。这就是"忧伤"（melancholy），即抑郁状态。"忧伤就是对所爱对象的忘却"。对于女儿来说，"对母亲的爱被禁止，必须将之忘却"。所以，像母亲一样，即"女性性"，本身就是"抑郁的"（竹村，2002：174-6）。经竹村这么讲，我发现，被视为"女人味"的要素，比如"节谨""娴静"等，与"忧伤"何其相似。换言之，自我欲望的意识与实现，在出生之前便已受阻，这种存在就是"女人"。倘真若此，生为女人，多不合算！

母亲与女儿的和解

　　日本最近接连出版了不少关于母女关系的书籍，有信田佐代子的《不堪承受的母亲之重——守墓女儿的叹息》（2008），还有斋藤环的《母亲支配女儿的人生——"弑母"为何困难》（2008），压卷之作则为佐野洋子的《静子》（2008）。本章的执笔受到了这些著作的刺激和启发。

　　斋藤环是拉康派的正统继承人，他的母女论对于熟悉弗洛伊德理论的人而言很好懂。不过由一个男性学者来解剖母女间复杂纠缠的关系，让我有些难以接受也无法满足。正因为好懂，不适之感也就更为强烈。与母女关系相比，父子关系更单纯。在父子关系中，儿子弑父之后，只要代替父亲的位置便了事，儿子只需憎恶作为压迫者的父亲即可，但女儿对母亲却不全然如此。斋藤说，儿子有很多切断父子关系的机会，但女儿并非如此。

　　"有论者将与'厌母'相通的'厌女症'视为近代以后的产物[2]，我不那么认为。至少，按照弗洛伊德的学说，女孩子的厌母情结有更为根源性的因素。"［斋藤（环），2008：117］

　　如果婴儿的"厌母"确如斋藤所言，母亲本为婴儿欲望的绝对对象，"厌母"是起源于婴儿对与母亲分离的怨恨，那么，"厌母"应该是不分性别的。南希·霍多罗夫[1]也曾经论述过这个问题，她认为这仅仅是由于一个历史性事实，即婴儿的最初抚育者为母亲。另外，"不拥有阳具"便等于"软弱无力"的意识，也是近代家庭制度

1　南希·霍多罗夫（Nancy Chodorow，1944— ），美国女权主义社会学家、精神分析家，曾为美国加州大学伯克利分校社会学系教授。

下所特有的吧[3]。近年来，在对弗洛伊德的研究中，一种有力的倾向是对他的理论进行历史化的解释，只把他的学说视为产生于19世纪末维也纳的父权家庭之下、关于近代家庭中特有的性别分化机制的理论，而不是关于人类普遍心理的学说。斋藤说："弗洛伊德的假说，对性别分化的过程机制作出了明晰而体系性的解释，在这一点上的价值，无论如何也不可忽视。"这是事实，但我认为，需要加上"在近代家庭制度之中"这样一个历史条件。

斋藤的书，书名副题为"'弑母'为何困难"，可是，"弑母"的问题，表面看来没有时代之分，其实是当今特有的现象。在过去，结婚为切断母女关系提供了一个社会性契机。不管怎么哭怎么唤，嫁出去的女儿就是"别人家的人"，娘家母亲再不能对女儿多嘴，女儿对娘家母亲也不能多管。婚礼时三三九度¹的最初两杯酒，第一杯象征与婆家双亲结亲子之盟，第二杯才象征结夫妻之约。对于女人而言，婚礼就是重结亲属关系的不可逆转的仪式。女儿出嫁以后母亲还能对其终身支配，不过是最近才出现的现象。

与之相反，信田佐代子的书名中的"守墓女儿"一词，表面看来与历史潮流背道而驰，其实反倒是非常现代的现象。在父权制之下，出嫁的女儿作为儿媳，所守的应该是婆家而不是娘家的墓，父母本来不能期待女儿为自己守墓。现在，不但有非婚的女儿，还有出嫁以后也切不断与娘家关系的女儿，如果没有她们的登场，就不会出现"守墓女儿的叹息"了。对于这种历史变化，信田自己也意识得很清楚，她说："'守墓女儿的叹息'居然能成书名，四十多

---

1 新郎新娘用大小不同的三种酒杯三度敬酒的婚俗。

年前当我还二十多岁的时候,根本无法想象。"(2008:86)

> 这个词(指守墓女儿——引用人注)要引起感同身受的共鸣,需要具备如下几个社会条件:母亲寿命延长;女儿结婚年龄随高学历化而上升;母亲的经济状况比较富裕;女儿有工作,但又因非正规雇佣人口的增长导致其经济状态并不稳定;少子化现象导致独生女增多;等等。(信田,2008:86)

因此,在今天谈论母女关系,与不顾具体历史条件地谈论存在于任何时代的母女关系是不一样的,也与谈论二十年前或四十年前的母女关系不一样。信田说,由于上述历史条件的变化,现在,母亲的依赖对象不是儿子而是女儿。这是女儿地位上升的证据吗?

另一本母女关系的书,作者是佐野洋子。她说,"母亲其实一直嫉妒我"。作为一位学业优秀的长女,她一直对母亲心怀憎恶。佐野接受了大学教育,一直拥有工作,这在那一代人中是少有的。与世上许多母亲一样,比起优秀的女儿,她母亲更溺爱病弱的哥哥。富有绘画天赋的哥哥十一岁时突然病逝,妹妹便代替哥哥接下绘画用具,背负着父母的期待,升入美术大学,成为一名成功的画家。看到女儿的华丽成功,母亲满脸不开心。

"不是你那么辛辛苦苦地供我上大学的吗?我不是在好好地工作吗?你为什么要那么阴沉,那么不开心?"〔佐野(洋),2008:62〕

佐野对母亲一直抱有一个不能消释的疑念:当哥哥死去的时

候，母亲一定在心中祈愿，死的是女儿就好了。佐野一直无法爱上母亲，一直心怀憎恨，同时又一直责备憎恨母亲的自己。

憎恨父亲的儿子应该不会责备自己吧。父子关系与母女关系的决定性差异或许就在此处。不管出于什么理由，憎恨母亲是不能被原谅的。仅仅因为憎恨母亲，女儿就得把自己当作"非人"一般引以为耻。为什么？因为母亲既是压迫者，又是牺牲者。在佐野的书中，比起对母亲的憎恨，更多的是对自己的谴责。

在"用钱把母亲扔掉了"的老人公寓里，母亲渐渐患上了痴呆症。那么要强、那么粗疏、从没表扬过女儿、从没说过"对不起、谢谢"的母亲，痴呆了以后，"变得像个菩萨"。自从小时候牵着母亲的手被推开以后就再也没牵过的母亲的手，佐野第一次去牵了。去抚摸一直不愿接触的母亲的身体、钻进母亲的被窝里去陪睡，这些都是母亲痴呆以前佐野不可能去做的事。

佐野说："神志清醒的母亲我一次也没喜欢过。"在母亲不再是母亲之后，她才与母亲和解了。听到痴呆的母亲说出"对不起，谢谢"的时候，佐野放声痛哭，"终于从折磨我五十多年的自责中解放出来了""活到今天，真好"。她的表达是"我被原谅了"，而不是"我原谅了母亲"。她的自责意识就强到了那个程度吧。

读者是否会松一口气：终于赶上了母亲还活着。不，人生不是总能"赶上"的。当母亲不再做母亲了，女儿才终于从女儿的角色中解放出来。

我自己与母亲的和解，没有赶上母亲去世之前。在我原谅母亲、被母亲原谅之前，她已经走了。时机已经错过了吗？可是，死者也会成长。女儿的母亲存在于女儿的身体之中。在与她的反复的对话中，我体内的母亲在慢慢发生变化。

无论是回应母亲的期待，还是背叛母亲的期待，只要母亲还活着，女儿就不可能逃离母亲的束缚。无论女儿是顺从还是叛逆，母亲都想一直支配着女儿的人生，哪怕在自己死后。女儿对母亲的怨恨，表现为自责和自我厌恶。女儿无法喜欢不能爱上母亲的自己，因为母亲和女儿互为分身。对于女儿来说，厌女症常是对带有母亲影子的自己的厌恶。

有解决办法吗？正如信田所言，母亲向女儿，女儿向母亲，相互告诉对方："我不是你。"我们只能从这里开始。

◆ 作者注 ◆

[1] "近代家庭"，是来自历史人口学的一个历史性记述概念，与之前的家庭形态相比，"近代家庭"有如下特征：（1）以夫妻为中心；（2）以孩子为中心；（3）排除非血缘亲属。从性别论角度来看，近代家庭还有两个特征：（4）公私领域的分离；（5）性别角色在两个领域的分担配置。近代家庭在欧洲形成于18—19世纪，在日本则于明治末期至大正时期在都市地区形成，进入战后高度成长期后，急速地大众化普及化。

[2] 此处所指"论者"，可以理解为江藤淳（1967，1988）和赞同江藤之说的上野（1994）。

[3] 事实上，人类学学者马林诺夫斯基前往母系社会特罗布里恩岛（Trobriand Islands）时，曾因发现彼地并无"俄狄浦斯情结"而困惑混乱。另外，我们还知道，对于在单身母亲以及收养女婿的家庭里长大的儿子，与父亲同化的机制很难产生。

第十章

"父亲的女儿"的厌女症

作为父权制代理人的母亲

在前一章,我写道,将厌女症教给女儿的是母亲。

可是,在那以前,将厌女症植入母亲脑里的是她的丈夫。母亲为父亲的厌女症的代理人。通过父权制代理人的母亲,女儿学到父亲的厌女症。再重复一遍,所谓厌女症,就是男人的女性蔑视、女人的自我厌恶的代名词。

"家庭暴力"的定义,在2004年《家庭暴力防止法》得到修正以后,不但指身体虐待、经济虐待,还包括精神虐待在内。比如,即使没有直接的拳打脚踢,但在日常生活中,丈夫经常性地嘲骂妻子"你这个蠢货""什么事也做不成""无趣的女人",这种行为就称为"虐待"。被虐待的一方,变得自轻自贱,陷入无力感,被夺去自信心,失去生活下去的力量。"家庭暴力"的这种定义扩展,会让许多女性"恍然大悟"吧:"原来,我结婚以来一直都在受虐待啊。"

我不禁想反问男人:那你怎么和这种"蠢货""无趣的女人"结了婚呢?其实,正因为是"蠢""无趣",男人才将其选为结婚对象的。有个可以随意嘲弄的女人在身边,可以让男人在一生中反复地确认自己的优越性，所以，男人不会放过他可以轻蔑的女人。确保一个这样的女人在身边，是男人确立自我身份认同的条件。秋叶原事件K君的"得女人喜欢""有人气"的愿望，不就是说他自己也想得到一个那种女人吗？

男人以"可以轻蔑"为条件选择结婚对象。选择比自己学历低的女人，然后骂"你这个蠢货"，这不过是"预言的自我实现"。在父母教育投资偏向儿子的父权制社会中，丈夫的平均学历高于妻子，但这不是个人能力的问题，而是性别差异的结果。可在具体的夫妻之间，却表现为个人间权力关系的不对等。男人忘记了，之所以选了"这个蠢货"为妻，正因为是她"蠢"才选的，选择"聪明女人"（此处仅指学历与自己同等或超过自己的女人）的念头，自己压根儿就没有过。

女儿一直目睹眼前的父母关系，为自己将来也会变成母亲那样而体味一种绝望感。不过，女儿拥有不同于母亲的特权。第一，她可以以母亲为反面教师而拒绝成为母亲那样；第二，她可以成为"父亲的诱惑者"，挤入父母之间，从而获得优越于母亲的地位。在争夺强者父亲的宠爱的竞争中，战胜作为对手的母亲，女儿就可以更加轻视母亲了。"我才不会像妈妈那么失败，我更能抓住爸爸的心。"接受了教育的女儿，代替没文化的母亲，"爸爸的知性和不被理解的孤独，我比妈妈更能懂得"。女儿与父亲结盟，同轻蔑母亲。当父母不和时，女儿甚至批评母亲，"就因为你这么任性，爸爸好可怜"，坚决站在父亲一方。

"父亲的女儿"

就这样,女儿成了父权制下的"父亲的女儿"。

田岛阳子[1]还是一位英国文学研究者的时候,写过一篇关于"父亲的女儿"的很好的随笔。

> 悲剧《厄勒克特拉》[1]就是厄勒克特拉从母亲的女儿变为父亲的女儿的成人仪式的过程报告。"女儿的弑母"是父权制对女儿的考验,她如果想得到父权制社会的接纳,就必须承认父亲的有利和优越性,并默认一切压抑和社会性不公正(歧视)。选择母亲的语言,意味着死亡;选择父亲的语言,等在前方的是被阉割。二者择一,厄勒克特拉选择了后者。(略)"被阉割",意味着压抑母亲的话语,压抑母亲要求正义和公平的抗议话语,也就是承认女人的生命轻于男人,甘愿接受性别压迫。(田島,1986:6)

古希腊悲剧的主人公厄勒克特拉,常被当作俄狄浦斯的女性版。俄狄浦斯不知真相地杀父娶母,而英雄阿伽门农的女儿厄勒克特拉,为报父仇而杀母。因为她的母亲克吕泰涅斯特拉,与表兄埃癸斯托斯合谋杀死丈夫后与之再婚。厄勒克特拉没有站在"母亲的欲望"一方,而是成了父权制下"父亲的正义"的代理人。这种行

---

1 田岛阳子(1941—),日本女性学研究家,曾任日本法政大学教授。

为，是对"母亲的欲望"必须从属于"父亲的正义"这个原则的再次确认。因此，厄勒克特拉从一开始就是"被阉割了的女儿"。

在弗洛伊德的理论里，儿子的故事与女儿的故事是不对称的。儿子因对母亲的欲望而被父亲阉割，但女儿却是早已被阉割了的。也就是说，女儿就是"已被阉割的儿子"，更通俗的说法是，"小鸡鸡忘在妈妈肚子里的孩子"。对已经被阉割了的女儿，不可能再次阉割，也没必要。

作为"诱惑者"的女儿

可是，父亲与女儿的关系，不仅仅只是支配与服从的关系，而是具有两面性。作为孩子，女儿是绝对的弱者，比儿子更弱的弱者；但儿子与父亲存在竞争对抗的关系，而女儿却成为父亲的"诱惑者"。更准确地说，被父亲制造成"诱惑者"。对于父亲，女儿既是自己的分身、最爱的异性，但同时她的身体又是被严禁接触的。所以，女儿之于父亲，是伴随禁忌、充满魅惑的对象。

对父亲来说，女儿是既属于自己但又决不能碰触的异性。当我的一位同龄男性当上父亲时，我曾听他抱着还在吃奶的女儿说，"谁要是夺去了我女儿的处女身，我就宰了他"。父亲对女儿的"拥有与禁忌"的悖论困境，没有比这位父亲的话表达得更充分的了。

如果可能，一辈子也不让女儿离开身边。妻子只是至终也不能相互理解的异形的他者，而女儿总还有几分自己的克隆，也是自己精心养大的，有种如皮格马利翁一般[2]的对自己苦心之作的爱恋。女儿才是"至高的恋人"。比起妻子，更愿把女儿放在身边。要是可能，与女儿交媾成双，自闭在无底的黑洞中，享受无上的幸福，成为女儿"一生唯一的男人"。这，不是父权制下男人们的一种"终极梦想"吗？

可是，这种写起来就让人浑身不快的"梦想"，不单单只是"梦"。父亲对孩子的性侵事件的不断发生，让我们看到这种禁忌的被触犯是何等容易。在日本文学中，这种"梦"作为一种文化理想，被毫不知耻地写进各种文本之中。《源氏物语》中的源氏与玉鬘和紫姬的关系都是例证。玉鬘因为是源氏的养女，所以源氏最终放过了她，但直到出嫁为止，源氏对她的视线明显充满了性的意味。紫姬没有后盾，是个无依无靠的孩子，这成为源氏带着性目的去接近她的借口，用现在的话来说，几乎就是儿童性侵犯。

被称为"洛丽塔情结"[3]或"皮格马利翁情结"[4]的男人的性嗜好的渊源，无疑是以父亲对女儿的关系为原型。"魅惑"明明是男人们自己制造出来的，可在事后却构建为来自对方的"诱惑"。

弗拉基米尔·纳博科夫的小说《洛丽塔》为"洛丽塔情结"一词的来源，在这本小说中，十二岁的洛丽塔被描写成摆出媚态诱惑男人的"坏女孩"。这种描写为男人准备了借口："是那个孩子在诱惑我，我抵挡不住啊。"小说《在德黑兰读〈洛丽塔〉》（Nafisi，2006），描写了在伊斯兰教管制下的德黑兰教英国文学的女老师和女学生们一起偷读《洛丽塔》的故事。伊朗的年轻女读者们，没有落入纳博科夫的"男人话语"中，她们准确地看出，"这不是性骚扰小说吗？"对于一个十二岁的少女，当她被放在对自己露骨地表现出性兴趣的男人家中，难道还有什么其他的生存策略吗？她不过是在一个被迫的环境中"巧妙地"行动了而已。可是，事后，男人一方却指责"那个孩子是个坏女孩"，把她说成是一个"诱惑者"。

将"诱惑"的魅力赋予给这个孩子的能力，只有男人才具备，少女本身是没有的，因为少女自己并不能控制这种"诱惑"资源。不过，女儿可以通过学习"诱惑者"的角色来打击父亲的权力，通过与父亲共演"父亲的女儿"的角色，侮辱父亲，嘲笑父亲，甚至可能颠覆父女间的权力关系。谷崎润一郎的小说《痴人之爱》（1925）[5]，可称日本版"皮格马利翁小说"，描写了一个原本无依无靠的弱女子后来将有养育之恩的男人随心所欲地操纵于掌中的故事。

日本的"父亲的女儿"

从"父亲的女儿"的视角去回顾日本文学史的，是中世纪文学研究者田中贵子的《日本的恋父文学史》（1998）一书。田中既不提弗洛伊德也不提性别理论，她说"'父亲的女儿'一词，我用来表达'接受了父亲的价值观的女儿'之意"［田中（贵），1998：20］，然后她又轻易地换称为"恋父女儿"，说"恋父女儿的特性是代替父亲完成未竟之业"［田中（贵），1998：20］，可是，"尽管女儿全心继承了父亲的遗志，却因身为女人而不能顺利实现"。

田中以"西乡隆盛[1]之女"的传说为例，指出"父亲的女儿"的最大功能之一，是"安慰含恨死去之父的在天之灵"［田中（貴），1998：23］。所以，无论东方西方，女儿都在扮演"厄勒克特拉"的角色。

"父亲的女儿"与父亲发生性关系的事例，田中从《不问自语》[2]一书中找到了。主人公二条，在与后深草上皇之间的关系中，被置于"父亲·情人·主人的三重束缚"之下。田中指出：

> 在恋父关系中，父亲常常作为绝对强者阻立在女儿面前。可是，如果女儿委身于这种束缚之中，她又会感到异常甜蜜甘美。所以，大多数情况下，女儿不像俄狄浦斯那样去反抗父亲，（略）尽管有犹豫，但还是自甘选择被束缚的道路。［田中（貴），1998：20］

将"父亲的女儿"的故事，描写为一个不但对于父亲而且对于女儿也是甜蜜甘美之世界的，是樱庭一树的《我的男人》（2007）。这部小说获得第138届直木文学奖，据报道，因书中内容太"有违风俗"，部分评审委员对授奖表示过迟疑。小说写一个二十多岁的单身男人，收养了一个因天灾失去家人的亲戚孩子，独自把她抚育成人，在她进入思春期后与她发生了性关系。那个收养的亲戚孩子，其实是男主人公自己的女儿，事出有因，不能公开她

---

[1] 西乡隆盛（1828—1877），近代日本著名政治家、军人，推动实现明治维新的主要功臣之一，却在与新政府的内战中失败后自尽而亡。
[2] 原题《とはずがたり》，宫廷女官二条的自传性日记随笔，成书于14世纪初。

的真实身份。这可以说是一个现代版"紫姬"故事。小说中包含了"洛丽塔情结""皮格马利翁情结""血缘幻想""家族神话"等诸多元素,加上故事舞台设在有浮冰漂来的鄂霍次克海沿岸的北方寒村,给作品带上鲜明的地方色彩,这一切混杂在一起,让人有些目眩。所谓"有违风俗"的评语,不过是因为对于(男性居多的)评审委员来说,这部小说点破了他们因为太明了而不敢承认的欲望而已。同时,"一树"这个让人难辨作者性别、看似男性的笔名(毋宁说像是女作家做了变性手术),让人感觉是一种为掩盖向男性同化的伪装。在名为《我的男人》的这部小说中,父亲与女儿均陷入性的黑洞之中,共同拒绝走出那个重力圈,为此不惜一切代价。即使失业,父亲还是选择只为女儿而活,当两人关系面临暴露时,连杀人之举也不踌躇。那是一个不容任何他人介入、完全自足的世界。小说虽然在形式上选择了"多声部"的写法,但书名本身已明确表明,故事是从"父亲的女儿"的角度来写的。书名为"我的男人",而不是"我的女儿",这一点颇具意味。因为,为了让"父亲的女儿"的故事被"父亲"们接纳,需要一个条件,即表明那正是"女儿"自己所求所愿——"不是我坏,是那孩子引诱了我。"

女儿不愿走出父亲的重力圈。若非走出不可,宁愿选择一同毁灭。对于父亲,还有比这更甜蜜甘美的故事吗?不过,女儿拥有的"作为诱惑者的权力",也潜藏其中。让父亲最终完全属于自己,向自己跪拜,为自己献上全部人生。使这一切成为可能的,唯有一个理由:"为什么?就因为我是他的女儿。"

在樱庭的这部小说四十年前,有另一部描写了女儿与父亲的甜蜜甘美的黑洞世界的作品——仓桥由美子的《圣少女》(1965)。

主人公是高中女生，遇到一个中年美男子，那人曾是主人公的"母亲的恋人"。少女凭直觉感到，那个"母亲的恋人"就是自己的父亲。她委身于男人的诱惑，不但委身，甚至主动使尽手腕去诱惑他。主人公不过是一个性经验尚浅的黄毛丫头，对方却是稔熟男女之道的中年男人，这样的小姑娘能成为中年男人的"诱惑者"，理由也只有一个："为什么？就因为我是他的女儿。"

对于男人，在不知不觉中（或佯装不知），将自己通奸生下的亲女儿作为性爱对象，或许是父权制下的又一个"男人之梦"。事实上，樱庭在小说中暗示了"父亲"少年时与寄养家庭的年长已婚女性的通奸，所以，后来他收留的"养女"其实就是自己的女儿。

仓桥的那部作品，在最后表明，这是一个编造周密的虚构故事。"母亲的恋人"并不存在，少女与生父一直保持乱伦关系。作为"父亲的创造品"，女儿终将爱上父亲，即"预言的自我实现"，在这一点上，仓桥的小说依循了"皮格马利翁小说"的惯例。但这部小说的复杂巧妙之处在于，"被创造者"主动地去爱"创造者"，因为那是终极的自恋。这么看来，自恋色彩浓厚得令人生腻的仓桥的文体，也可以解读为自我意识过剩的自体中毒症状。作为诱惑者的女儿，甚至把对父亲的爱用来当作自恋的资源。

"父亲的女儿"，不单单是从属者，也是"诱惑者的权力"的拥有者，她知晓女儿对父亲的特权，并彻底地利用，伺机将权力关系颠覆过来。

向"父亲"的复仇

"父亲的女儿"与"恋父情结"并非同义词。如果父亲是完美的恋人,女儿应该愿意和父亲一起停留在甜蜜而自闭的小宇宙之中吧。这时,父亲和"父亲的女儿"同为共犯。可是,那样的世界,只存在于故事之中。

在现实中,大多数父亲是不完全的男人,他们的支配欲、自我中心、权力欲和卑贱,也会显露在女儿面前。屈服于"女儿的诱惑",这本身就是他们卑贱的最大证明。所以,从父亲屈服于自己的"诱惑"的那一刻开始,女儿就拥有了蔑视父亲的充分理由。这时,父亲仅仅只是一个侵犯者。

美术家妮基·桑-法勒(Niki de Saint-Phalle)写道:"十二岁那年,父亲把我当作情人。"

这句话出现在她六十岁以后写的自传里[6]。在那之前,对于她经历的来自父亲的性侵,她只在其影像作品《爹地》(*Daddy*)中隐晦地提及,让人能隐约地察觉,但她一直没有明确地公开这个事实。将事实作为事实来承认,需要五十年的漫长岁月。由于生父的性接近,她陷入混乱,感到愤怒,内心郁结着难以遏抑的攻击冲动,被送去看精神科医生。

十二岁的少女,为突然被赋予的"诱惑者的权力"而不知所措。同时,知道了自己是父亲的性爱对象,也就等于被致命地告知:自己不是父亲,自己决不能成为父亲那样的人,自己只能成为和母亲一样的、从属于父亲的所有物。知道了父亲只是个"普通男人"的女儿,把父亲拉下了神坛。

在自传以前的文章里，妮基曾写道："可是，他是爹地。谁都可以触摸她，但爹地不能。"（Space Niki编，1980：10）写下这段话时她还没能承认的事实，在近二十年之后，她终于明确承认了：爹地"触摸"了她。

因为父亲想侵犯女儿，女儿由此得到了蔑视父亲的理由。通过成为牺牲者，女儿获得凌驾于父亲地位之上的依据。

这种机制也可以反转过来，即为了侮辱父亲，利用女儿"诱惑者"的权力。这种不能启口的"女儿的欲望"，有位女性用语言鲜明强烈地表达了出来。她就是饭岛爱子。

饭岛爱子，20世纪70年代女权运动兴起之前的日本第二波女性主义运动的先驱，70年代的"与'侵略、歧视'抗争的亚洲妇女会议"的中心成员。她去世后，在加纳实纪代等人的努力之下，其遗稿集《超越"侵略、歧视"》（2006）得以出版。收录于此书中的《活着——一个女性主义者的半生》一文，赤裸裸地描写了一个"父亲的女儿"如何脱离被父亲根植的厌女症的过程，是一篇让人震惊的文本。

她曾在日记里写道："潜意识深处的世界。一瞬间的白日梦。那是（略）父亲被羞辱的情景。我站在旁边，高声大笑。笑着笑着，腹部有种被搔痒的快感。对！从今以后，不管我干什么，（略）全世界的人都不能指责我了。（61年9月4日）"

约四十年后，她加上了一段："还有一句话，因为实在太犹豫，到底还是没在那时的日记里写出来。其实，我甚至想象被父亲强奸了。我通过让父亲做最可耻的行为，来向父亲复仇。"（飯岛，2006：91）

饭岛出生在一个富裕的妇产科私人医生之家。权力欲很强的父亲，总是对母亲说"所以女人就是不行"，因此，对于饭岛，"女人是种麻烦的东西，是应该被轻蔑的下等存在"。

她写道："厌恶女性、贬低女性的心理，由父亲塑造，从母亲传给女儿。"（飯島，2006：12）

本应是厌恶父亲批判母亲的女儿，成长以后，在自己的婚姻关系中，又与结婚对象重演"母亲对父亲的关系"。

她回顾道："本来，驱使我的原动力，是从自己受到的性别歧视、性别压抑（略）中逃离出来，可那其实是一种忌讳女人、与男人同化的欲求。（略）自己心中的欠缺感，化为憎恨，化为迷途的上进心，也化为对同性的轻蔑，并让我投入性行为。"（飯島，2006：20）

这种对父亲的反叛和侮辱，在有自伤倾向的"援交少女"即十多岁的卖淫少女身上，也能看到。她们将与父亲年龄相仿的嫖客视为"父亲的代理人"，把自己的身体供奉给这些男人低劣卑贱的性欲，将属于父亲而父亲又绝不能玷污的"女儿的身体"像扔进臭水沟一般让男人们随意玷污，通过这种方式，她们实现了向父亲的复仇。当然，她们的复仇只能用自伤自罚的方式，这正是作为绝对弱者的女儿们选择可能性的狭小之处。

社会心理学家埃里克·埃里克森（Erik Erikson），早已指出这个问题，他把这种机制称为"自我身份认同的否定性形成"。他注意到，在青春期少女的"自我身份认同扩散综合征"中，可以看到她们带着绝望感的尝试，有的少女走向卖淫，通过越轨行为来惩罚"什么也不是的自己"，从而确认"还是点儿什么的自己"。

他还注意到，这些少女大多出身于牧师、教师类家庭，父亲有权威性和压制倾向。在父亲面前弱小无力的她们，通过自伤自罚向父亲复仇。

我们可以发现，埃里克森指出的事实，与清水千奈美在《不能告诉父亲的事》（1997）[7]一书中揭示的现象很相符。清水从她的信息提供者们的报告中发现，在思春期由于父亲的性接近而留下不快记忆的女儿中，父亲职业为公务员的比例尤其显著。公务员的职业，既带有权威性和压制倾向，同时又是谨小慎微而伪善的。他们对女儿的性接近，也是因为除女儿外没有其他可以接近的对象。这么看来，在樱庭一树的小说《我的男人》中，主人公父亲的职业为"海上保安厅职员"，也颇具深意。

既非"父亲的女儿"亦非"母亲的女儿"

"父亲的女儿"，会重复生产父权制下的"父亲的女儿"。做"父亲的女儿"，意味着甘心忍受自我厌恶和性别压抑。我们必须切断这种恶性循环。

可是，要想从"父亲的女儿"转换为"母亲的女儿"，绝非易事。只要母亲依然充当父权制的代理人，女儿与母亲的关系就不可能和谐；反之，如果母亲想忠实于自己的欲望，女儿又会目睹她受到父权社会的严厉制裁。将母女关系作为一个重要主题来思考，是从女性主义开始。我们从中懂得，母女关系绝非顺畅如意。

正如田岛所言，"选择母亲的语言，意味着死亡；选择父亲的语言，等在前方的是被阉割"。要想脱离"父亲的女儿"，应该是拒绝"二者择一"的任何一种选择。为了脱离近代父权制的厌女症，女人只能放弃"母亲""女儿"的角色。因为，在现代父权制家庭中，"父亲""母亲""儿子""女儿"这些表达家庭成员关系的词汇，都已被写进了厌女症。"母亲"也罢，"女儿"也罢，无非都是父权制给女人的指定席位。"母亲的解放/从母亲的解放"和"女儿的解放/从女儿的解放"，互不可分。

◆ 作者注 ◆

［1］ 古希腊悲剧中的厄勒克特拉，是猛将阿伽门农的女儿。其母克吕泰涅斯特拉在丈夫远征时与表兄通奸，并在丈夫归来后将丈夫谋杀。厄勒克特拉和弟弟协力，以弑夫之罪处死了母亲。在弗洛伊德的理论中，俄狄浦斯被当作儿子"杀父恋母"的象征符号，与此相对，厄勒克特拉则被当成女儿"杀母恋父"的象征符号。

［2］ 希腊神话中的皮格马利翁，因爱上自己制作的雕像而使雕像变成了人，由此指称对按自己嗜好培养出来的、可如木偶一般随意摆弄的对象的爱恋。根据萧伯纳的剧作《皮格马利翁》(*Pygmalion*)改编的音乐电影《窈窕淑女》(*My Fair Lady*)广为人知。

［3］ 指对达到性成熟之前的少女抱有特殊兴趣的性取向。

［4］ 指将未成年女性按自己的嗜好塑造并对之抱有爱恋之情的性取向。

［5］ 谷崎润一郎的作品。男主人公为独身的公司职员让治，女主人公为无学女子娜奥密，让治把收留下来做家务的娜奥密培养成一位合乎自己嗜好的女性，可后来两人关系发生逆转，让治成为娜奥密的奴隶。该作品以滑稽讽刺的笔调描写出这一过程。

[6] 在 *Mon Secret*（Saint-Phalle，1994）这本简短的自传中首次提及。该书尚无日语译本。

[7] 清水组织了一个"白领女职员委员会"，以各种主题收集年轻女性的真实声音，并加以分析。本书以"与父亲的关系"为题，分析了1500名女性的报告。据此书统计，"接近50%的女儿讨厌父亲"。

第十一章

女校文化与厌女症

男人视野中的死角

"上野君,我跟你说,不管活到多大年纪,这个世界还是只有男人和女人。男人女人是一条藤上的瓜,分不开的,还是一起过最好。"男人们的这种嗡嗡声,老是响在我耳边,挥也挥不去。

"一起过最好,只是对你们男人而言吧。"我本想当场回敬过去,但总没能说出来,暧昧的微笑渐渐僵硬,始终贴在脸上。我原想告诉他们:"女人早就开始建构无须男人的女人世界了,只不过在你的视界中成了死角,你没看见而已。"但又嫌说起来麻烦,便沉默了。

当酒井顺子登场的时候,我曾发出感慨:不去在意男人视线的女性写手终于出现了。这种"不去在意男人视线的世界",指的是在男人主宰的媒体里的女人世界。这种女人世界,可以称为女人的治外法权区域、自治区,也可以叫作女人的指定集中居留地、隔离岛、租界等,叫法悉随尊便。

也可以说,酒井体现的是一种"女校文化"。当今世界是"男女同校文化",不,更准确地说,是"男校文化"和附属于男校的"异性恋文化"的世界。对于男人,女校文化是永远的谜,是从未踏入的处女地。

男人视界之外的处女地、未知的新大陆……与从前的"新大陆"一样,"未知"的只是欧洲人,对于当地人,既不是什么"谜",也没有什么可"发现"。女校亦然。对女人来说,这是一个熟悉的世界。

男人知道的,只是男人世界和与男人在一起时的女人。这是理所当然的。没有男人、只有女人时的女人的举止,男人们是不知道的。在女人聚集之处,只要有一个男人登场,女人的举止顿时不同,所以,男人终究无从知晓只有女人的世界到底是什么样的。

可是,女人是知道的。女人在有男人时如何举止、在只有女人时又如何举止,其间的落差,女人知道。如果一个女人无意识地跨越了这种落差,对她"天真无邪"的媚态,其他女人不能原谅;而在懂得这种落差的"默契共识"(tacit knowledge)的同道之间,对于能够有意识地操纵这种落差的人,或是赞赏,或是奚落。

将女人世界的"默契共识"泄密给异性,几乎等于背叛、犯规。

自登场伊始,酒井顺子便一直在写"属于女人、来自女人、为了女人"的文章。她毕业于以培养良家女子而闻名的立教女学院。这位早熟的写手,在大学期间便已用"玛格丽特酒井"的笔名在杂志Olive发表随笔[1]。作为写手,从最初开始,她头脑中就只有女性读者,也获得了女性读者的支持。

现在,酒井在男人主宰的媒体《周刊现代》上写连载专栏,可在那里,她依然完全以女校文化的面孔出现。在我看来,她过于不设防,但那也许是有意为之。她的(看似)毫不在乎男性读者的写法，使她的专栏在男性媒体中具有附加的商品价值。我无法预测，女校文化在男性媒体中的"鲜度"所带来的附加价值，到底能够保持多久。或许，在失去"鲜度"之前，她会改用迎合男人视线的文体。迎合男性口味视线的女写手不计其数，我很有兴趣地观望，在酒井变为其中一员之前，现在这种在男性媒体中走钢丝的危险平衡状态，她能持续多久。不过，对酒井来说，即使被男性媒体冷落，也是不痛不痒的吧，她只要撤回到女校文化中便可。在今天的媒体世界里，女校文化已经具有足够成熟的市场规模。

女校文化在男性媒体中堂而皇之地登场，当然是因为作为媒体受众的女性群体的存在感的提升。更露骨地说，是因为女性作为媒体消费者的购买力的提高。今天，大多数媒体若不考虑女性读者就无法存续。同时，这也是以前被视为"纯男性媒体"向"男女同校"方向发展的结果。

酒井顺子最初引起我注目的，是她的作品《少子》（2000）。

她说，女人不生孩子是因为分娩很痛。看到三十多岁女人的真心话，我不由得心想：哎哟，说这种话是犯规的呀。她这么说，其实是一种自我韬晦吧。说"因为怕痛所以讨厌生孩子"，是为了让人摇头"女人的理由就这么无聊"。真正的真心话，应该是"不需要也不想要孩子"，而这才是真正的"禁忌"。因为，不想要孩子的女人，一直被视为没有做女人的资格。在报纸的随笔和投稿栏里的话语是，"无论怎样的阵痛，一看到孩子的脸庞，顿时烟消云散"。讨厌孩子的女人，是丧失了母性的缺陷品，一旦做了母亲，想法自然会变。

关于生孩子的事，我从年轻母亲那里听到坦率的真心话，大约是从"陈美龄争论"[1]的时候开始。"没法喜欢上自己的孩子。""婴儿好臭，讨厌。""大便就是臭，自己孩子的大便照样臭。"出现这种话语，不是因为母亲们突然发生了变异，而是她们终于把以前埋在心中不能说出口的话吐露出来了。只有当母亲们即使说出"讨厌孩子"之类的话也不会成为作为一个女人的致命伤时，她们才能放心地将讨厌孩子的自己表达出来，并接受那个自己。

后来，酒井的《败犬的远吠》（2003）成了畅销书。"没丈夫、没孩子、年过三十，又怎么了？"酒井的这种姿态，从《少子》时候开始，丝毫未变。不过，也许是她从前一本书学乖了，不再自我肯定，而是自称"败犬"，摆出自我怜悯的姿态。那本书成为畅销书后，没有料到的一个结果，是出现了预期之外的读者。对她的"败犬论"，如果读者依然限于迄今为止的女校文化圈中，大家心领神会便了事。但当"败犬论"被带进AERA这种"男女同校"的媒体后，却引发了充满误解的"败犬争论"。"败犬"一点儿也没败，那是明明白白的。酒井自己根本不在乎什么胜败，拘泥于胜败的，是"男女同校"的媒体。

---

[1] 1987年，因来自中国香港的旅日歌手陈美龄带着刚出生不久尚需哺乳的孩子到工作现场而引发的一场持续约两年的争论。批评陈美龄行为的一方，认为不应该把孩子带到成人的工作现场扰乱秩序，代表人物有在本书第十四章论述的作家林真理子。拥护陈美龄的一方，则主张不应该只让女性承担养育孩子的负担，呼吁社会为职业女性提供兼顾工作和孩子的条件，代表人物为上野千鹤子。

女校价值的再发现

送女儿进女校的家长，大多是希望把女儿培养得"有女人味"吧。可经验证明，这是天大的误会。与女校学生相比，男女同校女生的异性恋性别身份的认同确立更早。比如，让男生当学生会会长、自己甘居副会长等。而女校学生反倒有很多机会自由地发挥统率才干。在没有男生来领头的女人世界里，力气活儿也好，统率角色也好，都得女人自己干。我在女子短期大学教了十年书，看到在和其他大学的学生共同野餐郊游时，男女同校的女生们娇滴滴地把砍柴取水的力气活儿推给男生们做，事后被女校学生嘲笑。不过，女校学生并非不知如何在异性恋制度之下利用自己的性别资源，她们只不过是看到其他女生在自己眼前表演得太露骨而败了兴而已。她们明白男女同校文化与女校文化的"规则"差异，把对两者间落差的操纵调节视为一种生存技能。作为女子短期大学的教员，因为与学生性别相同，当时年龄也接近，学生们在我面前不用设防，所以我有充分的机会对她们进行近距离观察，看她们如何生存于两种文化的落差之间。

在战后GHQ[1]的教育改革之后，日本各地还长期保留了公立的男女分校，但进入20世纪90年代以后，在政府的"男女共同参画"政策的推动之下，许多学校受时代潮流影响，开始了男女同校的改革。在这个潮流中，F县的名门公立女子高中，也决定改为男女同校。这个千载难逢百年不遇的变革，不拿来做社会学的研究课

---

1 驻日盟军总司令。

题实在可惜。我煽动班里一位来自这所学校的毕业生,结果,她交来一份让我眼前一亮的毕业论文。我推荐她向杂志投稿,论文被登载出来了,就是白井裕子的《男生的出现给女生外观带来的变化》(2006)一文。白井本人大学毕业后做了新闻记者。

白井是这所女子高中的最后一届毕业生,她妹妹则是该校改为男女同校后的在校生。她的研究的精彩之处,是没有去做诸如"对男女同校你怎么看"之类的问卷统计,即避开了对当事人"主观"意识的调查,而是彻底地以第三者也能客观判断的"外观"变化的指标来展开分析。

在她念高中的时候,女生们的惯例是,上学时穿校服的裙子,到学校后换为运动服的裤子。这不是学校的强制,是学生们自己的选择。裙子,是最易懂也最顽固的女性符号。男人没有穿裙子的选择,但女人既可以穿裙子也可以穿裤子,这意味着,女人穿裙子就是在选择"扮女装"。白井以经验数据证明,在男女同校改革的前后,这一惯例发生了急剧变化。男女同校后的女生们,无论上学途中还是在校期间,一直都"扮女装"。美国学者朱迪斯·巴特勒(Judith Bulter)说,"女人味"是一种"展演"(performative),那么可以说,女人是通过持续地"扮女装"而"成为女人"的。也就是说,男女同校的女生们,是在用女装符号来实践将自己与男生们区别开来的差异化。

白井的研究,虽然单纯,但着眼点很好,出示不容置疑的实证数据,极具说服力。她还从其他数据发现,在男女生共处的场面,女生倾向于退居辅助位置。节制、客气、为他人着想……所谓的"女性美德"!

从已有经验可知，一般来说，名门女校"共学化"之后，入学者的成绩数值呈下降倾向。因为成绩好的女生流向名门的男女同校，来填补这个空缺的男生，把男女同校后的原名门女校当作较名门男校次一等的选择。所以，对名门女校来说，共学化不是一个值得欢迎的选择。而且，女校文化的环境本来能够自然地培养女生的积极性和领袖才干，这一长处也因共学化而丧失。名门女校在面临共学化的选择时显出犹豫之色，是有道理的。

可是，女校并非社会的真空地带。女生们知道，只要迈出学校一步，四周全被"男女同校文化"包围。所以，她们放学时要把运动服换为校服的裙子。不仅如此，对女校内部，我们也不能幻想为一个充满少女们无忧无虑的欢声笑语的纯净花园。在那里面，展开着围绕"女人味"的霸权争斗。女人世界里的霸权争斗，不同于男性同性社会，更加扭曲。

女校文化的双重标准

当中村乌萨吉（中村うさぎ）登场的时候，我的感慨和看到酒井顺子登场时一样，她们都是完全以女校文化的面孔出现在男人主宰的媒体中。

中村原为轻小说作家，是一位在激烈的市场竞争原理支配的世界里存活下来的写手。这样的她，以"购物女王"的姿态在媒体登场。

购物依赖症、迷恋男招待、丰胸、整容……她的行为，表现出一种过度的"女人味"。这种女人味，男人们也很容易懂，可以说是面向异性的宣扬。她通过对这种女人味的极端追求来把自己商品化。她向媒体晒出整容前后的照片，表现出一种自虐性的显示欲。中村将女人的"痛"商品化，在这一点上，与林真理子将女人的"嫉妒"商品化，有相似之处（参见第十四章）。可是，她们两人又是不同的：林真理子是"想讨人喜欢、想被爱、想结婚"，其诉求面向异性，十分易懂；但中村不一样，她只在意女人的视线。由我看来，在这个意义上，她体现的是与酒井不同的另一种意义上的女校文化。

她们三人的不同或许与年龄有关。林真理子生于1954年，中村生于1958年，而酒井则是生于1966年。可以说，男校文化和男人社会对女人的支配力度，随年代下降而逐渐减弱。

中村也是女校出身。女校文化有双重标准。"被男人接受"的价值和"被女人接受"的价值是不一样的。在男人世界里，价值标准是一元的，"让男人倾倒"的男人，女人也会为之倾倒。金钱和权力，是衡量男人价值最明快易懂的尺度。男人喜欢钱与权，女人喜欢有钱有权的男人，那个堀江贵文豪言"女人跟着钱来"，诚哉斯言。（自己被女人喜欢，不是因为本人而是因为钱，监狱中的堀江，现在会带着悔意再度确认这个事实吗？）

在女校文化的双重标准之下，男人眼中的好女人不同于女人眼中的好女人，便是理所当然的。男人赋予女人的价值，女人自己无法控制，所以男人眼中的好女人，成为女人间羡慕怨叹的对象。而女人眼中的好女人，则不但与男人的视线有偏差，甚至隐含着"不受男人喜欢"、让女人安心的恶意评价。

我感觉到这一点，是在看到女笑星山田邦子登场的时候。迄今为止的"常识"是,"女人不能干笑星这一行,因为女人不能自己嘲笑自己",或者"女人如果把自己当笑料,只是让人看着'痛'"。可是,山田登场了,她不属于其中的任何一种类型。我后来知道,山田出身于女校,在校期间便一直热衷于在同学中逗笑,她的这份履历让我理解了她能成为笑星的理由。山田长相滑稽,身材偏胖,绝非讨男人喜欢的类型,于是,她便干干脆脆地把自己隔离在女人的世界里,和自己的粉丝们一同建立起一个逗笑与被笑的世界。

可是,女人赋予女人的价值,与男人赋予女人的价值相比,位居次等。酒井把没结婚的女人称为"败犬",背后便有这种意识。即女人有两种价值,一种是靠自己争来的,另一种是被他人(=男人)所赋予的,后者的价值高于前者,所以,没结婚的女人被称为"败犬"。因为,结婚是女人被男人选上的登记证。

作为生存策略的"山姥假皮"

对女校文化中的幸存秘诀,中村表达为"披上山姥的假皮"。

"山姥的假皮",是民间故事中为避灾免祸,让美女化为老妪的一种变身道具。

我们假设,在一个女校的班上,有位相貌身材如藤原纪香一般出类拔萃的女生,"女性分数"极高,那么,理所当然的,她会成为班上女生羡慕嫉妒的对象,同时也会被众人嘲讽欺负吧。在女人的世界里,纪香(那样的女生)如果平安无事地幸存了下来,其理由应该是,她既拥有迷人的美貌和身材,同时又能扮演让人恨不起来的、笨拙滑稽的天然呆角色。

比如,和同学之间可能会有这样的对话。

"纪香,好羡慕你啊,将来你会当上模特儿吧,还能跟超级有钱人结婚呢。"

"说什么呀,我怎么可能!就在前几天,我在车站的立食荞面店里站着呼呼地大吃面条的时候,被班主任老师撞见了。你知道吗?那家伙的皮包里装着漫画周刊《少年Jump》呢。我跟他做了个交易,不公开宣扬。"

所谓"披上山姥的假皮",就是能跟同学有这种对话,能把自己当作笑料。如果做不到这一点,便无法在女校文化中生存下去。女校文化的"默契共识"中,隐含着这种"规则"。本来,这是不能泄露给外面世界的。

"学业分数"与"女性分数",常常不一致。不仅如此,在对学校文化的研究中[2]发现,这两种分数之间存在着"分裂相生"的关系[3]。"女性分数"高的女生,周围原本没有期待她的学业,因为她已经拥有生存下去的"替代资源"。西蒙娜·波伏瓦自述,她从小就被父母拿去与漂亮的妹妹相比,一直被教导,"像你这么难看的女孩,不好好学习还能怎么办?"学业分数被期待为对"女性资源"匮乏的弥补。反之,学业分数低的少女,则试图以"女性分数"这种"替代资源"来立于学业优秀的女生之上。对成绩好的女生,她们嘲笑其"女性资源"的贫乏,挖苦她们是"丑女""不懂男人",同时她们自己积极地为时装化妆品等"女性资源"投资。不过,由于"女性分数"不是靠自己争来的,归根结底是被男人选择（成为男人性欲望的对象）、由男人赋予的价值，于是，这些思春期少女便倾向于越出学校文化规范而出现性早熟的行为。由此，一个"矛盾"的现象便出现了：貌似反抗学校文化的早熟少女，却成为男人社会里被始乱终弃的性客体。

除上述两种"分数"以外，女校文化中还有另一种"被女人接受的分数"。这种分数与以上两类又不相同。有的女生因为有股凛然的"男子气"而成为全班的英雄，有的女生很会逗笑而招众人喜欢。可是，她们总有一天要毕业。离开女校之后，当年女校文化中的"英雄"，会因不知在异性恋制度之下该如何举止而经历自我身份认同的危机。然后，她们痛切地懂得，被女人喜欢的女人，决不能得到男人的喜欢。

"山姥假皮"就是"让女人接受"的变身道具，因为女人绝不宽恕被男人喜欢的女人（无论她本人是自觉或不自觉）。

学业分数、女性分数、被女人接受的分数，三者的关系是扭曲的。女人的世界被这数种尺度分离隔断了。正因为如此，女人不会去建立一个像男人那样的、可用一元价值尺度测量的同性社会性的世界，也难以建立。

"笑料"与"问题"

精神科医生斋藤环在《家庭的痕迹》（2006）一书中有对酒井顺子的《败犬的远吠》的评论。他"诊断"道，酒井将结婚（＝被男人选上）这种男人的价值观置于最上位，表明"败犬"终归为一种羡慕男人（弗洛伊德的用语即"羡慕阳具"）的症候。

我在对斋藤那本书的书评里反驳了他。"败犬"一词，显然是一种自嘲。在同龄人口中，"男败犬"比"女败犬"数量更多，但他们却保持沉默和不在场，不来参与这个"败犬争论"。这个事实表明，他们才是把结婚这个男人的价值观内在化了，因此，他们才是真正的"败犬症候"。因为，通过结婚选一个女人，将一个女人占为己有，是男性世界中"男人气"的证明，至少迄今为止是如此。以《想扇"丸山真男"的耳光——三十一岁、无业、愿望是战争》（2007）的言论一跃成名的赤木智弘，这位"男败犬"的希望，与上一代男人极为保守的价值观一个样，只要"有工作有妻室"便能满足。在我看来，男性同性社会性欲望的价值观，在年轻一代中并未消减。

若能自嘲，"败犬"之称便成为一种"笑料"；不能自嘲，"败犬"就成为一个"问题"。笑料让人发笑，问题让人笑不起来。不但笑不起来，还很"痛"。

再没女人像中村那样自称"痛的女人"了。不过，真的如她所言吗？

购物依赖症、迷恋男招待、整容，甚至当应召女郎，这些为确认"女性分数"的让人抹泪的努力，在她身上成为一种商品化的表演。在我看来，她的表演与有意过度表演女人味的"变装皇后"（Drag Queen）[4]十分相似。她一边在异性恋的制度下表演着对"女性分数"的追求，可实际上，她在意的完全只是女性读者的视线。

"变装皇后"，是一种男同性恋的女装策略，他们表演过度的、引人发笑的女人味，使性别的虚构性成为笑料。中村亦如此。

她通过过度追求"女性分数"而使自己成为一个滑稽角色。通过这种表演，她彻底地揭露了"女人"性别的虚构性，顺便也彻底地嘲弄了对这种虚构性如自动机器一般发情的男人的欲望。

如果有人奉承"你真漂亮"，中村就会回答：

"对，因为整过容。"

听她这么一说，一般人都会后退三分。她说，把自己的脸折腾个遍，最终明白的是，不需对自己的脸负责了[5]。她的结论实为卓见。相貌的美丑不属于自己、女人的性别由女装建构而成，中村与"变装皇后"一样，用自己的表演把这个现实展示了出来。这不是"笑料"又是什么呢？

周刊杂志《新潮45》这种男性媒体，给了中村一个指定席位，这不过是意味着，让男人可以从场外自由地窥视她的女校文化表演。可是，中村的表演真正要传达的是：我其实一点儿也没把你们放在眼里。那么，真正"痛"的，到底是哪一方呢？

女校文化在媒体世界的深处静静地拓展着领土疆域。三四十岁还自称"女子"的女人们、无需男人的"腐女"文化[6]……当有一天，曾为男人视野死角的这片黑暗大陆，像那幻想中的亚特兰蒂斯大陆，猛然浮出水面的时候，将会发生什么呢？

◆ 作者注 ◆

[1] "玛格里特酒井"的笔名，由泉麻人从酒井的母校立教女学院的英语名"圣·玛格里特"为其命名。

[2] 保罗·威利斯（Paul E Willis）的《学做工——工人阶级子弟为何继承父业》（*Learning to Labour: How Working Class Kids Get Working Class Jobs*）一书开学校文化研究之先河，但被批判欠缺性别视角，由此发展出以女生为对象的学校文化研究。在日本有木村凉子（1990，1994）等人的著述成果。

[3] 分裂相生（schismogenesis）为格雷戈里·贝特森（Gregory Bateson）的用语，指相互对立的两个因素将其间差异最大化。比如，"你姐姐是大美人，可你呢？""丈夫一丝不苟，我很邋邋懒散"，这种现象常见于兄弟姐妹或配偶之间。

[4] 指男同性恋过度女装的策略。男同性恋通过滑稽地模仿女人的服装举止，反向地揭示"性别实为演技"的事实。

[5] 见与NPO法人"独特唯一的脸协会"会长石井政之的对谈《不能接受自己的脸！》（2004）。石井因患先天性皮肤疾病，半张脸被红痣覆盖，他称之为"独特唯一的脸"。在这个对谈中，石井表达的是，将并非由自己选择的容貌作为自身的一部分来接受；与之相对，中村提示了通过整容得到的脸将自己解放出来的方向。两者形成鲜明对照。

[6] "腐女"，对应于"宅男"，包括喜欢男同性恋漫画的"Yaoi"（やおい）、"BL"（boy's love）以及"角色扮演"（Cosplay）等类型，共同特点是对二次元空间的男子发情，"腐女"是她们带有自嘲语气的自称。

第十二章

"东电女职员"的厌女症(之一)

媒体的"发情"

谈论女性的厌女症,"东京电力公司女职员被杀事件"是不能绕过的。

1997年3月19日,在东京都涩谷区圆山町一栋陈旧简陋的木结构灰泥公寓楼的一个房间里,人们发现了一具被勒死的女尸。死者生前为当街揽客的街娼。街娼,性工作中最底层、最廉价也最危险的一种。据传,到最后,她卖身一次只要两千日元。这种女人葬身于犯罪多发的大都市中的一个角落,本来不会成为引人注目的新闻。可是,当人们知道那个街娼的真实身份后,事件变成丑闻。死者毕业于庆应大学,任职于东京电力公司,并在公司里担任管理职位。也就是说,她白天是一流公司职员,晚上去涩谷当街卖娼。随着死者的双重生活被揭秘,周刊杂志、电视娱乐频道等大众媒体为之沸腾。后来,写出纪实报告《东电女职员被杀事件》[佐野(真),2003a]一书的纪实作家佐野真一,称这一现象为"媒体发情"。媒体对被害女性个人隐私的大肆暴露,无异于对死者的再度凌辱。最后,在死者家属悲痛的请求下,这场"发情"才终于收场。

铺天盖地的媒体攻势停息了,但"东电女职员被杀事件"依然让人牵挂，不少学者和女性读者都对这起事件保持了持久而深入的关注。上文提到的佐野，为此写出纪实报告《东电女职员被杀事件》一书。该书在女性读者中引起的反响之强烈，令作者大为吃惊。他收到很多读者来信，信中内容多为痛切地表达"这起事件不是与己无关的事"。这些来信成为契机，佐野又写了关于这起事件的第二部书《东电女职员症候群》（2003b）。另外，有多位学者对这事件发表过见解，就我目力所及，如心理学者小仓千加子、精神科医生斋藤学、香山里佳及斋藤环、心理咨询师信田佐代子等。作家桐野夏生则以这起事件为原型，写出上下两卷的长篇小说《异常》（2006）。中村乌萨吉在她的《"我"之病》（2006）一书中，为此用去整整一章的篇幅。这起事件中的诸种因素抓住了许多人尤其是女性的心，引发出久久不能平息的波澜。

心理学者小仓千加子说，她听到一位女性编辑声嘶力竭地大叫："东电女职员就是我！"很多女性被这起事件触动，心情复杂，无法平静，难以言表。她们将之视为发生在自己身上的事。这些女性从事件中感受到的究竟是什么呢？我想来解一下这个谜。迄今为止的各种解释，都有让我赞同之处，但也都有让我感觉不对的地方。我一直就想把自己的"异样感"的真相给找出来。

东电女职员"内心深处的黑洞"

佐野真一的《东电女职员被杀事件》一书，主要内容如书名所示，包括两个部分，一部分是东电女职员卖娼事件，另一部分是杀人事件。该书前半部分探究一位精英白领女性走向卖娼的心理动机，进入后半部分后，焦点转换为追踪被当作杀人嫌疑犯的尼泊尔男性的背景和事件的审判过程。因此，如果因关注东电女职员卖娼事件而打开这本书，读者会感觉期待落空。或许是为了弥补这一点，该书最后一章为佐野对斋藤学的采访，他请精神科医生来解释东电女职员之谜。从这份采访中，我们看到的只是佐野在坦陈自己对女性心理的一无所知。该书的续篇《东电女职员症候群》，主要介绍前作出版后收到的大量读者来信。佐野实际采访过其中几位，但他仅止于对"有那么多女性对东电女职员表示同情"这一事实发出惊讶的感慨，这位男作家没有更深入一步去探寻她们的内心世界。

起初看到佐野的书出版时，我就对由男性纪实作家来调查这起事件颇感怀疑；读了其书以后，谜不但没被解开，反而更深了。佐野原是一位有强烈正义感的作家，他的这本书，结果成了对冤案事件的追究。

顺便说一句，佐野在书中称被害女职员为"OL"，这是不确切的。OL为日式英语office lady的略语，从20世纪70年代开始，用来取代原有的"BG"（business girl）一词。"BG"因含"女人的生意"即"夜里的工作"之意而被人们逐渐回避。当时，无论是BG，还是OL，在公司里都处于男职员的辅助地位，主要工作是端茶、复印等杂务（20世纪70年代尚无复印机！），不管年龄多大，都被当作"女孩子"[1]。

被害人A子，1980年大学毕业，是东京电力公司录用的最初一批女性管理职位候选人员。佐野称她为"精英OL"，可"精英"

与"OL"的组合本身是自我矛盾的。她死时三十九岁，年薪应该超过了一千万日元。这样的女性职员，绝不能说是普通的"OL"。

政府开始实施《男女雇佣机会均等法》是在1985年，A子进公司时，虽然这个法案尚未出台，但部分大公司已经开始试验性地录用四年制大学毕业的女生为管理职位候选人。A子的父亲亦供职于东京电力公司，为该公司的精英职员，本应顺利晋升，却在A子大学二年级时患急病去世，年仅五十岁出头。对父亲怀有敬意的女儿，在父亲生前的公司就了职。我们可以猜想，其中或许有亡父部下出于私情的暗中相助。A子的父亲毕业于东京大学，母亲毕业于日本女子大学，家住杉并区的一栋小洋楼，这是一个富裕的高学历中产家庭。家里还有一个妹妹，大学毕业后当上公司职员。父亲去世以后，家中虽然只有三个女人，但没有任何经济困难。

毕业于一流大学、供职在一流公司的高学历女性，没有任何经济困境的迹象，却主动选择街娼这种最底层的"女人的工作"，而且地点是在圆山町。据周围人的证言，她以两万至五千日元不等的低廉价格接客，把每笔收入一丝不苟地记在记事本上，常在便利店买关东煮和罐装啤酒充饥，过得很节俭。

为了什么？

这个问题，对一些人是谜，对另一些人则不是。后者就是在心中大叫"东电女职员就是我"的那些人。或许应该说，她们心中有一个同样的"谜"。

下面，让我们依据佐野的纪实报告，再稍稍详细地追溯一下"东电女职员"的背景。

A子在二十岁左右时患过厌食症，三十九岁死去时枯瘦如柴。

当她站在圆山町的街边时，总是戴假发、化浓妆、穿大衣，有男客甚至因为她脱衣后的裸体过于瘦骨嶙峋而被吓跑。

A子大学二年级时，作为顶梁柱的父亲去世，身为长女、责任感极强的她，一心想着要由自己来支撑这个家。她进了父亲工作过的公司，向周围发誓，"一定好好工作，绝不玷污父亲的名声"。长女、被寄予厚望、考入一流大学的她，正是一个"父亲的女儿"。

作为四年制大学毕业的"初期女性管理职位候选人"，她和男职员一样努力工作，毫不逊色。她投到一家财经专业杂志的论文，被刊载并获奖，作为经济学学者也开始崭露头角。可是，在她之前，办公室的女性只有一般事务员即所谓的OL，作为女性，她不能被特殊对待，照样要给男职员端茶。据说，轮到她值班端茶的时候，茶杯常被打碎。因为她洗茶杯不是一个一个地洗，而是在水桶装满水，把茶杯全部丢进去，然后使劲地摇水桶。结果杯子被摇出桶外，打碎了不少。从这个洗茶杯的动作，我们可以看到她的极不情愿，感觉到她的不满："明明不是该我做的事！"

作为管理职位候选人被录用的女职员们，初进公司时，因引人瞩目而被大肆宣传，可有许多报告表明，当时的工作现场却为不知道该如何对待她们而苦恼。《均等法》[1]实施后的第一代女职员留下了关于这个问题的证言。工作现场的困惑是：对这些女性管理职位候选人，是应该把她们与迄今为止的"女孩子"同样对待呢，还是应该视为"异形的男职员"？事实上，许多管理职位的女性，被要求扮演双重角色，"既要做出与男职员同等的业绩，又不能忘记如

---

[1] 1986年日本厚生劳动省颁布的《男女雇佣机会均等法》的简称。

女性事务员一般的细心体贴"。由于她们的录用条件和工资待遇与男职员完全同等，所以举手投足都被过度关注，周围的期待带给她们很大压力。同时，她们还得和其他一般事务女职员处好关系。

比如，有的公司有个惯例，女职员轮流提早到公司，在上班之前把办公室的桌子都擦干净。那么，管理职位的女职员是否也应加入轮班的问题就出来了。如果不让加入，她会在女职员中显得孤立；如果让加入，本人又可能会有不满。总之，在尚未适应女性管理职位的旧式职场里，她们是需要被小心翼翼地特殊对待的"易碎品"。同时，由于她们分散在各个部门，在所属部门是绝对少数，所以显得相当孤立。有证言说A子在职场很孤立，这未必仅仅是由于她个人性格的特殊。在这个时期，被寄予很高期待而被录用为管理职位的女性，由于太大的压力和不恰当的待遇而幻灭，最后丢掉优厚待遇辞职而去的事例不胜枚举。她们担心自己成为让人抱怨"女人就是不行"的先例，被迫承担男人的责任和女人的负担，结果是"再也干不下去了"。

1988年，A子三十岁，被调往属于东电系列的一家调查公司。与同期男职员的工作部门相比，她调任的那家公司差了一个等级，这显示出公司对她的评价。那时，她已被上司认作"难用的职员"。在调去的公司里，来自大企业客户的职员，通常是被当作客人来对待。她在这里也被视为难用的"易碎品"。据说，由于追求完美、一丝不苟的性格，她会不客气地指出上司及同事的报告书里的错误，因此遭众人讨厌。

在分公司工作三年后，她又回到东电公司，1993年就任"经济调查室"副室长，成为管理人员。与A子同期进东电的女性管理职

175

位候选人,一共有九位,到那时,尚未辞职并当上管理职位的,除A子以外,一个也没有。A子进公司后,最初被分配到的部门,就是"计划部调查科"。将女性安排到"调查部门",表明了大企业对女性管理职位的态度,即女性终究只是后勤人员。与被派往现场部门的男职员不同,公司给她们准备了面向女性的指定席位[2]。

根据佐野的报告,A子开始"夜里的工作",是在调回公司半年左右之后。她先当俱乐部的女招待,然后在涩谷做娼妓。她起初还接一些"貌似绅士的客人",记事本里有回头客的名单和联络方式。她的价格为一次两万至三万日元,在当时的涩谷,这是接近一般行情的价格。当高中生进入卖娼行业后,娼妓日益低龄化,那时,穿制服的高中生价格更高。

A子每天过着千篇一律的生活。定时下班,去便利店买关东煮充饥后,化浓妆,穿大衣,站在圆山町街头。她给自己订的目标是每天接客四位,把接客人数和金额详细地记在记事本上,零钞攒满一万日元后,便去换成整票。她很在意金额数字,但并不挥霍浪费。疲累之后,她就坐电车回杉并区的家。有人曾看见她在电车里狼吞虎咽地啃着从便利店买来的面包。

"夜里的工作"逐渐侵蚀到白天的工作。她上班时的化妆越来越浓,服装越来越怪异。不知是由于太过辛劳还是厌食症复发,她瘦到病态的程度。她在公司里的孤立程度越来越深,周围人也开始感觉到了她的异常。本来,能每天定时下班,这本身就意味着她在公司没有自己的位置。三十多岁,正是工作上轨道的年龄,若是男人,应当正值在公司努力工作、竞争成功的时期。

三十九岁,正是"作为女人的消费期限"快要过期的年龄。她在这个时候遇害，仿佛是一种有意的安排。其实，即使她不被杀，在不少人眼中，她的那种生活也等于慢性自杀。

A子尸体被发现的圆山町的那个破旧公寓，成了女职员们的"圣地"。在那之后好几年里，那里的鲜花不曾断过。

男人们的解释

佐野在解释东电女职员的卖娼行为时，用的关键概念是"堕落"。可是，用"堕落的女人"来称呼走上卖娼之路的女人，实在过于陈腐。佐野说她"身败名裂""沦落陋巷"，可事实上，她并未因生活困窘而落入社会最底层。她既未因双重生活的丑闻曝光而受到社会制裁，也没因此而失去工作。即便被公司知道了，只要不是触及法律的行为，公司也不能把她解雇。尤其像她那种"个体经营"的娼妓，并未加入有组织的营业，只要一口咬定是"自由恋爱"，最终总能逃脱。

佐野用"堕落"一词，是基于一种长久以来的旧式思维，即女人出卖自己的性是有悖人伦的行为。同时，"堕落"一词还带有一种浪漫主义的色彩，这一点我们也不能忽视。

> 丢掉东电女职员的假面变身而为"夜鹰"的A子，让我想起坂口安吾在《堕落论》里的一段话："人应该在正确地堕落的道路上彻底地堕落。……必须堕落到底，从而发现自己，拯救自己。"我竟有些感动。（略）她的堕

落之路太笔直、太专一，那种怪物般的纯粹，甚至闪烁着神圣的光彩，我的心为之难以形容地颤抖起来。［佐野（真），2003：21］[3]

佐野在这里竟然用起"夜鹰"一词，让人很是意外，因为这个词相当陈旧，有种时代错误之感。不过，更重要的问题，是称A子为"堕落圣女"的佐野的心态。在他的那种精神构造中，不但有种陈腐的20世纪式的通过性来寻求救济和解脱的浪漫主义情怀，还有种男人对"抹大拉的玛利亚"（Mary Magdalene）的向往憧憬。所谓"抹大拉的玛利亚"，是指为让男人满足欲望仅收极低报酬的那种娼妓。据说，还有男性杂志将她喻为"遍身疮痂的菩萨""黑色玛利亚"，那只能说是男人的自以为是。

速水由纪子指出，一方面，媒体为东电女职员事件"发情"，另一方面，"男性与女性反应落差如此之大的事件，至今不曾有过"。（速水，1998：13）佐野放弃了理解东电女职员"内心深处的黑洞"的尝试（的确，比起陈列充满误会的"解释"，这样更诚实），他把这个任务委托给精神科医生斋藤学。斋藤提出了如下的弗洛伊德式精神分析。

敬爱父亲也被父亲期待的优秀的长女，成为"父亲的女儿"。大学时代失去父亲的长女，与父亲同化，意欲代替父亲承担家长的责任。她的母亲本应为庇护者但却很无能，A子的自负，让她对母亲投以轻蔑的目光。于是，母亲渐渐疏远并排斥傲慢的长女，溺爱妹妹。在那个家里，长女日渐失去自己的位置。

斋藤分析道："（A子）因执着而强烈地依恋父亲，意欲代替父亲，做一个男人，（略）这使她变得憎恶自己的身体，对身体产生一种近似复仇的情绪。"斋藤称之为"自我惩罚愿望"。自我惩罚，同时也就是对母亲的惩罚。"当街卖娼后，还每晚必定回到母亲和妹妹起居的家中，这是凸显母亲的社会性无能的极好方式。"

因此，"她的卖娼行为，可以视为对母亲和妹妹两人联盟的攻击。自己与亡父合为一体，本应是男人联盟，身体却成了障碍。（略）卖娼的行为，既可以欺负母亲，又能摧残自己的身体"。[佐野（真），2003b：132-133]

这种弗洛伊德式的分析，容易将一切现象都归因于家庭关系。将所有因素都还原在父亲、母亲、女儿等家庭角色的范畴之中，反而会使性别要素成为盲点（gender blind）。

斋藤将自发的卖娼解释为自我惩罚的自伤行为，这与对卖娼少女的分析很相似。那种解释亦只停留在家庭关系之中。被父亲溺爱期待的女儿，欲求与父亲的同化，但"父亲的女儿"终究只是女儿，不是儿子。当女儿知道自己只能成为"不完整的父亲"时，便转而惩罚妨碍了与父亲同化的女性身体。这时，卖娼是一种"自罚"。相反，被父亲支配、憎恶父亲的女儿，则通过主动"玷污"本应属于父亲的身体来实现对父亲的背叛和报复。这时，卖娼便成为"他罚"。可是，无论自罚还是他罚，女儿都只能通过自伤行为来达成。

"父亲的女儿"，虽然厌恶母亲的无能与依赖，但因为有一个与母亲同样的身体，不可能与母亲彻底分离。女儿懂得，母亲对丈夫的依赖，建立在母亲对自己性欲望的压抑之上。看破母亲隐蔽欲望的女儿，冒着犯禁的危险，带着嘲讽的意味，去代理实现母亲的欲望，这同时也是对母亲的报复。速水由纪子在对20世纪90年代卖娼少女的分析中，就是这样去解读背后潜藏的两代女人的性压抑。

在家庭中处于最弱者地位的女儿，其攻击并不直接指向强者父母亲。弱者的攻击，只是指向自己的身体，因为身体不能反抗，是比自己更弱的弱者，是自己仅有的一点点领地。相反，儿子的攻击性，通常表现为更单纯的"他罚"或对他者的伤害，两者形成鲜明对照。从这个角度来看，将自己身体如同扔进阴水沟一般交给男人的越轨行为（包括卖娼在内），便可被解释为与厌食症、割腕等具有相同性质的自伤行为。

被两种价值观割裂的女人们

在对东电女职员的理解中，导入另一个"女人之间的竞争与嫉妒"的视角的，是作家桐野夏生。她的长篇小说《异常》，有上下两卷，从事件发生四年后的2001年开始，在《周刊文春》上连载，前后长达一年半。对这起"男性与女性反应落差极大"的事件，女作家终于来展开想象力了，这让读者非常期待。

主人公"我"和百合子是一对混血姐妹。小一岁的妹妹百合子，拥有像西洋人一样的"怪物般的美貌"；而姐姐"我"，只有一张平庸的东洋人面孔。这部小说的叙述，从一开始就很关注容貌，表明作者很强烈地意识到美丑给女人带来的巨大差异。小说将两人设定为姐妹，这暗示着"我"与百合子互为分身。此外还有一个登场人物，即姐妹俩女校时代的同学和惠。卖娼的百合子，成为杀人事件的被害人；其后，本为一流公司职员的和惠，也被发现在卖娼，也成为杀人事件的被害人。我们可以看出，和惠直接以东电女职员为原型。故事的讲述人"我"，一边对比截然相反的百合子与和惠，同时自己也被卷入同样的命运，这使她成为"不可信赖"的讲述人。由此，读者不但能读到"我"的评述，也能交替地读到和惠与百合子的第一人称独白，从而获得对这起事件的富有临场感的多方位把握。

桐野的前著OUT，描写几位钟点工主妇杀人分尸的过程，给人带来强烈的冲击。可是，这部试图重现东电女职员被杀事件的作品，却很难说是成功的。在我看来，用"恶魔般的美貌"这种修辞来形容登场人物的容貌，作为小说就已经失败了。不仅如此，每个登场角色，如同电子游戏中的人物，全按作者给定的初期条件展开行动，完全不出预料。这种写法，应称为寓言，作为小说则魅力大减。所以，虽然《异常》确为一部长篇力作，但我却有期待落空之感。不过，也正因为如此，书中不时可见一些直接的标语口号式的语句，其中传达出作者的本意。或许，这部作品可称为一种"思辨小说"，但假如那样，实在没必要让人去读那么长的故事。

在登场人物中，与东电女职员最相似的，是和惠。

和惠毕业于以成绩优秀而闻名的名牌私立大学，是一流公司的职员。她有如下独白：

> 我要赢。要赢。要赢。
> 要得第一。要被尊敬。
> 要被每个人看得起。（桐野，2006：下263）

和惠的竞争意识，表现为要争第一的"第一名病"，她特别在意一位同期进公司的、东京大学毕业的女职员。这一点颇具象征性。患"第一名病"的，通常并非真正的第一，而总是第二。意识到自己既非一流亦非三流实为二流的人，内心深处的"第一名病"会更加强烈。和惠视为对手的东京大学毕业的女职员，行为举止自然得体，无懈可击，两人形成鲜明对照。

和惠从女校时代就一直为争第一而奋斗。她的自负，使她对脸蛋漂亮但学业不佳的同学百合子投以轻蔑的目光。可是，作家借讲述人"我"之口断言："对女孩子来说，外貌能在相当程度上压倒他人。不管怎么聪明、怎么有才，那种东西是眼睛看不到的。对漂亮的女孩子，凭头脑和才能，是绝对赢不了的。"（桐野，2006：上92）

本来，在设定为姐妹的"我"与百合子之间，"我"的败北早已注定。有一个美貌的妹妹，姐姐在家里总是被拿来与妹妹相比。在这种姐妹关系中长大，姐姐心中只有强烈的憎恨和嫉妒。讲述人"我"，成为一种"恶意的化身"，这个角色的存在，就是要亲眼看到美貌的最终且彻底的败北。因为，所谓美貌，就是让男人发情、由男人估价的女人价值的别名。

在第十一章《女校文化与厌女症》中，我谈道，女人需要具备两种价值，被女人接受的价值和被男人接受的价值，而这二者不能两立。同时，在第九章《母亲与女儿的厌女症》中，我又说道，尽管不能两立，但在当今这个时代，女人的两种价值——自己挣来的和被他人（＝男人）赋予的——都是必需，仅有一种是不够的。在《异常》中，"我"和百合子升入私立名门女校，小说描写了姐妹俩在这个封闭空间里与同学之间展开的令人窒息的嫉妒和争执。和惠则作为那个集团中的一位选手登场。在名门女校，女人的两种价值，看似能实现却又不尽然，这个场所的设定十分微妙。

百合子与和惠，都是从外部升入这所名校的学生。进到一所与自己身份不符的良家女校的外部生，不可能不对内部生抱有羡慕和怨叹。女人脱离出身阶级的办法有两个，美貌或学业。可是，即使拥有压倒他人的美貌为武器，依然无法跨越阶级的隔垣。"名流富人之妻"，是因为本来就出身于名流富人之家才成为"名流富人之妻"的。只拥有美貌资源的女人，表面看来是在利用男人（百合子从高中开始就以美貌为武器与男性朋友们一起设美人计行骗），可最终，只是被男人们彻底蹂躏，然后死掉。

另外一个武器"学业"，又如何呢？学业能决定在集团中的序列名次，只是在女校这种牧歌般的封闭空间之内。一旦走出这个女人集团一步，男人的视线便如物体的重力一般，无所不在，弥漫于整个空间。

成绩好便能上好学校，上了好学校就意味着社会性成功——这条道路只对男人有效。小说中的和惠，靠学历和父亲的人脉进了一流企业。可是，等在她前面的，是为女人准备的二流之路。在"女人专用"的指定席位上，和惠彻底地体味到作为一个职业人在事业上的挫折感，使她更受打击的，是被人侮辱"作为女人更没价值"。过着"与中年男人并无两样"的生活的她，内心比中年男人更悲惨可怜。小说中写道，她想在繁华的银座大街中心高喊：

谁来招呼我。约我。求求你们，跟我说句温柔的话。

说，说我漂亮，说我可爱。

低声地说，去喝杯咖啡吧。

约我，下次两人单独见一面吧。（桐野，2006：下275）

和惠的独白，我引用了两处。该书下卷的正文里用黑体字印刷的，也只有这两处。这种表达，包括文字和用黑体字强调的方式，实在过于直白，让人只想把脸扭开。

还有一处黑体字是这样的：

"我要赢。要赢。要赢。要得第一。

"要被人称赞是个好女人，被人说能认识那个女人真荣幸。"（桐野，2006：下277-278）

众多论者用种种话语来谈论现代女性的割裂状态，一言以蔽之，就是上面两种欲望。《均等法》之后的女人，必须取得作为个人的成功和作为女人的成功，若没将两者都实现，绝不能被视为一个完整的成人女性。

◆ 作者注 ◆

[1] 关于BG、OL等名称，金野美奈子的《OL的创造》一书十分详尽。
[2] 女性经济学者小泽雅子，曾任职于原日本长期信用银行（现已倒闭），根据她的证言，被分配到调查科的她的年薪，虽比同龄女性劳动者高出许多，但与进公司后不断换岗调动积累了丰富现场经验的同期男同事相比，十年间拉开的差距竟达几乎两倍。
[3] 佐野的原文里用的是被害人的实名。但论述东电女职员事件时，并无必须使用实名的必要，故引文中实名之处均以"A子"代用。

第十三章

"东电女职员"的厌女症(之二)

想当娼妓的女人

"想当娼妓的女人,世上一定很多。想趁身体值钱时卖个好价赚一笔的人。想用自己肉体去确认性之无意义的人。因过度自卑想通过对男人有用来确认自我价值的人。为狂野的自毁冲动所驱使的人。"(桐野,2006:上274)"成为娼妓的理由千千万。有多少个女人就有多少种理由。"——桐野夏生在以东电女职员被杀事件为原型的长篇小说中这么说。

东电女职员,年薪达一千万日元,夜里却站在涩谷街头,贱卖自己的性。"要不要干?一次五千日元。"要是对方说没钱,还可以降价,只要两千。据说A子很节俭,把每日收支都详细记在记事本上。但我们很难相信她是为了钱。

在20世纪80年代的涩谷,通过"电话俱乐部"[1]的卖娼,行情价为三万日元。高中生更贵,一晚达五万日元。那是一个男人对像条金枪鱼一样躺在床上什么技巧也没有的少女身体也愿花五万日元的时代。东电女职员给自己标的价格,不是太"贱"了吗?

在《东电女职员症候群》[佐野(真),2003b]一书中,对A子以两千日元的低价卖娼一事,佐野介绍了一位女性读者的解

释:"那是A子在给男人标价。"[佐野(真),2003b:134]

这位女性读者目光如炬,直抵核心,一言道出我心中朦胧的想法。佐野用这个问题去问精神科医生斋藤学,引出斋藤"确为有意思的看法"的回答。可那之后,两人的对话换了焦点,话题转到别的方向去了。在佐野的书中,对这个问题的思考,完全没有再深入下去。

"是A子在给男人标价"的说法,可能需要我给读者稍加解说。

人们多会认为,卖娼的金额是娼妓被标的价。可是,卖娼的反面是买娼。男人支付的金钱,也是男人对自己的买娼行为所标的价。付给A子五千日元的男人,不但给A子的性标价五千,反过来也是对自己的性欲标了五千的价。对"想得到满足,想到那个地步的男人可怜的性欲",A子标了五千日元的价。在这里,我们看到的,是她对为了性欲的满足不得不依赖女人到了如此地步的男人的悯笑。

对于不付钱的男人,娼妓绝不让他们干。即使是如同"扔进阴水沟"的性,也不是无偿的。乔凡娜·弗兰卡·德拉·科斯塔(Giovanna Franca Dalla Costa)在《爱的劳动》(*The Work of Love*)(1991)一书中尖锐地指出,妻子的性是"无偿劳动"[2]。与不能对丈夫说"不"的妻子们相比,绝不白白地让男人们干的娼妓,是拒绝被男人剥削的、有尊严的独立之人。这时,娼妓给自己标的价,同时也就是给男人标的价。"甩不出这么多钞票来打我的脸,你就别想随便把我怎么样。"性的价格,对娼妓和对嫖客,所具意义全然不同。

对于把自己的性不断降价以至不要钱谁都可以白干的女人,男人社会一边轻蔑，一边又把她们圣化为"遍身疮痂的菩萨""黑色玛利亚"［佐野（真），2003b：50］。不拒绝任何男人的女人，男人们不禁要赞颂其为自堕地狱以拯救男人的玛利亚。即使女人一方没有半点儿那种意图，男人们也要将对自己性欲的负罪感反过来投射到女人身上，给自己找借口。"圣处女玛利亚"的反面，就是娼妓"抹大拉的玛利亚"，两者共有一个"玛利亚"之名，不是偶然的吧。男人把女人分为"用于生殖的女人"和"用于快乐的女人"，这种性的双重标准，不能不让男人自身也陷入困境。

女人给男人标的价

如果女人的性被不断降价，女人就被抹去了一切附加价值，成为一个女性性器。化浓妆、穿风衣的A子，脱衣裸体之后，"身高一米六九、体重四十四公斤"［佐野（真），2003b：21］。这具因厌食症而瘦骨嶙峋的身体，甚至把男客吓得后退。即便如此，男客还是干完事付钱给她。为什么？因为她已经被还原成了一个女性性器。闭上眼睛，脑子里想着别的女人，或者干脆抱一种虐待狂心态，"就算把自己的手换成娼妓的阴道"，男人也能射精。

二战时的军队慰安所里，慰安妇，被剥夺了一切人格，仅仅只是一个性器。在那种时候，男人，同样也被还原成了一个男性性器。

什么是"卖娼的价格"？由于是男人付钱给女人，所以人们错以为是男人给女人标的价，可正如那位"女性读者"看破的那样，那是女人给男人标的价。懂得了这一点，许多"谜"便会迎刃而解。

将自己标高价出售的女人，是承认买自己的男人有与那个价格相当的价值；把自己廉价贱卖的女人，则是认定男人只值那个价；不要钱跟谁都干的女人，等于把自己身体"扔进阴水沟"，她们以此来验证，男人的性欲也就是"扔进阴水沟"一般的东西。

不要钱的女人，宣告男人的性欲一文不值；要两千日元的，宣告只值两千；要五千日元的，宣告就值五千。女人要钱，是在宣告：若不出钱，你连自己的性欲也满足不了。女人的这种行为，是对可怜的男人雪上加霜的狠击。

桐野借小说中一位主人公之口说，"女人卖身的理由，只有一个——对这个世界的仇恨"（2006：下443），"把变丑了的自己暴露出来，让男人来买，向自己、向这个世界复仇"。其实，无须使用"这个世界"之类的委婉表达，直接说"男人"就够了。

娼妓憎恶男人，同时，男人也不能不憎恶娼妓，两种憎恶性质不同。桐野还让一位主人公说："男人其实憎恨卖身的女人。卖身女人也憎恨买自己的男人。"（桐野，2006：下332）

一面将女人还原为性器，一面又不得不依赖女人来满足欲望——最诅咒男人性欲这种作茧自缚的构造的，其实是男人自己吧。

这种构造中包含了男人厌女症（厌女症本为男人之物）的所有不解之谜。这里可以让我们再次想起吉行淳之介[3]。深深地依赖女人同时又为此而不能不憎恶女人的男人，就是被误解为"喜欢女人"的厌女症男人。

男人们将这种作茧自缚的诅咒发泄在娼妓身上。一边彻底地利用她们，一边又不能公然承认她们的存在，侮辱她们，厌恶她们。男人心中暗暗承认娼妓为"必要之恶"，可为了让自己看不到不想看的东西，又想将之隐藏起来。对男人来说，买娼行为，包括慰安妇制度在内，似乎是一件让他们自己颇感尴尬的事。

他们明明知道娼妓只是为了钱才与自己性交，可又偏偏想用钱去买本来用钱买不到的女人的"情"。娼妓的"不幸身世"，不过是太常见的一种技巧，职业娼妓在"性"之外加上"故事"，是为了提高"性"的附加价值。游廓春楼的"达人"，就是自相矛盾地要用钱去买"娼妓的真情"。稔熟此道者，乃专业的女招待或男招待。

名流富人们[4]，或者叫高级应召女郎，或者用钱买女模特、女艺人。如果我们把这种行为视作他们给自己性欲所标的价，就很好理解了。他们通过显示（自己说给自己听）"我只对带有附加价值的女人发情"，来向自己（和其他男人）证明，自己的性欲与那些"不花钱的性欲"不一样（自己的性欲才是高级的）。

女人那边，就更好理解了。想把自己高价出售，不管是终身契约还是一次性合同，性质一样。想嫁名流富人的女人，高估了"男人赋予女人的价值"。正因为她们高估了，所以即使遇到家庭暴力，也不会从那个位置上退下来。她们害怕，一旦退出那个位置，自己就什么也不是。

据说，衡量男人成功的一个社会指标，是拥有"美人妻"。其实更准确地说，是"花钱的妻子"。这是男人为了夸耀：我的性欲不是随便就能满足的，满足我性欲的女人需要花这么多钱来维护修缮。在美国，这被称为"花瓶妻"（trophy wife），即胜利的奖赏。于是，富人妻对美容着装之类不能稍有懈怠，因为那是衡量丈夫地位的指标。她们通过这种方式，证明她是与丈夫匹配的女人。

给丈夫赋予价值的,是她自己。

一次性消费单价很高的女人,也是同样道理。将自己高价出售,就是女人高估了"男人赋予女人的价值"。她们要显示"我可不是把自己贱卖的女人"。不管男人支付的是现金、昂贵名牌还是法国大餐,性质全都一样。她们从中体会让男人为自己掏腰包的快感。这种行为就是通过男人给自己出的价格来确认自己的价值。反言之,是女人自己给了男人那个价格。

作为"动机词汇"的"性的认可"

少女卖娼能获取高额报酬,作为娼妓,那种高额报酬与她们的身份不相符。少女们不过只是年轻,她们的身体缺乏成熟丰富的性经验,她们的年龄还不懂性爱技巧及恋爱计谋。少女卖娼被称为"援助交际",这个叫法不过是十多岁少女不属于一个特定机构、自由独立地卖娼的委婉表达。《少女民俗学》一书的作者大塚英志(1989,1997)指出,十多岁的少女身体之所以被赋予特殊的附加价值,是因为那是"禁止使用的身体"。虽然在生理上已经成熟,但作为社会伦理,其身体被禁止使用——这种身体的拥有者,就是初高中的在校女生。在首都圈,给这种身体更添一层附加价值的,是名门女校的制服。因冒犯"禁忌"而产生的附加价值,就是少女卖娼高出平均市价的那份差额。

宫台真司以卖娼少女为研究调查对象,他发现了一个事实:少女的附加价值,仅限于首都圈,是一种地方性价值(宫台,

2006）。他发现，在青森县，通过"电话俱乐部"的卖娼，十多岁少女的价格，与白领女职员及主妇，处于同一水准之内。这意味着，在日本农村地区，初次性体验的年龄相对较低，对十多岁少女的性的中产阶级禁忌也相对较弱，所以，少女处于十多岁年龄段的事实，并不具备附加价值[5]。正如米歇尔·福柯所言，性是有阶级色彩的。"禁止使用的身体"本身，是近代教育体制带来的结果。少女们很明白，这个价值不会持久。

宫台的现场调查的另一个发现是，对少女们来说，卖娼并非例外的越轨行为，只要有机会，任何人都可能加入其中，伦理障碍很低。这等于是说："你的女儿或许在卖娼（正如'你的妻子或许早已在通奸'）。"宫台的这个发现，足以煽动老爸们的恐慌。对这个研究，荣格派心理学者河合隼雄说："少女卖娼会损伤心灵。"宫台反驳他："卖娼不会损伤心灵。"仿佛是知道宫崎与河合之间这场近似儿戏的争论似的，桐野小说《异常》中有一段卖娼的高中生百合子与老师的对话。木岛老师教育百合子："你的灵魂被玷污了。"百合子反问："灵魂怎么会因为卖娼就被玷污了呢？"（桐野，2006：上288）

关于少女卖娼的动机，宫台提出了另一种解释——"性的认可"。他说，在家庭和学校找不到自己位置的少女，从男人对自己的需求中，获得了在家庭和学校未能得到的认可。前面我提到过桐野说的"成为娼妓的种种理由"，宫崎指出的少女卖娼的动机，符合其中的以下两项："想趁身体值钱时卖个好价赚一笔""因过度自卑想通过对男人有用来确认自我价值"。

顺便说明一下，在本章开头的引文中，接在那段话之后的一句，我有意没有引用。那句话是"或者，基于一种助人精神"（桐野，2006：上274）。这种说法可笑荒谬之至。想必桐野本人也感到有些不妥吧，所以她像顺带想起来似的，在列举的数种理由的最后，又加上"或者"一词，才添了这一条。如果此处所"助"之"人"是指嫖客的话，肯定没有怀着"助人精神"去卖娼的女人。也许会有因为父母、兄弟、恋人生病或负债而卖娼的女人，但那是用金钱来帮助他人，并不意味着卖娼本身为"助人"之举。因男人乃生财之道，女人才会卖娼。为哀怜男人的性欲而献出身体的女人，所谓"遍身疮痂的菩萨"，仅存在于男人的幻想之中。所谓"疮痂"，当然，就是性病的暗喻。

由此重新去看桐野所说的"成为娼妓的种种理由"，便会发现，那全是"男人视角的解释"的变种。对佐野的解释提出异议的"女性读者"，先指出"佐野是站在男人一方的看法，其实不是那样的"，然后，她提出了"是A子在给男人标价"的解释。

关于少女们表白的卖娼动机，宫台进行了如下分析。卖娼的少女，在回答采访时，会提供种种说明"动机"的词汇。如果成年人简单地相信她们表白的"想买名牌货""想要更多的零用钱"等拜金主义"动机"，进而为"被消费社会毒害了的少女们"忧虑，那不过是中了她们的策略。她们之所以表白拜金主义的动机，是因为这个动机为成人所共有，于是她们便向成人提供这个易于得到理解的"动机词汇"。她们的目的，是因为那种表白会让对方自以为懂得，从而可以不把自己的内心更多地暴露给陌生人。对于宫台至此为止的解释，我很赞同。可问题是，在那之后，面对宫台的要求，用"性的认可"的词汇来说明动机的少女们，为什么就能说不是应对眼前这个男人的一种策略呢？

想以"性的认可"来解释少女卖娼"动机"的，到底是谁呢？是向"寻求性的认可"的少女们"给予认可"的男人们。对女人的存在"给予认可"的，总是男人。从"性的认可"的解释中最能得到安慰的，应该是对很多卖娼少女给予了"认可"的宫台本人吧。

我一直无法忘记一位有过少女期卖娼经历的女性的话。被养父性侵又被强迫卖娼的她，断然地说："从男人那里拿钱，就是为了让他明白，你可以任意摆弄我的身体的，只是在付了钱的这点儿时间之内。"这位女性通过拿钱的行为宣告，自己的身体除了自己以外绝不属于任何他人。这个动机，与所谓的"性的认可"完全无缘。

买娼卖娼的营生

买娼卖娼的营生，如果没有男人不择对象这个前提条件，不可能成立。"不择对象"的，不是女人，是男人。为此，男人一方必须具备的性欲机制，是抹去女人的个体差异，如恋物癖一般，仅对女性符号便能发情。正因为男人的性欲对"迷你裙""裸体"甚至性器等片断的肢体部位也能发生条件反射，性买卖才得以成立。

可是，这并不意味着，男人的性欲就像被称为"兽欲"一般，是一种动物的本能。恰恰相反，这意味着男人的性欲是如此被条件规定了的文化产物。

买娼的男人，买的不是女人，而是女人这个符号。正因为男人是在对符号发情、对符号射精，所以，买娼才是自慰行为的一种。

那么，卖娼的女人，卖的又是什么呢？卖的是"成为物品的自己"（或者说"成为他人所属品的自己"）。通过"成为物品"，女人将向"物品"射精的男人解体、还原为单纯的性欲。由此，男人憎恶娼妓，娼妓轻蔑嫖客。

女人的存在价值

中村乌萨吉在《"我"之病》一书中，用了整整一章来谈"东电女职员之病"。其中有一句："不能刺激我的欲望的女人，没有存在的价值。"（中村，2006：160）这句话把男人对女人的"性的认可"，表达得简要精到，无懈可击。

"不可爱的女人不是女人""丑女不是女人""平胸的女人不是女人""绝经的女人不是女人"……这种句式，可以无限地写下去，无论代入什么词，最终都能归于一个简要的命题："不能刺激男人欲望的女人不是女人。"这也可以换为另一种单纯之至的命题："女人的存在价值，就是成为男人性欲望的对象。"由此看来，小仓千加子在《性的心理学》一书中对女人"思春期"所下的定义，堪称名言。她说，所谓"思春期"，便是"意识到自己身体并非自身之物，而是被他人观看、成为他人快乐道具的时期"（小倉，2001：3）。成为男人的欲望对象时，女人就"成为女人"，这与年龄无关。当不再是男人的欲望对象，女人就"不是女人"了。这个命题过于直白易懂，几乎令我晕倒。

正如中村所言，这个命题还可以衍生出无数版本。"女人穿迷你裙来刺激我的欲望，真不像话""丑女不能刺激我的欲望，实在没趣"，等等。明明这一切都是男人的独角戏（"独善"一语，妙极[6]），却将责任转嫁到女人身上。正像性骚扰男人的辩解，"是她引诱我的"。

因为过度追求"性的认可"，中村成了"变装皇后"。"变装皇后"实为一种"戏仿策略"，通过过度表演"作为男人欲望对象的女人"，将舞台背后的机制全部暴露出来。中村说，她因为痛切地渴望"被男人需求"，"不被男人需求，自己就没有价值"，她最终做出的冒险之举，是志愿去当上门服务的娼妓[7]。不过，她的行为总让人感觉是一种"演技"，这可能是因为其中有种"变装皇后"的因素。在"作家"中村的身上，有种冷静透彻的"导演"的视线，仿佛是那个"导演"在对她进行演技指导。

中村在《卖身女人》一文中说："我卖身的动机，是想在成为男人性欲望对象的问题上确保自身的主体性。在卖身的女人中，会有与我同样动机的人吧。"她推测："东电女职员，或许就是那种类型的娼妓。"

"东电女职员，通过自主的个体卖娼，实现了对将'性客体'角色强加于自己身上的人们的报复，她由此体味到一种胜利感。这就是让她沉迷上瘾的那种恍惚感的真相。"（中村，2006：167）

这是用了一章篇幅来谈东电女职员的中村的解释。这不是男人视角的解释，是站在女人立场的解释。

通过"自主地成为男人性欲望的对象"，女人想达成什么呢？当然，就是将男人还原为"单纯的性欲""单纯的性器"，正如男人对女人所为。将男人之所为反转回击过去，由此，女人"舍身"实现对男人的复仇。

买娼，使男人憎恶女人；卖娼，让女人轻蔑男人。

女人的割裂·男人的悖论

酒井顺子在《败犬的远吠》（2003）一书中告诉我们：女人有两种价值，自己获取的和他人给予的，只有一种是不充分的；在这两种价值中，后一种似乎被认为高于前一种。东电女职员，就是处在被这两种价值割裂的状态之中。这种割裂，即使不是东电女职员，《男女雇佣机会均等法》之后的女人，都体验过的吧。

可是，如果我们再仔细想想，就会发现，这两种价值，不都是"被男人认可的价值"的别名吗？作为"父亲的女儿"，A子想像男人一样在公司里出人头地，希望被称为"女强人"；同时，她又渴望像个女人，作为性欲对象被男人选上。无论她的哪一种欲望，男人都处于"给予认可者"的位置。

而"给予认可者"自身的悖论，则是对"寻求认可者"的深刻而无奈的依赖。男人们因为对这个悖论懂得彻底而憎恨女人。所谓"厌女症"，不就是男人的这种憎恨的代名词吗？

◆ 作者注 ◆

[1] 电话俱乐部（telephone club），略称テレクラ（terekura），介绍男女相会的一种中介行业。具体方式为，男人在装有电话的小房间里等女人打来电话，双方达成协议便赴约会。常被利用为性的买卖。

[2] 提出"无偿劳动"（unpaid work）论、主张"向家务劳动支付报酬"的玛里亚罗萨·德拉·科斯塔（Mariarosa Dalla Costa），为乔凡娜·弗兰卡·德拉·科斯塔的姐姐。

[3] 关于吉行淳之介的厌女症，参见《男流文学论》（上野等，1992）及本书第一章《喜欢女人的男人的厌女症》。

[4] celebrity的略语。指具备社会声望和财富的精英阶层。

[5] 正如福柯所言，性是有阶级色彩的。近代之前，在日本的农渔业村落的庶民阶层，长期存在"夜爬"（夜這い）惯习，即婚前男人到女方家中过夜的习俗。在这里，处女价值很低，男女婚前的自由交往被视为理所当然。

[6] "独善"原指自慰行为。

[7] 指应男客要求到男客家中或指定旅馆上门卖淫的女性。

第十四章

女人的厌女症／厌女症的女人

两种"例外"策略

厌女症之于女人即为自我厌恶，但女人也有可能不将厌女症作为自我厌恶来体验，其方式就是把自己当作女人中的"例外"，将除自己以外的女人"他者化"，从而把厌女症转嫁出去。为此，有两种策略：一种是成为特权精英女人，被男人当作"名誉男人"来对待，即成为"女强人"的策略；另一种是自动退出"女人"的范畴，从而逃脱被估价的女人身份，即"丑女"策略。或许可以说，前一种是"往上走"的策略，后一种是"往下退"的策略。

三岛由纪夫断言"讲逻辑的女人不存在"。"女人不讲逻辑"，但"A子讲逻辑"，因此"A子不是女人"。单纯而顽固的三段式推论。连"例外"也能解释，毫无破绽。

A子："是啊，女人就是感情用事，真烦。"

A男点头："你？你是特别的。"

A子骄傲地宣言："对，我不是'一般女人'嘛。"

可是，女人的这种自视"例外"，只会重复生产对"一般女人"的轻蔑。她也许会被男性共同体接纳为"名誉男人"，但在表面恭维的背后，是她绝不会被认作"同伙"的现实。正如进入白人中产阶级社会里的黑人。

"黑鬼用人真是狡猾,只要一不留心,就想偷奸耍滑。你?你是特别的。你受的是和我们一样的教育嘛。"

在中产阶级的聚会中,听到这种话的黑人,到底该怎么反应呢?是去附和对方助长种族歧视呢,还是一怒之下不欢而散?

这种"例外"策略,对种种社会性弱者,处处使用。

"老年人真是讨厌。牢骚多,又喜欢重复。可是,婆婆,你是特别的。你头脑好清楚的。""就是嘛。所以我也不想去净是老年人的地方扎堆。"

"日本女人怎么那么暧昧呢?真弄不懂她们到底是说Yes还是No。你?你是特别的。你不能说是典型的日本女人。""就是,我也好厌烦。我在日本水土不服,所以才离开日本了。"

这种对话,几乎就是黑色幽默了。

通过制造特权的"例外",让歧视机制完好无损地继续重复。

另一种"例外",为"往下退"的策略。将这种策略表现得最充分的作家,除了林真理子,别无他人。

林真理子的位置

我在女子短期大学任教时,每次上课都向女学生们做一些简单的问卷调查。有一次提出的问题是,"生为女人,是赚还是亏?"大多数回答很天真单纯,比如,"去迪斯科舞厅跳舞只要半价,所以是赚""约会时能让男朋友付钱,所以是赚"。在这些答卷中,有一个学生的回答刺痛了我,让我忘不了。

她说:"我生得很丑,这种问题与我无关。"

的确,无论是赚是亏,前提都是要置身于"女人"的范畴之中。而成为"女人",是有条件的。"女人"的条件,是成为男人性欲望的对象;没满足这个条件的,便不是"女人"。绝经的女人不是女人。失去乳房或子宫的女人不是女人。丑女不是女人,等等。这些女人,都被逐出"女人"的范畴。

女人何时成为"女人"?"女孩"成为"女人"的变身时期,是思春期。小仓千加子对"思春期"下的精彩定义,换我的话来说,即当自觉意识到自己身体成为男人性欲望的对象时,便是少女思春期的开始,与年龄无关。所以,有七岁便知媚态而步入思春期的少女。从那以后,女人便被迫意识到自己的身体成为男人视线估价的对象,这种经验将伴随女人漫长的一生。据说,有位患厌食症的女性,在进入三十岁以后,感觉自己身体已经对男人失去了价值,她便开始放心地吃,终于长胖了。对于她,年龄与体重,都成了退出"女人"范畴的策略。

作为自我身份确认的"丑女",并非一个客观范畴。一个女人是否为"丑女",不能客观地作出判断。当事人通过"丑女"的自我界定,从男人的视线中退出/被退出,这种自我感觉,才是重要的。

在林真理子的小说中,登场人物多为美丽而富有魅力的女人,亦即对男人有价值的女人。这位作家非常出色地写出了"以女人为武器"的女人们的卑劣低贱。在她的作品中,无论男女,都很低贱。我并不想说,描写人之伟大高尚方为文学,可再三地被迫去看低贱的男男女女，读后很不愉快。

让我们来看看她的代表作之一《不愉快的果实》（1996）。这部小说从1995年至1996年在《周刊文春》上连载，于1996年成书。我手头的是1997年版，已经加印到第27次，可见其畅销程度。后来，该书改编成电影时，广告词十分火辣惹目："和丈夫以外的男人做爱，怎么就那么快乐呢？"这张广告原本预定挂在JR电车车厢里，但被电车公司拒绝，这又成了一个社会话题。

主人公水越麻也子，三十二岁，已婚，但外貌完全看似未婚，年轻而富有魅力。在她对与公司职员丈夫之间的夫妻生活感到无趣时，一个富家公子为她着迷。她原本只想寻求刺激玩游戏，却输给对方的强硬攻势，结果，家庭破裂，只得再婚。这本来应为一个"幸福结局"，但留给她的，是和一个精神幼稚、以自我为中心、只想把玩具抢到手的年轻男人的婚姻生活，完全不值得庆幸。或许可以说，这部小说描写玩弄"女人武器"之后的失落、寡欢、荒凉之感，十分出色。

另有一部小说《错位》（2000），主人公为男性，一个见机便与女人偷情的公司职员，陷入与一个以自我为中心、不知天高地厚的女人的恋爱游戏，无法逃脱，最后家庭崩溃，只得不情愿地再婚。结尾也是主人公"本不该如此"的落寞感慨。对小说中的男女，读者可以悯笑，但要同化却很难。

《厚子的时代》（2005a），是回顾狂乱的泡沫经济时代的作品。该书的广告词写着："那个疯狂又丰饶的时代。不动产帝王的情人。从女演员手中夺走著名意式餐厅CHIANTI的贵公子。那个集世间女人的羡慕与憎恶于一身的女大学生。"这个女大学生，就是豪言"我从没抢过别人的男人,是男人要我"的二十岁的北原厚子。她自信满怀:"被男人爱得过分的痛苦,要讲给没被男人爱过的女人听,只是白搭。"对这种女主人公,普通女性读者很难同化。当然,男人要的,不过是她的年轻和身体,她与男人之间的爱没有任何深度。等在她前面的命运,是成为被IT暴发户包养的小妾。一个典型的"堕落故事"。

在作家的视线背后,是一种自谑或批评意识吗?我很怀疑。看她描写女主人公的毁灭时毫不留情的笔致,我感到的是作家通过将自己视为"例外"而拥有的一种"外部"视线,作家以这种特权的外部视线刻毒地观察着女主人公。若是自我批评,必然会伴随一种苦涩,但这种苦涩感在作家身上过于稀薄,使我只能感到她的恶意。男作家或许还会对女人抱有一份幻想,女作家连幻想也没有,所以,她的厌女症更为彻底。

自己是"丑女"、自己不得男人喜欢、自己已经退出"女人"世界,对观察者而言,这等于一个安全地带。被嘲笑的不是我,是其他女人。厌女症乃他人之事,与己无关。

那么,读者呢?林真理子是大众作家,拥有众多读者,尤其是女性读者。读者的心情会与谁同化呢?是与作家林真理子呢?还是与她书中的女主人公?回答对自己容貌有信心的,只有女性中的一成,几乎所有女人都对容貌怀有不满或不安。这不奇怪。因为估价的标准,掌握在男人手中,女人只有被折腾的份儿。在林真理子的作品中,对男人"有价值"的女人,在看似得到华丽的成功之后,走向毁灭之途。看到这种结尾,许多读者会感到舒心解气吧,同时在心中自言自语"我不是这种女人(我当不成这种女人)……"

林真理子描写男女之间的算计、背叛、狡诈、欺骗，逼真而高妙。在她的作品中，女人是男人的欲望对象，男人是女人的利用道具，女人与女人是竞争对手。读了她的书，想对女人不抱怀疑厌恶之心，很难。林真理子之所以写得出来，是因为对她来说，厌女症乃"其他女人"的事。这种他者化的机制，她的读者与她共有。有证言表明这一点。据说，读者对《不愉快的果实》的感想，多为"女主人公跟我的女朋友们一模一样"。

大众作家的成功缘于"与庸众俗情的串通"，便在于此。林真理子通过让自己立于"例外"的位置，站在了产出厌女症的父权制一方，并协助对这种体制的强化和再生产。因此，她的作品，不但让女人们，也让男人们可以"放心"地读。

女人间的竞争关系

说起林真理子，我就会想起以辛辣尖锐的评论而闻名的文艺评论家斋藤美奈子对她的评价。斋藤在《文坛偶像论》（2002）一书中说，林真理子的功绩在于把女人的"嫉妒、妒恨"成功地作品化。"嫉妒、妒恨"被视为女人的属性，很丑陋，因为那是割裂女人之间的纽带、排挤对方、自己往上爬的欲望。"嫉妒、妒恨"，男人当然也有，叮对于女人，那是围绕女人的归属即"被男人选上"而展开的争斗，这是男女之间的决定性不同。

对于林真理子投向女人的充满恶意的视线，如果要予以"免责"的话，那就是她的"例外"位置，即她已经退出了"女人的竞争"。女人绝不原谅竞争对手的自恋，而在林真理子身上，看不到她作为一个女人的自恋。即使竞争对手被挤掉，取而代之的也不会是自己。这使批判者处于安全地带之中。

所谓"妒恨"，是最终不可能超越对方之人所怀有的，虽然并非无害，但也不构成威胁的一种心理状态。通过将自己置于"例外"，林真理子得到了把"妒恨"安全地商品化的位置。读者可以一边嘲笑作家，一边安心地委身于恶意之中。当然，林真理子的位置，并非她的真实状态的反映，而应该是她周密地用心选择的一种策略。

"扮演角色"的女人

林真理子与我之间，曾于1987年因"陈美龄争论"有过对立。当时，好几家媒体策划"林VS上野"的对谈，我对各家媒体的邀请都表示接受，但她没有答应，策划均告流产。约十五年后，我们之间堪称历史性的会面终于实现。她在杂志《周刊朝日》有一个与各界人士对谈的连载栏目，名曰"真理子的'连这都可以问吗'"（林·上野，2001），作为其中一期的对谈对象，她点了我的名。我对这个聪明女人怀有好奇心和敬意，确信这次对谈定会成功。

在对谈中，她把她得到的一切，丈夫、孩子、地位、声名、服饰、美貌等，全都表达为"戴在身上的饰品"。身着名牌、减肥成功、牙齿矫正后的她，我感觉是在"扮演角色"（cosplay）。可以坦然地"扮演"女人的"角色"，是因为她能够感觉自己不是女人。正因为是"假女人",方能安心地把"真女人"的内幕毫不留情甚至过度地暴露出来。

"女人"这种"表演服",让有的女人感觉不适、有异物感,这种女人会对林真理子产生共鸣吧。她们可以和她一起,嘲笑"真女人"因"真"而招来的不如意的结局,并享受这种有些阴暗的嘲笑所带来的快感。林真理子有时会被称为女性主义者,可能就是缘于她对"女人"范畴所抱有的距离感和批判意识。可是,对这份"不适感",她的转化方式,是将自己与其他女人差异化,向读者提供廉价的快感,从而得以释放,仅此而已。

女人与女人的友情·女人与男人的友情

林真理子作为女作家奠定了在文坛的地位之后,当上了几个文学奖的评审委员。2005年,角田光代以《对岸的她》(2004)获得直木奖之际,作为评审委员之一,林真理子发出了"不能不感到小说读者发生了变化"的感想。

> 人这个东西,狡猾,心眼儿坏,可又很弱,还好色。我觉得这是一个大前提。像我这种人,大概就是擅长把那一面看出来吧,所以,我一直在写以人的狡猾与弱为主题的小说。(略)但最近,我听到周围的人在低声嘀咕,"可是……"(林,2005b)

是不是因为出现了如角田所描写的女人之间友情的小说，让林真理子感到"已经不是我的时代了"？

女人之间，友情会成立吗？

对这个陈腐的问题，陈腐的回答是"不"。至少在角田登场以前。在由男性同性社会性欲望支配的社会中，女人之间的友情，在"原理"上是不成立的。因为，所有的女人，都为寻求向男人的归属而互为潜在的竞争对手。

这里顺便提一句，似乎有人在想，既然有同性社会性欲望的"男人之间的纽带"，那么，与之对应的"女人之间的纽带"，也应该存在。可是，在性别不对称的社会中，女人的同性社会性共同体是不成立的。因为，同性社会性共同体，有一个分配社会资源，尤其是成员资格的功能。女人欠缺社会资源，若想获得成员资格，（迄今为止）只能通过归属于男人的途径。女人之间也有非正式的集团，可把那种集团称为"同性社会性共同体"，只是一种错误的比喻用法。

角田的小说《对岸的她》，成功地描写了两个三十多岁的女人之间的友情，完全不带厌女症。两位主人公，一个是有孩子的做钟点工的主妇小夜子，一个是经营自己公司的独身女人葵，她们之间几乎没有任何共通点。可是，当小夜子被葵的公司雇为钟点工以后，两人之间滋生了奇妙的友情。从对高中时代的回忆中，我们得知，葵曾经是"两名高中女生'情死'未遂事件"的当事人之一。怀着少女时代的那颗易伤的心，葵一直保持独身，经营了一个自己的小公司。同样有颗柔软的心的小夜子，成了葵的唯一理解者。两个女人之间的纽带，对小夜子来说，比与无法交流的丈夫之间的关系还牢固。为了重建面临危机的公司，小夜子给孤独的葵送上一切可能的支援。

一个关于友情的故事。并非女同性恋，但女人爱女人，女人爱"女人之态"。林真理子为之发出感慨，是能够理解的。

女人和女人之间，友情会成立吗？Yes！角田回答得很干脆。

顺便，还有一个问题：男女之间，（不含性的）友情，会成立吗？对此，丝山秋子也给出了肯定的回答。丝山的芥川奖获奖作品《在海上等你》（2006），写的是一位职业女性与同期进公司的男同事之间堪称"同志之爱"的友情。男同事已婚。在两人之间，婚外恋、夺人之夫之类，没有滋生的间隙。

女作家描写的女人，在急速地发生着变化。不但如此，男作家如星野智幸，也在小说《彩虹与黑衣的故事》（2006）中，描写了虹子与黑衣两个少女的友情，十分清冽。喜欢足球的两个少女，一边踢着球一边逃，这部"公路小说"，仿佛"穿裙子的少年"的故事。少年之间能成立的友情，少女之间也能成立，我们知道，那不是童话，是有现实感的。

川上未映子的《天国》（2009），描写了在学校被欺负的两个少年少女几乎达致形而上境界的友情。主人公被设定为十四岁，那个"酒鬼蔷薇圣斗士"少年A[1]的年龄。十四岁，从儿童到成人的转折点，最多魔障亦最神圣、超越性与残酷性同在的危险时期。男主人公"我"，因为眼睛斜视而受欺负，同班同学小岛向"我"暗

---

[1] 指1997年发生在神户的一起儿童连续被害事件，两童死亡、三童重伤。凶手甚至将最后一个被害男童的头部割下，置于小学校门口。最后发现，凶手是自称"酒鬼蔷薇圣斗士"的十四岁少年。

示,"喜欢你的眼睛","你的眼睛就是你"。两人的关系,没有发展成常见的少年少女恋爱故事,因为太超越。这种存在主义式的友情,让"我"迷恋,亦为之束缚。"我"选择了接受斜眼矫正手术,得以摆脱束缚。可是,作家暗示,这份友情的记忆,将长久地支撑他的一生。这种只能称为"友情"的男女关系,远比不确定的性爱坚固久远。这,难道不是一种成就和抵达吗?

第十五章

权力的色情化

夫妻关系的色情化

米歇尔·福柯在《性经验史》(第一卷)一书中,列举了四项近代之后的"性欲望的装置"(Foucault, 1976; 上野, 2002):

一、儿童的性的教育化

（pedagogization of children's sex）；

二、女性身体的歇斯底里化

（hysterization of women's bodies）；

三、性欲倒错的精神病理化

（psychiatrization of perverse pleasure）；

四、生殖行为的社会管理化

（socialization of procreative behavior）。

让我们按顺序来看。"儿童的性的教育化",指儿童的性成为管理对象,尤其指对手淫行为的禁止成为儿童教育规训的一项内容。"女性身体的歇斯底里化",指女性的身体被视为性身体,对性欲的压抑被视为导致"神经病女人"的原因。"性欲倒错的精神病理化",指除异性间性器接触以外的多种性爱方式被视为错乱反常的快乐,精神病理学将之视为异常。性欲倒错,包括同性恋在内,同性恋在中世纪被视为道德上的越轨行为,但进入近代以后,被视为精神医学上的病理现象,成为治疗矫正的对象[1]。"生殖行为的社会管理化",指夫妻关系以异性恋配偶为正统,作为生殖单位被置于社会的管理控制之下。经由这四项对"性"的管理,达到社会对个人"生命"的管理,"生命权力"(bio-power)由此形成。上述历史变化,导致四类人群成为控制管理的对象:"手淫的儿童""歇斯底里的女人""反常性欲者""马尔萨斯主义[1]的夫妻"。

正统的异性恋夫妻之间的性爱,由此被置于特权地位。夫妻性爱的特权化,带来了两种变化。一种变化是,原本存在于婚姻内外的性,被限定在夫妻之间;另一种变化是,在夫妻关系中,性爱原本并非必不可少的纽带,但现在却被置于核心位置,即"性家庭"(sexual family)(Fineman,1995)的诞生。

顺便提一句,在近代之前,对婚姻的诸种定义中,无论哪一种,夫妻间的性关系皆非必要条件。没有性行为,夫妻关系依然持续;没有生孩子,正妻的地位不会被动摇。如果正妻无子,既可认领养子,也可让偏房小妾代生。相反,当婚姻关系成立以后,妻子在此期间生的孩子,不管父亲是谁,均自动地登记为丈夫的孩子。有的地方甚至存在"冥婚"习俗,即与死者的婚姻(ghost marriage),在这种婚姻中,当然是借其他男人的种子,生下的孩子,成为死者家族

---

1 生育控制之意。

的成员。总之，婚姻仅为决定孩子归属的亲族关系的规则，除此之外并不含有更多意义。所谓丈夫，仅指"妻子所生孩子的父亲"，即孩子的"社会性父亲"（pater）。"生物学父亲"（genitor）是谁，则不加过问，这就是亲族关系的制度[2]。

夫妻之间存在"性交义务"，是在近代婚姻法之后。不，这个说法不准确。实际上，"性交义务"，并没有作为婚姻的必要条件写进法律条文之中（所以实在没必要对现在的"无性夫妻"大惊小怪），不过，夫妻离婚时，"对方不接受性交的要求"，被视为正当的离婚理由。我们只是从这种司法判断的实例，反向推定"性交义务"的存在。当然，仅止于"性交义务"，并非"给予性满足的义务"……

这种现象可以称为"夫妻关系的性化"（sexualization），我个人更倾向于使用"夫妻关系的色情化"（eroticization）这一用语。因为我感到，夫妻间的性不但被特权化了，还有一个重大变化，是夫妻之间的性被"色情化"（eroticize）了。谈论"快乐"的话语，由此登场。

权力对性的控制，通过对快乐的管理来达成，即"权力的色情化"，这才是核心所在。福柯将之称为"权力的感官化"（sensualization of power），此处的"感官"（sense），别无他意，直指"色情感官"（erotic sense）。

福柯说：

> 快乐与权力，既非互不相容，亦非相互排斥。两者相互追逐、重叠、强化。通过煽情与发情的复杂机制和装

置，两者连为一体。（Foucalult，1976：48）[3]

在彼得·盖伊的《感官教育》（Gay，1984）一书中，有对中产阶级年轻妻子的秘密日记的分析。新婚的妻子，在丈夫的引导之下，渐渐懂得性的感官快乐。这种情节，仿佛色情文学的常规套路，事实上，此类私人日记，确被当作色情文学来阅读和消费。反过来说，色情文学的一种创作手法，就是窥视女性的隐秘日记。

对于新婚妻子的此种经验，盖伊称为"资产阶级的经验"（bourgeois experiences），这是很正确的。作为"资产阶级的经验"的性的感官快乐，是有历史性和阶层性的。福柯一言道破，性（sexuality）本身为阶级的产物，因为，性是一个阶级为了将自己区别于其他阶级（此处为资产阶级区别于贵族和劳动者阶级）而产生的。同时，"感官教育"（education of the senses）一词，亦极富启示。的确，所谓"感官"，正是被教育、被学习、被陶冶、被控制之物。性的感官亦非例外。认为感官是"自然""本能"因而没有历史变化的观念，只是近代的关于性的神话而已。此处的"神话"一词，意为"没有根据的信念之总和"。将性"自然化"（naturalization），也是"性的近代"的主要特征[4]。那是以"自然"取代"神"、将"自然"置于"神"的位置的近代社会的必然归结。

个人隐私的成立

在福柯的四个"压抑假说"的背后,存在着一个"性的隐私化"(privatization)机制,即把性逐出公共领域,将之隐匿起来,圈入私人领域即家庭之中,此后,家庭显著地成为充满性意味的空间。不过,这里必须赶紧附加一句,"性的隐私化"并不意味着性的压抑,而是使之特权化,并与个人人格相结合。正如福柯指出,"压抑假说"并非字面意义的"压抑",背后伴随着一个"说出你的性!"的强迫告白制度。禁止与命令,互为一组配套机制,使性更具特权,性行为成为人格的指标。

自从性被隐私化以后,"关于隐私",就成为"关于性"的代名词。家庭,成为"性家庭";夫妻,成为"性的纽带"的代名词;婚姻,成为性行为的社会许可证;"初夜",宣告性关系的开始;"无性",被视为夫妻关系的"病理"……我们今天熟知的关于婚姻与夫妻的"常识",由此形成。

"隐私"的词源,来自拉丁语的"被剥夺的"一词。被剥夺了公共权利的领域,转为拒绝公权力介入的领域,即私人领域。可同时,这个私人领域又成为公权无法抵达的黑箱、公法无力进入的不法地带(Kerber, 1998;上野2006a)[5]。由此,父权支配、妻儿服从的"家庭的黑洞",得以形成。关于这个问题,在近代家庭史领域有详细研究。于是,所谓"隐私",对于强者,意味着不受公共权力牵制、可以自由支配的空间;而对弱者,则成为得不到第三者的介入和保护、充满恐惧、必须服从的场所。

"隐私"所保护的,是谁?是强者。性骚扰和家庭暴力的受害者、性的弱势人群，如此回答。

性满足的权利与义务？

夫妻间的契约关系所能决定的，仅止于性行为的权利与义务，至于"性满足"的权利与义务，则不被提及。事实上，在西欧中世纪的夫妻关系指南书中，虽然写有夫妻之间的性交义务，但那是怀孕生育的手段，伴随性行为的快乐，则应当尽可能减少到最低程度。正因为如此，可能怀孕的异性间性器接触的性行为得到奖励，而避孕或不能怀孕的肛门性交被视为背叛上帝的行为，口交、前戏也被压抑禁止。

可是，在近代的性观念中，却包含有"夫妻关系的色情化"，即"性满足的权利与义务"。在盖伊所引用的文本中，年轻的妻子，带着困惑与羞涩，写出了夫妻间性生活的甜蜜与陶醉。在丈夫的引导下体味到性之快乐的妻子，"白昼如淑女，夜间似娼妓"，成为资产阶级性道德的一个范本。

在近代日本的通俗性科学《造化机论》一书中，充满了以夫妻间性交为最上等的性爱的话语。此类书籍多为国外出版物的介绍和编译，可以判断，这种话语来自英语圈清教徒的性道德。在一本名为《新编极乐世界独目指南》的书中，称夫妻间性爱为"快乐之极"，说"人生之乐，唯在夫妻间情深缱绻"。（上野，1990：534）

可是，在江户时代的日本，恋爱对象为娼妓，成为妻子或母亲的女人被称为"外行女人"。如果我们想起这个事实，便可以想象，将丈夫或妻子视为性快乐的最佳对象，这种观念对当时的人们来说是何等新奇。

在"夫妻关系色情化"的观念之下，妻子对丈夫拥有"快乐的权利与义务"[6]，可那必须只对丈夫行使。丈夫不但将快乐教给妻子，还通过"调教"处女妻子，将快乐的模式刻印在她身上，使妻子再不可能从其他男人那里得到快乐。不仅妻子，包括别的女人，很多男人希望并愿意相信自己是最初且唯一的男人，当然，事实并非如他们所愿。

在此，本书第七章《春宫画的厌女症》所论述的"通过快乐的支配"，本应成立。

假如夫妻间的性交真是最上等的快乐，那么，丈夫就不应该去寻妓了吧。在明治时期的性生活指南书籍中，作者们反复陈说，与娼妓的性交，只是将手换为阴道的自慰，实为劣质寡味的行为（上野，1990：534）。这也意味着，如果丈夫外出寻妓，那是因为妻子的性服务不够。同时，假如妻子真从丈夫的性爱中得到了满足，她就不会由于性需求的不满而患歇斯底里，她就应该尽心尽力伺候丈夫吧。在快乐的市场上，本应"良币驱逐劣币"……

快乐取代权力，可以实现终极的男性支配。可是，对于"权力的色情化"，我们不应该理解为"色情取代了权力"，正解应该是，"权力以色情的形式出现"，或者反之，"色情以权力的形式出现"。"权力的色情化"一语所表达的，便是这样一种"性的近代"的形态。

施虐/受虐的诞生

为了更好地理解"权力的色情化",萨德侯爵(Marquis de Sade)这个人物,可以给我们提供参考。萨德登场于法国大革命时期,并非偶然。这是从中世纪到近代的过渡时期。"上帝死了"之后,填入那个秩序真空里的,是"自然"。于是,教给人们何为"原罪"的,不再是"上帝",而是"性之自然"。作为原罪的性,既是快乐又是惩罚。握鞭惩罚女人的,是代替"上帝"的父亲和丈夫。基督教的结婚誓词"侍奉你的丈夫如同侍奉你的上帝",便显示了作为"上帝代理人"的父权家长的位置。"啊,上帝,给我更多惩罚",等同于"啊,给我更多快乐"。于是,被父亲鞭挞的儿子,必须感觉那是父亲之爱;被丈夫殴打的妻子,必须从中感到丈夫的爱。

现代家庭暴力问题专家当然会说:不,那不是爱,那只是暴力。可是,现实更为复杂。"权力的色情化",指支配以性爱的形式进行;反过来,"色情的权力化",则指有人(主要是男人)用暴力和支配的形式表达性爱。所以,如果有女人想,"丈夫爱我爱到打我""连打都不打,是他不爱我了吗"也未必是完全的误解。性与暴力有一个共通之处,两者皆为卸下自我防卫的安全装置、失去常态地过度近距离地接触对方身体。我们知道,暴力的快感可能唤起性的快感,反之亦然。

"虐待狂"(sadism)一词据称源自萨德侯爵之名,萨德将施虐与受虐带入性爱中时,他并非只谈施虐一方的快乐。在关于"鬼畜系"色情制品的议论中,我已经谈过(参见第五章),施虐者通过与受虐者的痛苦的同化而使快乐加深。所以，虐待狂有施虐与受虐的双重快感是理所当然的。施虐者与受虐者不能截然分开，施虐者可以在想象中与受虐者同化，两者之间能轻易地转换角色。在有复数行为者参与的社会性活动中，各人按照一定的规则扮演自己的角色。夫妻之间、父母与子女之间亦然。同时，正因为这是一种角色的扮演，所以，扮演者的角色是可以相互转换的。性关系也不例外。不过，当施虐/受虐的快乐与性别结合起来之后，男人以施虐为快乐，女人以受虐为快乐，通往快乐的路径就这样被规定和确立起来了。然后，我们习惯性地说，"男人的性是能动的/女人的性是被动的"。

性的"去自然化"

如很多男科专家（andrologist）所言，"性冲动来自攻击冲动，受男性荷尔蒙中的睾丸激素的支配"，等等。我想说的恰恰相反。

我在这里的课题，与以福柯为代表的所有从事性现象研究的学者一样，是将性历史化（historicize），也就是将性"去自然化"（denaturalize），即解构将性视为"自然"的观念。

我们不能否认的一个事实是，性现象具有多面性，从暴力、施虐到爱恋、亲密，跨度很大。因此，在性现象中，不存在"本质"。也就是说，"性本来是具有攻击性的""性（应该）是亲密情感的表达"，均仅为一种规范命题。我们所知道的，只是在一个特定的历史背景之下，与性优先地结合的某一特定物的可能性，即什么东西最容易与性合为一体。我受福柯启示而使用的"权力的色情化"这一用语，则指在近代社会中，色情与不对称的社会性别关系即权力关系相结合的现象。"社会性别"（gender）为一种表示权力关系的用语，这一点无论如何强调也不过分。

需要强调的是，色情本来并没有与性别关系结合的必要，同样，性别关系也完全没有一定成为色情关系的必然性。古希腊的色情关系存在于同性之间，与之相比，夫妻关系更接近支配与所有的关系。在性别关系中，夫妻关系被特权化，是在中世纪末期以后；即便在那时，色情也还没有进入夫妻的性关系之中。在中世纪欧洲的骑士爱情中，浪漫恋爱的对象为已婚女性。而在近世日本的"色道"中，色情则存在于夫妻关系之外。

一对夫妻成为性别关系的象征，是近代社会一夫一妻的婚姻制度确立以后的现象。在重婚被视为理所当然的社会中，婚姻完全不是对等的关系，连"对偶"关系也不是。妾，是仆人身份，即缔结了专属合同的性工作者。对于日本的妻子，长久以来，性是"奉献"，是不能说不的"任务"，不是什么快乐。要是那些妻子知道了资产阶级的婚姻规范是"性快乐的权利与义务"，她们会怎么反应？真险，我差点儿就要说出"资产阶级社会在日本从未成立过"之类的话了。

"身体化"的生活习惯

知道性爱的历史与从性爱的现实中解放出来，不可等同。那条巴甫洛夫之狗的条件反射，正好可以给我们启示。人的有些习癖，因为嵌入身体太深，本人已经无法想象别种可能性，若要改变，会带来身体的痛苦，甚至导致自我的崩溃。请看毒品成瘾者，他们中有人会认为与其戒毒不如一死吧。文化，是一种集团的习惯性生活方式，可视为一种广义的生活习惯。生活习惯，就像"生活习惯病"，可以改变一个人的体形和体质。作为文化的生活习惯，可以改变一个人的思维方式，甚至感情方式。

以前，女性运动中有个口号："从被男人抱的女人变为抱男人的女人。"可是，不久便听到有人叹息，"试了一下，还是被抱更快乐"。要是必须牺牲快乐，还不如一直做个"被抱的女人"——如果有女人这么想，我们不会奇怪。

清野初美的《有话要说——"寻求相互理解的女人"与男人》（2009），书名很有代表性。对此书名，我感到不妥，原因何在呢？作者说，女人希望"相互理解"，但男人并不。可是，真的如此吗？没有相互理解，男女照样能性交，这是人人皆知的。如果要与第七章提到的小仓千加子的命题"女人寻求关系、男人追求占有"相呼应，可以说，男人就是只想"占有"、没有"关系"也能性交的生物。

该书中说，如果有一天，妻子开口"有话要说"，丈夫会感到恐惧。因为他预感到，那是一直寻求"关系"而不得的妻子忍无可忍即将爆发的时刻。作者说，"有话要说"，是希望"相互理解"的女人为寻求在家中与男人的对等关系的一种台词。可是，读着她的书，我不由得在心里自言自语"不对吧"。"寻求关系的女人"所寻求的关系，是多样的，并不限于"对等"的一种，不少人甚至若非垂直的上下关系就不能"发情"。

2009年患癌症去世的作家中岛梓，以栗本薰的笔名创立了"美少年"的文学领域。这位先驱作家在《美少年学入门》（中岛，1998）一书中告白，如果不是垂直的有落差的关系，自己就不会发情。在同性恋人群中，有人寻求与父子兄弟相似的有落差的关系，只有在这种关系中他们方能获得安定感。一些女性主义者以为，同性恋者都是因为厌恶异性恋的不对称的权力关系而去寻求"对等的性爱"的人群，这只不过是她们的规范性解释而已。

如果真正追求"对等关系"，女人不会以年长、高个子、地位学历高的男人为理想吧。"我只能爱让我尊敬的男人"，仅仅表明女人想从属于男人的欲望；"只有年轻可爱的女孩子才能让我发情"，这种男人不过是在自白，只有面对能控制于掌心之中的"支配与拥有的对象"，才能产生性欲。

我在《发情装置——色情的脚本》（1998b）一书中写过，色情是被文化和历史的条件所规定的。"女人的脖颈很性感""女人的腿弯让人心跳"之类，不过是身体在描摹文化在身体中刻下的印迹而已。正因为色情是文化的"发情装置"，所以才需要知性和教养。

对男人来说，听到女人的"有话要说"，会认为是女方的"反叛"吧。妻子过去 点儿都没希望什么"对等关系"，可随着时间的推移，男女之间的权力关系发生了变化，在这个过程中，女人"反叛"了。权力者丧失了实力和权威，露出纸老虎的原形。随着年龄的增长，男女间微小的年龄差异越来越不具有意义，学历、地位、身高等越来越不能成为支撑权力的资源。妻子的"反叛"，是一种"下克上"的造反。很多丈夫感到困惑，是可以理解的，他们会说："我结婚以来一直都没变，变了的是你。"

俵萌子，曾经是"自立女人"的一个范本，她在一篇随笔里写过与前夫俵孝太郎离婚的始末。当她作为记者初出茅庐时，投到权威评论家俵孝太郎的门下当弟子，她像海绵一样贪婪地吸收他的一切。他爱上了那个她，两人结婚了。后来，当她回想两人的夫妻关系时，她说那是一种"师徒关系"。可是，随着她作为记者崭露头角，师徒关系开始倾斜。他有了年轻的情人，离开了她。在她眼中，他是在与别的女性重复当年与自己之间的师徒关系。的确，变了的是妻子一方，没变的是丈夫。男人只能爱上处于自己指导之下、让自己立于优势的女人，不过这完全没必要用遗传基因荷尔蒙之类来解释。女人一方也曾经体味过"被支配、被指导"的快感，后来才从中"毕业"，并非单方面的受害者。

当今的皇太子在娶雅子为妻的时候，媒体报道，他说过这么一句话："我将竭尽一生全力保护你。"这句话，当时击中了多少日本女性的心！如果你也是被这句话击中过的女人中的一个，那证明你也是将"权力的色情化"身体化了的一个女人。"保护"，意味着将人关进围栏之中，终生支配。无论那个围栏是温室还是监狱，无甚区别。果然，等在雅子前面的，正是不折不扣的"被囚之人"的现实。而且，当一个男人"保护"女人时，他的外敌常常是比自己更强有力的其他男人。"保护"，不过是"所有"的另一种表达，却成了"爱"的代名词，这正是"权力的色情化"。我没有嘲笑皇太子的意思。年轻的皇太子，应该是真心地用这个词来表达他诚实的爱，可是，"保护"一词的含义，很明白地显示，男人的爱，只能以所有与支配的形式来表现。

同时，女人的爱，有时也表现为服从与被拥有。"我跟着你""一生也别离开我"，这种表达就是典型。女人只知道，"爱"就是"勤快地照料他的日常生活"，一旦喜欢上一个男人，就到他的住处去，为他打扫屋子洗衣服做便当。这正是近代家庭制度中的"照料照顾"的角色，女人的"爱"，只能以这种方式来表达。女人的此种举动，反映出主妇沦落为下层资产阶级的无偿家务劳动者的历史现实。若是贵族或资产阶级的子弟，女人一旦做便当，便应被视为侍女，而不配做妻子。

色情，本来不可见、不定型，在文化上的表现方式依赖于历史的脉络背景。"权力的色情化"，这个概念或许听起来可怕，但如上所述，表现在我们的日常关系之中。

关系的模式，也是一种生活习惯。在漫长的岁月里，生活习惯在发生着变化，也可以改变。

一个毒品成瘾的人，无论怎么告诉他，若是戒掉毒瘾，体味到健康身体的快乐后，吸食毒品的快乐很快就能忘掉，但如果他想象不出原来的健康身体的状态，他依然不会丢掉眼前刹那的快乐。再比如，如果一个人已经习惯了弯腰走路的不自然的姿势，治疗弯腰要伴随比现在还强烈的痛苦，他一定不会想去治疗。所谓文化，便如同强制性地加在我们身体与精神上的模型，取掉这个模型，就像不穿整形矫正服就不能走路的患者，或许身心皆会坍塌。

可是，模型毕竟只是模型。既在变化，也能改变。改变生活习惯并非易事，但认识到那既非命运亦非宿命而只是"习惯"，总是好的。

厌女症与恐同，二者用一个概念来表达，就是"权力的色情化"。色情与权力，本为异物，让两者分离，将权力送回权力的原本之处，让色情充满更丰富的多样性……这并非不可能吧。我们看到，这个趋势已经开始形成了。

◆ 作者注 ◆

［1］ 事实上，在美国精神医学学会的DSM（精神科疾患诊断统计手册）中，截至1972年，同性恋被分类为"精神病"之一种。
［2］ 正因如此，出现了"民法第七七二条问题"。此条法律规定，在婚姻的有效期内或离婚后三百天以内出生的孩子，前夫为这个孩子的父亲，所谓的"嫡出推定"。如果母亲为了避免孩子被登记在前夫的户籍上而不去递交出生登记，那孩子将会没有户籍。由此可见，法律制度只关涉"嫡出推定"，并不触及性行为的有无。
［3］ 此段译文由笔者译自英文版。渡边守章的译文如下："快乐与权力，相互并不否定对方。两者并不相互反目。两者相互追逐，相互骑在对方背上奔跑，将对方抛至更远之处。两者依煽情和教唆的复杂而积极的机制而形成连锁结构。"（foucault，1976＝1986：62）
［4］ 关于"性的近代"的概念以及"性的近代"与"近代的性"的异同等问题，参见上野《性的社会学》（上野，2002所收）。
［5］ 关于"隐私"概念的压抑性，参见上野《隐私的解体》（上野，2002所收）。
［6］ 所以，妻子的性冷感便违反了"对丈夫的义务"，因而成为治疗对象。

第十六章

厌女症能够超越吗

厌女症的理论装置

我一直以为，男人是在与女人的"对偶"的关系中"成为男人"的。错了。男人是通过与男人集团的同化而"成为男人"的。

让一个男人"成为男人"的，是其他男人；承认一个男人"成为男人"的，也是其他男人。女人至多不过是男人"成为男人"的道具，或作为"成为男人"的证明伴随而来的报酬奖赏而已。

与此相反，让女人"成为女人"的，是男人；证明一个女人"成为女人"的，也是男人。

对"成为男人"与"成为女人"这个压倒性地不对称的机制，伊芙·塞吉维克在《男人之间》一书中，用醒人耳目的理论装置做出了精彩的解说。关于异性恋秩序、男人之间的权力与欲望、恐同、社会性别的非对称性、歧视女性等一系列现象之间的关联，没有比塞吉维克的理论解说得更明晓易懂的了。喔，原来如此，对，就是这样的。我在朦胧中的感觉，她给出了概念，即男性同性社会性欲望、恐同与厌女症的三项配套机制（参见第二章）。

概念只是概念，不是现实，但概念能够成为说明和解释现实的有力武器。有了厌女症的概念，我们就很容易理解，为什么"喜欢女人"的男人其实蔑视女人，为什么男人寻求比自己劣等的女人。

对于男人，异性恋秩序，是一种证明男人为性主体的装置。在异性恋的装置之下，男人与女人并非对等的"一对"。男人处于性欲望主体的位置，女人处于性欲望客体的位置，这个关系在男女之间是不对称的。异性恋秩序是一种"命令"，要求男人不得以同性男人为性欲望的对象，他的性欲望对象只能是"非男人"（女人）。反过来说，被男人视为性欲望对象的人，便成为"非男人＝女人"。如果那个对象是男人，他便被女性化，被视为"像女人一样的男人"。在这里，"女人"的定义就是男人性欲望的客体。因此，不能唤起男人性欲望的女人，在定义上便"不是女人"。

男性同性社会性共同体，指相互承认对方为"性主体"的男人之间的集团。被这个集团排除在外的人，其存在理由仅为被男人欲求和拥有的人，则被给予"女人"之名。那么，男人集团的成员，将女人视为比自己低劣一等，便是理所当然。

所谓女人，是对"非男人的人"标注特征的名称。这个群体被划入另一个范畴，其特征必须与被视为属于男人的一切美德与名誉区别开来。女人与男人不同，是"不勇敢的人""不坚强的人""没有领导决断能力的人""懦弱的人""小心谨慎的人""无能的人"，一言以蔽之，"不能成为主体的人"。所有这些"女人属性"，都是被制造出来的、适合成为男人支配对象的属性。

所以，异性恋秩序的核心为厌女症，就完全不奇怪。因为，唯有"不是女人"的自我身份认定，支撑着男人们的"男人气"。

一个男人，只有把女人当作性的客体证明自己已经成为性的主体之后，他才能得到同性集团的认可，获取进入男人共同体的正式成员资格。众所周知，轮奸是与性欲无关的集体行为，是一种验证男人气的仪式。

欲望三角形

塞吉维克在构思她的理论时，借用了勒内·吉拉尔（René Girard）在《欲望现象学》（Girard，1965）一书中提出的"欲望三角形"的理论框架。正如拉康所言，欲望乃他者之欲，指人们将自己渴望与之同化的对象所欲之物视为自己的欲望对象。与弗洛伊德的理论相同，在这里，同化的对象与欲望的对象分为不同性别。在吉拉尔的"欲望三角形"中，让人渴望与之同化的"他者"，必须是尊敬、爱恋或竞争的对象，所以，生出这种欲望的男人之间，常为父与子、师与徒、前辈与后辈或互为对手的关系。如果对对方不抱敬意，"他者的欲望"就不会产生价值。男人通过获取自己渴望同化的对象所欲之物，从而使自己也立于同化对象所占据的"欲望主体"的位置。

在"欲望三角形"中，欲望的主体仅限于男人，女人只是没有个人意志的欲望客体。通过对同一客体的欲望，男人们相互承认对方为共有同一种价值观的欲望主体。男人欲求的女人，比起女人欲求的男人，价值尺度更为一元化、更单纯明了，原因或许就在于此。因为男人必须要向其他男人夸耀到手之物的价值。

盖尔·鲁宾（Gayle Rubin）更明确地指出，位于异性恋秩序根基的欲望三角形，不是由复数的男女构成的，而是由（作为欲望主体的）两个男人和（作为欲望客体的）一个女人来构成的（Rubin，1975）。她以列维-斯特劳斯的"婚姻交换"理论[1]为基础，不是将婚姻视为一对男女的纽带，而是视为通过女人的交换建立起来的两个男人（两个男人集团）之间的纽带，女人只是男人之间的纽带的媒介物。所以，异性恋秩序将男性同性社会性欲望（男人之间不带性意味的纽带）和厌女症（对女人的排除）置于核心，同时伴随恐同（对同性恋的驱逐）。

男性同性社会性欲望、恐同、厌女症

男性同性社会性欲望、恐同、厌女症，由这三项要素构成的机制，可用图3表示。这个图不是塞吉维克书中有的，是我的独创。这个概念图的优点，是同时可以回答"女性之间是否也存在同性社会性纽带"的问题。我的回答是：可与男性共同体相比的同性社会性纽带，在女人之间是不存在的。塞吉维克设想了女性之间的纽带，但她同时也指出了性别的不对称。即对于男人，同性社会性欲望与同性恋之间，是隔断的，但对于女人，其间却是连续的。塞吉维克的设想，让人想起艾德丽安·里奇（Rich，1986）提出的"女同性恋连续体"（lesbian continuum）[2]。

只要性别关系中还存在权力的不对称，女性之间的纽带，即使存在，也与男人之间的纽带不可同日而语。因为，男性集团与女性

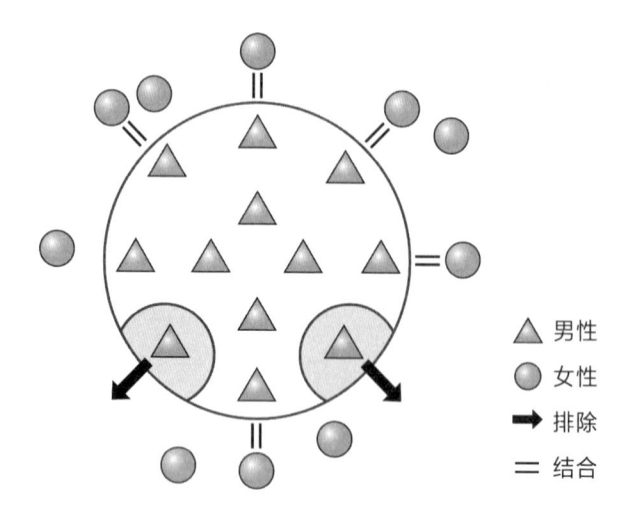

图3 男性同性社会性欲望、恐同、厌女症的整体关系概念

集团相比,通过与同性集团的同化所能得到的权力资源多寡之差是压倒性的。谁愿意主动去与处于劣势的集团同化呢?即使女性的同性社会性欲望与同性恋之间有连续性,那也只是一种甘居劣势的不利的选择。与之相比,女人不如接受性欲望客体的角色,归属于男性集团,通过这种途径去寻求权力资源的分配,虽然这个途径是间接的,但效率却远远更高。只要女人还是被置于围绕男人(被男人选上)的潜在竞争关系之中,女性之间的同性社会性纽带,即使存在,也是很脆弱的吧。这正可以解释,女人的嫉妒,为什么不是对背叛了自己的男人,而是指向同性的女人。

"性的近代"

当然，塞吉维克并没有说，男性同性社会性欲望、恐同、厌女症的三项配套机制是超越历史而存在的，她不会如此欠缺慎重。她探究的目的，是说明"性的现象形态和被视为性的东西，怎样被历史上的权力关系所影响，同时又怎样反过来影响历史"（Sedgwick，1985：3），当然，那是因为存在着"可能随时代发生变化的权力的非对称性"（Sedgwick，1985：9）。正因为如此，她作为依据列举的事例，均来自19世纪之后的英国文学。这也意味着，塞吉维克提出的三项配套的概念装置，用于说明福柯所说的"性的近代"尤其是异性恋秩序，非常有效。反过来说，只要这个概念装置还有效，那便意味着，我们还没有从"性的近代"中解脱出来。至少，直到用这个概念无法说明的例外的事态不断出现，或更具说服力的别的概念登场之前，我们还处于"性的近代"之中。

我在写这篇文章时，就像事先预备好了脚本似的，碰到了一个正好用得上的例证，周刊杂志*AERA*（2010年5月3—10日号）对封面人物韩国影星李秉宪（Lee Byung-hun）的采访文章。"我想远离比我还能喝酒的、我说不过的女性。因为女性我想自己来保护。""好像能把身边的男人都打败的女人，很恐怖，我不太喜欢（笑）。"他的这些话，等于在坦白：在女强人面前，他就会阳痿。他的"女性我想自己来保护"一语，不过是"占有"欲望的委婉修辞而已，实质是把比自己劣等的女人围入自己领地之内的赤裸裸的占有欲。

而且，他还亲切地为我加上了这么一句话："要是和自己的朋友喜欢上了同一个女人，我不知道该怎么回答。"说的正是吉拉尔的"欲望三角形"。他的话我们应该做如下解读才正确。这里设想的，不是自己喜欢的女孩碰巧正是好友之爱的场合，相反，好友是自己爱恋尊敬、渴望同化的对象，正因为是这样的好友所爱的女性，所以自己也爱上。这时，是为了女性与好友成为竞争对手呢？还是优先男人之间的友情而放弃呢？不到那个时候，"不知道该怎么回答"。男人常常会恋慕"好友的恋人""老师的妻子""领主的夫人"等，这毫不奇怪。中世纪的骑士爱情，对象是不能到手的已婚贵妇人，而这正是浪漫恋爱的原型。那个女人之所以有价值，无他，只因为是上司之妻。研究中世纪的历史学家乔治·杜比（Duby et Perrot, 1991）揭示出，骑士爱情的一个功能是，通过崇拜同一个女性，使骑士团这个男性共同体的纽带得以维持和强化。

韩国影星李秉宪的话，可以解释为与尚存征兵制的韩国社会很相符的男人气十足的发言。可是，采访他的《周刊朝日》的貌似年轻的女编辑，对这位影星的发言，半是赞叹半是陶醉。由此，我不得不再次确认，即使在21世纪的今天，塞吉维克从19世纪的英国发现的男性同性社会性欲望和厌女症，依然还在历史的保鲜期内，尚未失效。

塞吉维克以这三项配套的理论装置为武器，解析了近代英国文学；我也手握厌女症这把钥匙，尝试了对日本社会的男性同性社会性欲望的分析，详细地探究了厌女症如何影响着日本男人以及女人的欲望和身份认同。发现这个概念至今十分有效，或许我们反而感到失望。可同时，如果这个理论露出了破绽裂隙，我们便可从中看到新的变化的可能性。

超越厌女症

在不厌其烦地剖析了厌女症的种种现象之后，最后一章题为"厌女症能够超越吗"，这种手法实在太一目了然。厌女症要是简单地就能超越，还用写这本书吗？厌女症与社会性别一样，不是因为我们懂得了那仅仅是在历史中被建构起来的文化产物，便意味着我们能从中得到解放。而且，正如我们在本书中所见，由于厌女症已经太深地刻进我们的身体、潜入欲望的核心，若是去掉厌女症，很可能像倒掉盆里的婴儿一样，将欲望本身也全盘否定。关于超越了厌女症的未来世界，就像马克思关于废除了阶级的未来世界所言，我们只能说：

"由于我出生成长在一个厌女症根植太深的世界，我无法想象一个没有厌女症的世界。"

超越厌女症有两条路径。一条是女人的路径，一条是男人的路径。

关于前一条路径，我要对一个广泛流通的误解作出解释，即"女性主义者是厌女症患者"之说。对于此说，我们点头称是即可，没有任何否定的理由。原因之一，生于长于这个厌女症的社会，不被厌女症浸染的女人，恐怕不存在。原因之二，女性主义者就是自觉意识到自身的厌女症而决意与之斗争的人。如果有女人自身完全不存在厌女症（如果有那样的女人的话），那她就不存在斗争的对象，也就失去成为女性主义者的理由了。如果有女人自身完全不存在厌女症，但周围社会并非如此，所以要为改变社会而斗争，那么，女性主义就不再是"自我解放的思想"，而只是"改变社会"的道具。这样的斗争,只是一种"强加的正义",几乎可称为不同文化的碰撞,两者之间不但不能对话,反而会以多数派对少数派的压抑和排除而告终吧。本来,何为厌女症,只有知道的人才能判定。许多女人,正是因为知道了何为厌女症,才对此感到愤怒和痛苦。

男人的自我厌恶

另一条男人的路径,又是怎样的呢?我写过,厌女症就是男人的女性蔑视和女人的自我厌恶,但森冈正博在他最近的著作中指出,"很多女性主义者最大的盲点,可能是没有看到男人自我厌恶的问题"。(フリーターズフリー,2010:18)此言堪称卓见。

森冈自述:"我是女性主义的产儿,毫无疑问,属于被女性主义思想唤醒的一代。"(フリーターズフリー,2010:147)这么自我认定的森冈断言:"'男人'固有的性的痛苦和苦恼,是存在的。"(フリーターズフリー,2010:156)

"作为一个男人,明明在恋爱、性爱、性等方面伤痕累累,却要装作什么痛感也没有,说自己是无伤的加害者,一直就这么欺骗自己,以这种方式让自己去适应社会构造。我意识到这一点,用了很长的时间。"(フリーターズフリー,2010:157)

森冈说,男人的自我厌恶有两点,一是"自我否认",一是"身体蔑视"。关于男女身体的异化问题,我曾经提出过一个对比图式:女人是"朝向身体的异化",男人是"远离身体的异化"。

森冈说的男人的"身体蔑视",与那个图式相符。借用提倡身体史的荻野美穗的精彩表达,就是女人被视为"身体度"高于男人。另一种表达为,女人从属于身体,男人支配身体。所以,女人终身诅咒自己为身体的奴隶,而男人则终身偿还将身体他者化的代价。男人对身体的厌恶,可称身为男人的宿疴。

在这背后,存在着近代主体的形而上学,即我们熟知的主体与客体的二元论、精神与身体的两项对立。男人锤炼身体、损伤身体,是因为他们将自己身体彻底地他者化了,他们被迫要显示,自己是身体的主人,即主体=自我。与精神相比,身体处于劣位,所以,性欲,这身体的欲望,便被视为"肮脏",而那种欲望又只能通过更劣等的女人才能被满足,男人对身体的诅咒,当然只会越来越深。

男人对身体的自我厌恶,也表现为"去身体化",即脱离自己身体的愿望。这种欲望有时表现为向女人身体的同化。或许,男人的"女装趣味",其实是向理想中的身体同化的渴求,而非性别越界的愿望。大塚英志在解说M君的幼女碎尸事件时说,M君"怀有想变成少女的愿望",大塚的断定并无依据,但我却有种不可思议的现实感,也许就缘于此。

男人也有自我厌恶。事实应该的确如此吧。可是,男人的自我厌恶应该有两种。一种是对"身为男人"的厌恶,另一种是对"不够男人"的厌恶。森冈的论述没有将这两种自我厌恶区分开来。这两种自我厌恶,不但似是而非,更重要的是所指方向完全相反。

男性学指出,男人也为性别的束缚而受苦,但是,那不是后一种自我厌恶即"不够男人"的痛苦吗?性弱者、不受女人喜欢、无业、自闭等所谓的"男性问题",表现出的是对偏离男性集团"规格"的恐怖和痛苦。"偏离规格"的男人,找不到自己的位置,日益走向孤立,是能够理解的。被同性集团排除的"没能成为男人"的人之间不可能团结。

当然,女人同样有对"偏离规格"的恐惧和痛苦。减肥、不孕治疗、"败犬"恐惧,等等。可是,当她们成功地克服恐惧达到"规格"时,她们方才知道自己陷入了厌女症之中,并为之愕然,不能不自我厌恶。"规格外"的女人们,一面与自我厌恶做斗争,一面争取和其他女人的团结。这,就是女性主义。因为她们深知自我厌恶的普遍性。

森冈指出的男性的自我厌恶,的确有深度,触及了男性性的根基。他谈到了男性性与暴力的结合。暴力,以恐怖为名,是一种解除了自我防卫的与他者身体的过剩关系。男人在与他者身体发生暴力关系以前,应该先是对自己身体的暴力吧。这一方面表现为不顾身体安全的鲁莽或勇气,另一方面表现为酒精中毒、毒品中毒等慢性自杀。对身体的过度关注,被视为"懦弱""像个女人"等男人气的欠缺。无论走向哪一方,等在男人前面的,都是"自我厌恶"。可以想见,对于男人,无论"是男人"或"不是男人",都是充满痛苦的经验吧。

男人的自我厌恶,来自被他者化了的身体的报复。这样的男人,超越厌女症的方法只有一个,就是停止对身体的他者化。换言之,停止成为身体及身体性的支配者,即精神=主体。停止将与身体相关的性、怀孕、生育视为"女人领域"。如果像森冈所言,男人也想接受"一个完整的自己",那么,就应该与包括身体在内的自己和解。正面面对身体的欲望和欲望的归结,关注陪伴身体的变化,不要贬低以身体为媒介的亲密。无论对谁,身体都是不能随心所欲的最初的他者。如果我们接受了身体这个他者的他者性,应该就能够延伸出去,进而接受通过身体相关联的他人的存在,这就是,既不将他人视为支配控制的对象,也不将他人视为威胁恐怖的源泉,而是完整地接受下来。对于男人,"他者"的中心即为女人,故男人成为主体的核心便是将女人(和像女人一样的男人)他者化并加以排除,这应该终止。

对于(理应)生为男人的人,这意味着战胜"变得不是男人"的恐惧。这个课题,男人是否能够完成,我不知道。如果完成了,男人的欲望会变成怎样的形态,我也不知道。森冈说,"作为男人出生成长的一切,都希求得到完整的肯定",因此他接着又说,"必须拒绝女性主义中否定男性存在的核心思想"。(フリーターズフリー,2010:184-5)

请不要误会。女性主义否定的是"男性性",而不是个体的"男性存在"。如果被分类为"男性"的人们,"希求得到完整的肯定"——这个希求对每一个人都是极正当的——那么,就像为"得到完整的肯定"而与厌女症斗争的女人一样,男人也必须与自己的厌女症格斗。

另外,关于男同性恋者,有个问题是,他们被视为"不是男人""女人一样的男人",一直被女性化,那么,男同性恋者就可以说是克服了厌女症的男人吗?其实,"变得不是男人",并不等于"成为同性恋"。同性恋的男性是否克服了厌女症,我不知道。不过,塞吉维克指出,女性主义者对同性恋运动的理解,基

241

于两种错误的前提:"一种是,同性恋者与所有女性可以超越时代地'自然地'共同斗争,(略)两者的利害关系在本质上能够达成一致;另一种前提是,男同性恋者为厌女症的化身,是厌女症的人格化表现,也是厌女症的结果,甚至是厌女症的首要原因。"(Sedgwick,1985:30)她又说:"我相信这两种看法都是错误的。"在我看来,这两种极端的看法,可能都有几分正确,也都有几分错误。

以前,我对"男同性恋者与女性主义者是否能共同斗争"的问题,曾经回答过:"能,但有一个条件,对方必须不是有厌女症的男同性恋者。"现在,可以再加一句:"无论性取向如何,对方必须不是有厌女症的男人。"不过,因为女性主义者本身尚未能脱离厌女症,所以,应该更慎重地表达为:"必须是与厌女症做斗争的男人。"

在与森冈的对谈中,杉田俊介有如下发言:

> 现在的状况,可以说是处于"后男性运动"时期。关于男性的问题,新近出现了很多话题。比如,对女性主义的激烈抵制、不受女人喜欢的男人、草食系男子、动物化、宅男、轻度宅男、儿童色情制品、准儿童色情制品、家庭暴力、加害者临床治疗、性犯罪者的矫正与限制,等等。其中一部分,虽然没有公开宣称是男性运动(或不自觉),但在我看来应该被视为男性运动。
>
> 可这些都像互不相关的细小水流,还没有发掘出将这些水流合为一体的更宽广的水脉。现在,我们需要能将这

些论点统一起来的、更宏观的关于男性性的理论。（フリーターズフリー，2010：150）

的确如此。借助塞吉维克的概念展开论述的我的这本书，希望也能助此一臂之力。因为，本书最根本的论题，就是"何为男人"的问题。

对于女人，女性主义是与自我和解之途。对于男人，与自我和解的道路，也不应该没有吧。和女人一样，那应该是与"自我厌恶"的斗争。不过，为男人指出道路的任务，已经不该由女人来承担了。

◆ 作者注 ◆

[1] 指"交换模式"，即将婚姻不是定义为一对男女的结合，而是定义为"女性在复数的亲族集团之间的移动"。
[2] 这种理论认为，在男人之间，同性社会性欲望与同性恋是隔断的，其间有明确的分界线；但在女人之间，两者没有明确的分界线，是一种平缓延伸的连续体。

增订一[1]

诸君,勿污晚节!
——性骚扰问题,实质何在?

---

[1] 本章与下章均为文库版增订篇目。

实名举控的冲击

从2017年到2018年，在好莱坞，在戛纳，#MeToo（我也是）运动此起彼伏，蓬勃兴盛。于是，有人叹息：为什么在日本就开展不起来呢？其实，日本的#MeToo运动也踏实稳定地进展着，而且已经成为一种不可逆转的地壳变动。社会舆论已经转向了对性骚扰的零容忍。

掀起这一场波浪的最重要的契机，就是伊藤诗织在《黑箱》（2017）一书中现身露面的实名举控。[1]迄今为止，由于受害者的沉默或限于匿名形式的控告，性骚扰成为"无法特定受害者的犯罪"，从而让加害者得以逃脱。性暴力的一个后果是对受害者的污名化。一旦公开实名，受害者将会受到来自四面八方的攻击。正因

---

1 伊藤诗织，生于1989年，现为独立记者、纪录片制作人。因实名举控性暴力，成为日本#MeToo运动的代表人物。2015年4月，伊藤向警察提交被害报告，以"准强奸罪"起诉日本著名电视台TBS华盛顿支局局长山口敬之。2016年7月，该案件的刑事诉讼以证据不足为由被判不起诉。之后，2017年9月，伊藤提起民事诉讼，同时出版手记《黑箱》。2022年7月，东京高等法院做出的"山口敬之有未经同意的性交行为并应赔偿332万日元"的判决得到最终确定。至此，诉讼以伊藤一方获胜告终。

为有了挺身而出甘愿成为众矢之的的女性，才有了#MeToo运动和后续者的登场。

回顾历史，我们也可以说，"慰安妇"就是#MeToo的先驱。对，就是金学顺在1991年实名现身以后，围绕"慰安妇"的政治状况才全然改观。在金学顺现身之前，"慰安妇"的存在和被害已经广为人知，给予同情的人也为数不少。可是，直到金学顺公开实名，向世人宣布"我在这儿，我就是当事人"，并要求谢罪和赔偿，由此，起诉的"主体"才终于登场了。正因为如此，跟随在#MeToo之后，表示"其实我也……"的人们也陆续出场。

实名举控的冲击力度，怎么强调也不过分。不知读者们是否还记得，当山尾志樱里议员引用博客文章《托儿所抽签落选了，日本去死吧》在国会提问时，被前首相安倍以"匿名博客无法辨伪"为由拒绝回答的事？结果，很快就有多名育儿中的父母，举着"托儿所抽签落选的就是我"的牌子，站在国会大厦前面。[1]

如果没有当事人现身，仅靠他人代为争取权利利益，是非常困难的。何况，性暴力迄今为止被定为"由受害者亲自起诉的犯罪"，靠他人代理起诉是不可能的。

毋庸赘言，如果因此就要求受害者自报姓名，当然不妥。因为自报姓名的代价实在太大。许多受害者，从以往的惨痛事例中已经学到这一点。受害者的隐私以及以往的性生活史被暴露于众，还

---

[1] 此事发端于2016年2月15日发表在推特上的一则匿名短文，题为《托儿所抽签落选了，日本去死吧》。该文痛陈因保育设施不足导致孩子被托儿所拒绝接收的现状，批判政府支持女性就业措施的不力。此文因在野党民主党议员山尾志樱里在国会用来质疑当时的安倍首相而引人注目，"托儿所落选"一词也成为该年流行语。

要遭受种种评说,"她给人可乘之机""是她在诱惑""是双方同意""她本来就不检点",等等。能够承受这种攻击的女性并不多。

二次加害、三次加害

在伊藤诗织的事件之后,使日本的#MeToo运动加速的,是时任财务次官的福田淳一的性骚扰事件。被举报的福田次官,面对录音物证,却还矢口否认,"我不知道那是不是自己的声音""不知道对方是谁""那是与风俗店的女性的话语游戏",总之,他一直坚持不是性骚扰。但我们可以从网上听到的是,"可以摸摸你的胸吗""可以绑住你的手吗?让我来绑你吧"……引用在这里都感觉不适的这些话,无论如何也不该是在接受采访的公共场合能说出口的。

更为致命的,是受害女记者工作的媒体以及财务省高层在面临危机时采取的一系列错误对策。

首先,女记者工作的朝日电视台的上司,在听到记者举报后,置之不理。"公开了对你不利",这种话语,既是最为恶劣的组织防御术,也是水准最差的危机管理法。无处申诉的记者,便将此事泄露给周刊杂志。朝日电视台眼看无法再沉默下去,只得召开紧急记者发布会,表示对财务省的正式抗议。不过,在发布会上,电视台发言人也指责女记者:自己身为新闻从业人员,却向其他媒体泄露信息,十分不妥。但我们应该看到,女记者向其他媒体提供信息的行为,若无上司的搁置,本来不会发生;而且,如果朝日电视台真正发挥了一家媒体应有的功能，这本来是自家便可报道的事件。另外，有人指责女记者未征得采访对象同意便暗中录音，说这种做法有违采访规则。对此我们可以反论：这些内容已经逾越了正常采访的范围。在性骚扰案件中，为了让受害者保护自己，录音取证是被广泛推荐的做法。我们可以想一想：违反采访规则和侵犯人权，孰轻孰重？尽管如此，《产经新闻》这种保守派报纸，却抓住这一点，强调是记者的过失。我原担心，这个本来属于侵犯人权性质的性骚扰事件，被扭曲为记者未遵守隐匿信息来源的职业操守的不正当采访行为，幸好，事态没被引入那个方向。这时，浮现在我脑海里的，是20世纪70年代关于冲绳密约问题报道中的《每日新闻》记者西山太吉的事件。那个事件，本来应该是追究日美之间关于美军基地恢复原状补偿费的重要密约的是非，却被偷换为"用私通手段"获取信息的男女丑闻，结果是西山记者被判有罪。

接下来，是财务省一方接连不断的二次加害与三次加害。先是加害者福田矢口否认事实。在许多性骚扰案件中，加害者会否认举报事实，这种否认行为本身就构成对受害者的二次加害。然后是时任财务大臣的麻生太郎，连像样的调查都没做，就放言"难道福田就没有人权吗"。麻生大臣一味袒护加害者，只顾维护自己组织的利益，他还呼吁让受害者自报姓名，这种做法尤其暴露出他对性骚扰问题的无知。在性骚扰案件的审理中，为了保护受害者，法庭会采用各种方式使其保持匿名。比如，公审中需要受害者作证时，允许其隐身在屏风后面回答提问，等等。性骚扰案件，与交通事故的性质迥然相异，不能向受害者呼吁自报姓名。麻生大臣的这种呼吁，实质上是故意为难受害者，后果就是诱发二次加害。如果对性骚扰问题稍有常识，就知道绝不能这么做。后来，由办理过多起性骚扰案件的女性律师和后援团体的据理力争，这个呼吁才被拒斥回去。另外，麻生大臣呼吁受害者去自报姓名的窗口，是一家律师事务所。他毕竟没让受害者去财务省，而是委托了一个外部机构，可以说也是动了一点儿脑筋的。但实际上，这家事务所的律师就是财务省的法律顾问，由此又可见麻生的脑筋之浅。众所周知，为主顾利益服务的顾问律师，不能说是中立的。

然后，是一连串的危机管理的失策。福田次官一面否认性骚扰，一面又提交退职申请，而他的退职申请，却得到了财务省的受理。缘于"个人理由"的退职，不会受到任何惩罚，退职金也会按规定全额支付，而且在个人履历上不会留下任何瑕疵。后来，迫于舆论压力，财务省才决定将福田的退职金改为延期支付，并追加了半年期间减薪两成的"处分"。据财务省大臣称，这么做的理由是"由于福田次官给本部门添了麻烦，有失官厅的尊严与品位，故予以处分"。这种处分说辞，委实含混不清。之后，财务省才终于在内部设置了一个调查委员会。尽管福田本人依然不承认，但调查委员会还是将其行为认定为性骚扰。这明摆着就是财务省为了仓促收场而敷衍了事。以常识判断，如果要成立一个真正的调查委员会，那就不能设置在财务省内部，而必须是一个中立的第三方机构。

在这起事件的过程中，麻生大臣连连失言。他说："采访次官的记者应该换成男性。"这种发言，就是要将女记者排除在职场之外。对此，要是我们说"次官应该换成女性"，怎么样？男性记者日常进行的一对一的采访，没有理由说女性记者就不能做。另外，麻生还说："福田中了圈套，所以被举报了。"就因为麻生的发言，低俗轻浮的英语隐语"honey trap"（蜜蜂陷阱，美人计）一词也流传开来。从迄今为止的性骚扰举报事例就可明白，与举报人不得不付出的种种牺牲相比，"设圈套"的代价太高昂。即使让福田次官"中了圈套"，记者也得不到什么好处。

此外，麻生还暴露出他对性骚扰问题的无知。他说："没有称作'性骚扰罪'的犯罪，这跟杀人罪性质不同。"的确，因为日本没有一个禁止性暴力的总括性法律，所以，除了"强制猥亵罪"以外，没有"性骚扰罪"这个罪名。但是，通过迄今为止的判例积累，性骚扰已经被明确定为"不法行为"。他还说："性骚扰要由受害者亲自起诉。"可是，通过2017年6月的刑法修订，性犯罪已经不再是"由受害者亲自起诉的犯罪"了。麻生周围没个有点儿脑筋的人教教他吗？他的接连失态，太难看了。

女记者成为当事人

在福田次官性骚扰事件的过程中，#WithYou（和你在一起）、#WeToo（我们也是）等运动在女性中应势而生。各种抗议集会接连展开，如，4·21新闻行业工会全国女性集会、4·23"#让这些都结束吧！不许攻击性骚扰受害者"议院内紧急集会、4·28"#我不会沉默0428"新宿ΛLTΛ大楼前集会、5·7财务省前抗议行动等。5月1日，"媒体女性工作者联盟"成立。在4·23集会中，有位女性记者发言说，为了保持"客观报道"，自己一直在"回避成为当事人"。"媒体女性工作者联盟"

的林美子说,她们自己其实就是"当事人"。在4·21新闻行业工会全国女性集会中,参加者纷纷证言:"性骚扰就是家常便饭,已经麻木无感了。""身为记者,必须在业务上得到承认的压力很大,甚至以为性骚扰不过是工作的一环。"当时在场的中央执行委员长小林基秀,发表了如下声明:"听到女记者们的真实心声,再次受到冲击。新闻传媒行业的男性中心的组织文化,已经到了必须改变的时候了。"

伊藤诗织以实名举控,也是出于记者的职业意识。自己的职业就是报道事实,那发生在自己身上的事,自己不报道谁来报道呢?正是这种意识,让她迈出了这一步。在新闻传媒的工作现场,性骚扰之所以成为一个问题,原因是这个行业的女性工作者的增加。对迄今为止的男性特权的体制文化,女性开始不愿忍受了。"我们的忍耐沉默,带来最恶劣的结果",在新闻行业工会的集会上,她们这样表达了反省。

让人感到时代变化的,不只是#MeToo的声音。年长女性的反应也不一样了。从前,每当有人发声举控,总会有年长女性来劝诫:"这点儿小事,不动声色地躲开,才算成熟女人。""大惊小怪,好难看。"当然现在也不是没有这种声音,但在报纸的读者投稿栏之类的公共空间里,已经看不到了。作家中岛京子,在与伊藤的对谈中(中岛·伊藤,2018)说:"如果我们这一代好好儿地发出声音,社会也许会稍微不一样。但现在诗织不得不孤军奋战,造成这种局面,真是抱歉。"

不让受害者孤立

#MeToo运动之后，#WithYou运动紧跟而上，这种展开是有道理的。因为，不让性骚扰受害者孤立是非常重要的。#WithYou运动，就是为了向受害者传达："你不是孤身一人，我们陪伴你。"

每当有性骚扰的举控，加害者首先总是试图将受害者与其周围分离隔断，使其陷入孤立。比如，散布受害者的不良名声，暴露其隐私，向其家人亲属施加压力，等等。很多受害者就是因此而放弃或取消举控。在性骚扰需由受害者亲自起诉的时代，一个困难的课题，就是如何让原告在漫长艰难的诉讼期间一直坚持下去。在大阪府知事横山诺克的性骚扰案件中[1]，支援者们最倾注心力的，就是如何帮助受害者将诉讼维持下去。在那期间，要受害者私下和解取消起诉的压力，一定从未间断过吧。每当看到性骚扰案件达成和解取消起诉的报道，我就不禁想象，受害者背后该承受了多大的压力和多少禁令！

最近有个报道，一位女高中生取消了对乐队TOKIO的成员山口达也的性骚扰起诉。这起事件被报道之后，有人谴责女生，说她不该因为被叫就深夜里去一个男人的家。但是，对方是四十六岁的成年男人，与之相对，高中生尚未成年。一方是深夜约女孩的男人，一方是应约前往的女生，违背社会常识的，当然是深夜叫人的

---

[1] 横山诺克，原名山田勇（1932—2007），娱乐界笑星，1995年当选为大阪府知事。1999年，因被指在知事连任的选举活动中对女大学生有性骚扰行为而被起诉，在民事诉讼中被判赔偿1100万日元，为迄今为止的性骚扰诉讼中最高的赔偿额。随后，又在刑事诉讼中被判强制猥亵罪，刑期一年六个月。此后横山辞去知事一职，并从娱乐界销声匿迹。

成年男性一方。在冲绳发生的美国士兵的强奸案中，也常常可见取消起诉的报道。每当看到这种报道，我就不能不想象水面下的施压胁迫和受害者的孤立无助。性暴力的诉讼，不但维持下去很困难，而且即使胜诉，与所获赔偿之微薄相比，付出的成本实在太大。

性骚扰举控的扩大

对性骚扰表达零容忍的行动，扩大到了全国各地。最近一个时期，相继有地方行政负责人因涉嫌性骚扰而辞职。岩手县岩泉町町长因涉嫌性骚扰辞职，新潟县知事因嫖妓辞职，东京都狛江市市长因涉嫌性骚扰辞职，等等。狛江市市长尽管否认有性骚扰行为，但已被迫辞职。群马县水上町町长因为涉嫌性骚扰被町议会劝告辞职，但本人还赖着不走。性骚扰，已经成为断送政治家政治生涯的重大犯罪。

举控性骚扰的风潮，还波及了其他领域。#MeToo运动原本始于女演员们对好莱坞著名制片人韦恩斯坦（Harvey Weinstein）的举控，后来不但扩大到学校、职场，也波及娱乐界、艺术界。在艺术界，有曾担任过摄影家荒木经惟的模特的KaoRi的举控。艺术家与模特的关系，以前就被认为存在问题，但长久以来被隐蔽了。#NotSurprized的标语，就表明了其中内情——"听到举控不吃惊，只是以前谁也没说而已"。在体育界里，领队教练和选手之间的关系，也成为问题。军队这个神圣之地里的性骚扰，因女性自卫队员的举控而为世人所知。宗教团体，那是一个治外法权一般的世界，谁知道那里面发生着什么呢？

只要社会性别的非对称性依然存在，我们可以推测，任何领域中都存在性骚扰。倘若尚未为世人所知，那只是因为受害者还在沉默。

对经验的重新定义

福田的事件曝光后，其本人以及财务省都急于掩盖并企图尽快收场，但日本女性团体对此迅速地展开了一系列的阻止行动。人们在这些行动中使用的种种词汇，让我瞠目："父权制的压迫""社会性别的再生产""自我定义"，等等。这些当初用在女性学·性别研究中的学术术语，现在已经成为日常用语了。本来，性骚扰（sexual harassment）一词，在日语里也并不存在。日语中的社会性别（gender）、性现象（sexuality）、性骚扰、家庭暴力（domestic violence）等单词，全都是表示发音的片假名。为什么？因为相应的概念，在日语里原来不存在。

女性主义，一直在重新定义女性的经验。比如，将"开玩笑""闹着玩儿"命名为"性骚扰"，将"夫妻吵架"命名为"家庭暴力"，等等。反过来，如果有人将性骚扰轻描淡述地说成"不过只是闹着玩儿"，如果有警察将带着伤痕奔来求助的妻子赶回家，说什么"两口子吵架狗不理"，那就是在行使对男性有利的"对场景下定义"的权力。在这一点上，福田前次官将自己的性骚扰从轻说成是"话语游戏"，也是同样性质的行为。明明属于侵犯女性人权的话语，福田却称为"与风俗店女性的话语游戏"。本来，对女性记者不能说的话，对任何女性都应该是不能说的吧。如果在福田所称的"风俗店"即有陪酒女郎的酒吧或提供色情服务的场所，这种话能够被容忍，那只能说明侵害女性人权的现象在这些地方很严重。我们是否可以这样辩护：虽然侵害了女性的人权，但客人是支付了相应的报酬的？可是，必须看到，无论是否支付了报酬，人权侵害就是人权侵害，这个事实本身不容置疑。

福田的话语，到底是"话语游戏"还是属于被称为"性骚扰"的人权侵害？这取决于对该场景的定义方式。如何下定义，正是权力之所在。这就是为什么许多性骚扰的加害者坚持说"那是双方同意了的"。

若无概念，经验则无从表达。正是因为有了概念，女性才能回溯过去，将自己的经验重新定义——那时的郁闷不快，原来就是"性骚扰"啊。我们已经知道，"性骚扰"绝非"开玩笑""闹着玩儿"这么轻微的小事，而是会给受害者带来严重的创伤：让受害者身心失衡、自我肯定感下降、丧失自信和热情、陷入抑郁不眠，甚至升起自杀意图。PTSD（创伤后应激障碍）概念的传播，也是由此而来。受害者一旦接近受到性骚扰的场所或情景，就会出现"闪回"（flashback）现象，陷入混乱恐慌之中。使PTSD概念广为人知的契机，是1992年的横滨性骚扰审判。在这个审判过程中，一个引起争议的事实是，受害女性在上午受到上司的性骚扰后，中午还（仿佛）若无其事地用完午餐。女性主义心理咨询家河野贵代美，给法庭写了一份意见书，对此做出解释：在遭遇心理创伤过于严重的事件后，受害者为了维持日常生活的秩序，会出现一种"解离"（dissociation）现象。"解离"亦PTSD之一种。就这样，关于受害者的PTSD以及二次伤害等问题，女性主义法学家、活动家和专家学者们，通过一次一次的性骚扰审判，一直在对警察、检察官以及法官等"普通男性"展开启蒙工作。

女性主义的成果

女性主义的研究表明，关于性暴力带来的后果，虽然加害者总是将受害者的不抵抗视为同意，从而企图减轻加害的性质和程度，但事实相反，对受害者的伤害是非常严重的。比如，女性主义将"纠缠不休的人"定义为"跟踪者"（stalker）之后，人们才终于理解跟踪行为的恶劣和恐怖。跟踪行为的逐渐升级，最终可达至杀人。在女性为受害者的杀人事件中，最多的类型就是所谓的"复合杀人"。如果将"复合杀人"改为"跟踪杀人"，那"对场景的定义"就发生了变化。前一种"复合杀人"的说法，让因貌似跑了妻子、恋人而强迫复合的男性成为受害者；而后一种"跟踪杀人"的说法，则让女性成为无端的跟踪行为的单方面受害者。

顺便说一句，我在东京都的地铁里看到"咸猪手是犯罪"的宣传招贴海报时的感动，至今难忘。因为，对于乘坐高峰时段电车上班上学的女性来说，遭遇咸猪手曾是家常便饭，但如今，这成了不被允许的犯罪行为。

性骚扰的违法化、《家庭暴力防止法》，都是日本女性运动取得的成果。这种变化，不是自然现象，不会自然发生，而是通过斗争得来的。人们常说"学问无用""理论不过纸上谈兵",但是,女性学·性别研究,一直都在为女性经验的语言化和理论化而努力。

性骚扰概念的进化

性骚扰的概念,是20世纪70年代到80年代从美国引进的。那时,美国已经相继出现性骚扰诉讼,其中尤其是针对日资企业,例如住友商事美国分公司、三菱汽车美国分公司等的诉讼案件,赔偿金额非常高昂。于是,在美国展开业务的日本跨国企业,逐渐懂得了"性骚扰代价昂贵"。当然,这同时也就意味着,对美国女性不能做的行为,迄今为止对日本女性则是司空见惯。我还记得,当时有在纽约的日资公司工作的日本女性抱怨说:男同事们对美国女性小心翼翼,回过头来面对日本女性时,很"自然"地就松懈了。男人的所谓"自然"行为,就是傲慢蛮横、不顾女性心理感受的举止。当地录用的日本女性职员,一直忍受着公司总部派来的男职员的性骚扰,她们诉说:"美国女性举控性骚扰,后果却由我们来承受。"

20世纪80年代,有个名为"思考劳动与性别歧视问题的三多摩之会"的组织,实施了一次"性骚扰万人问卷调查",暴露出性骚扰的真实状况。1989年,日本第一起性骚扰案件在福冈起诉,同年,"性骚扰"一词获年度流行语大奖。一时间,各类男性期刊多有讥讽嘲弄,诸如"说句'长得漂亮'也是性骚扰吗?职场气氛变得紧张死板"之类的标题,频频映入眼帘。一个颇具讽刺意味的事实是,"性骚扰"一词,其实是由男性媒体的"嘲弄的政治学"而传播开来的(江原,1985)。

1997年,关于职场性骚扰,发生了一次范式大转换(paradigm shift),即"改正均等法"[1]将性骚扰的防止与处理规定为经营管理者的责任。通过这次法规改订,接受"防止性骚扰教育"的对象,从容易成为受害者的女性,变成了成为加害者可能性较大的中层以上管理职位的男性,实现了180度的大转换。防止性骚扰教育的内容,让可能成为受害者的女性学习如何避免受到性骚扰或者遭遇后的应对方式,变成针对成为加害者可能性较大的男性管理职位及高层干部,告诉他们,什么是性骚扰,如何才能避免成为加害者。由此,防止性骚扰教育的教材和讲师,需求顿时高涨,市场迅速扩大,甚至被戏称为"性骚扰产业"。在我工作的东京大学,教授会全体成员也每年必须接受一次防止性骚扰的教育。一般而言,高层职位者成为性骚扰加害者的可能性较大,而其中最大的,则是独揽大权无人牵制的中小企业的经营者之类。各地方基层行政长官也不例外。这些都是"高风险人群",他们需要接受防止性骚扰的教育。不过,福田事件表明,这种教育似乎尚未普及到中央省厅的级别。

1997年的法规改订,还从根本上改变了企业的风险管理方式。迄今为止,企业的组织防御方式,是保护性骚扰加害者,排除受害者;但如今,已变成尽快排除加害者。财务省对福田前次官的所谓"处分",也是遵循了这个原则。尽管财务省所作的调查根本不够,但为了尽快收场,便匆忙地接受了福田的辞职申请。

---

[1] 指经过修订(1997年、1999年)后的《均等法》。

性骚扰是工伤

防止性骚扰的法规，出自被分类为劳动法规的《均等法》并非偶然，因为，性骚扰就是一种工伤。从前，性骚扰甚至被称作"职场润滑剂"。新闻行业工会的女性记者们，将性骚扰视为"工作的一环"一直接受下来。长期以来，性骚扰被视为女性劳动者为了履行职务而应当忍受的成本之一。从发生在20世纪70年代的山形交通公司的性骚扰事件中，我们得知，旅游车司机对女性导游的强暴，曾被视为一份"职业利益"。

性骚扰的定义，分为"环境型"和"报偿型"两种，不过，二者都是"滥用由职务地位获得的权力"，通过"违背受害者意愿的、与性有关的言行"，使受害者"继续工作变得显著困难"。职场里的等级制度，赋予了上层者发令指挥的权力，但这只能限于工作范围之内，如果越权到私人领域，就是职务权力的滥用。我们已知的事实是，在职务上被赋权的人，有瞄准不能（或很难）说"不"的弱势立场者，乘虚而入的倾向。职场中的弱势立场者包括：部下、劳务派遣职员、临时工、钟点工等。加害者的行为绝不是由于无法控制欲望的冲动，而完全是在针对容易下手的对象行使手中的权力。

在性骚扰知事横山诺克一案的审判期间，作家曾野绫子在《每日新闻》的专栏里（曾野，1999）曾这样批评受害者："当时不说不，事后才举控，很卑劣。"再也没有比这种言论对性骚扰问题更无知的了。性骚扰，正是针对"不会说不""不能说不"的对象下手的行为。在横山的事件中，一方是握有绝对权力的知事，一方是临时参加选举活动的播音员，在这种关系之下，被关闭在选举活动车的密室之中的女性，怎么可能说"不"？

在对性骚扰下定义的条件中，有一项是"违背本人意愿的、与性有关的言行"。此时，判断是否"违背本人意愿"，完全取决于受害者一方。性骚扰的加害方对此规定很不满，他们说："同样的言行，明明有时对方还很高兴呢。"可是，表面看来是一样的性接近，当然也会有"被欢迎的"和"不被欢迎的"，这很正常。什么是"被欢迎的"？什么是"不被欢迎的"？这只能由当事人来下定义。这个法理，让人想起日本可以夸耀于世的"公害基本法"。过去，在漫长的公害诉讼中，受害者一直被迫承担对受害的因果关系的立证义务。但随着判例的积累和反公害运动的发展，公害基本法得以成立，在这一点上实现了180度的大转弯，由受害者承担的对因果关系的立证义务，变成了由加害企业承担的对因果关系的反证义务。如果再次使用"对场景的定义权"的概念，我们可以说，"对性骚扰的场景的定义权"，掌握在弱势者的受害者一方。

在性骚扰的定义中，还有一项是"使继续工作变得困难"，这也十分重要。这首先意味着，女性进入职场，职场里有女性，已经是理所当然。同时，这还意味着，对于女性，工作不再是随时失去都不可惜的意义轻微的临时之计。女性持续就职期间的平均数据，呈逐年增长之势。当职场成为女性不能放弃的重要场所，那么，"使继续工作变得困难"的要素就会难以忍耐。女性自然地会寻求对工作环境的改善，让继续工作成为可能。由我看来，在性骚扰举控件数增加的背后，是职场对女性的重要性日益增长的事实。

《均等法》继1997年改订之后，2007年又再次改定。这次改订的要点，是加害者和受害者均不再限定性别。女性也可能成为性骚扰的加害者，男性也可能成为性骚扰的受害者。另外，无论何种性别，属于性少数派的群体都可能成为性骚扰的受害者。《均等法》因为没有强有力的禁止惩罚条款，所以一直被批评为漏洞很多不具实效的一部法规。但是，通过这两次改订，企业对性骚扰变得敏感，这一点不妨给予肯定。现在，很多企业已经设置了受理性骚扰的投诉窗口或负责人，不过，尽管如此，如果性骚扰发生在不同的组织之间，或者与非雇佣者之间，依然还存在不少尚待解决的课题。前者比如营销人员受到客户企业的员工的伤害，后者比如独立职业者受到签约方的性骚扰。劳务派遣员工在工作现场受到的性骚扰也可归入此类。劳务派遣员工受害时，是向劳务公司举控还是向工作现场举控，结果又会不同。向工作现场举控，会有被中断合同的风险；向劳务公司举控，则很可能被强迫忍耐。伊藤诗织的事件，可以说是发生在有所属组织的人与独立记者之间的性骚扰。对于没有组织保护的劳动者，救济他们的机制至今尚未建成。

大学里的性骚扰对策

大学是我的职场。大学里的性骚扰对策，比民间企业领先一步，这也是大学里从事女性学·性别研究的学者急剧增加的结果。对于校园里的性骚扰现象，这些女性学者发出声音，要求大学方面敏感地应对。

关于大学性骚扰问题，还是应该从1993年的"京都大学矢野事件"谈起。那以前虽然有东北大学研究生院的性骚扰事件,但加害者的姓名没有公开报道。矢野畅教授,当时位居京都大学东南亚研究中心的所长要职,同时还是那个因评选诺贝尔奖而闻名的瑞典皇家科学院的会员,堪称著名人士,因此这起事件得到了媒体的关注。作为时代的亲历者,我要在此留下证言:关于矢野事件,虽然《朝日新闻》东京总部版做了报道,但《朝日新闻》的大阪版却一直保持沉默,包括落合惠子[1]访谈在内的连续报道,均未登上版面。后来隐约听闻,说是因为大阪总部判断性骚扰事件的新闻价值较低。我推测或许是因为他们顾虑矢野在本地的影响力而没有报道。

这起事件的开端,始于矢野研究室的秘书甲野乙子(她自始至终保持匿名)向京都市律师协会提出的人权救济申诉。因为大学里没有窗口接受她的申诉,她在踌躇中选择了这个途径。

当时的矢野研究室,雇有数名女性秘书,但突然间几位年轻秘书相继辞职。作为前辈,甲野乙子被矢野指令调查秘书的辞职原因。她从调查中发现,这些秘书从被录用时开始,就受到矢野的各种性骚扰。自己遭遇过的经历,又在年轻的秘书们身上重演,这令甲野非常惊愕。为了不再出现同样的牺牲者,她下决心提出了人权救济的申诉。

京都大学当时有一个"女性教官恳谈会",代表人为小野和子。小野教授为她们的恳谈会没能帮助受害者而深深反省,于是做出支援甲野的行动(小野,1998)。小野教授在当地报纸上发表文章实名举控矢野,反倒被矢野以名誉受损为由起诉。在此期间,矢

---

[1] 落合惠子,出生于1945年,日本作家、播音员。

野先是自愿退职，然后又转为控诉自己受到不公正的退职劝告，要求重新保全职务地位，事态一时陷入泥潭。在此过程中，京都大学女性教员们发起了"绝不容忍性骚扰"的各种行动。与此相反，部分男性教员说："为了性骚扰这点儿区区小事，失去（像矢野）这么优秀的人才，合适吗？"甚至有人设法阻止女教员们的举控。不管什么世界著名的学者，不管什么优秀的顶级官僚，性骚扰就是性骚扰，对于随意侵犯人权的人物，绝不能容忍。来自女教员的这种声音，虽然遭到男性教员的顽固抵抗，但还是发出来了。矢野对小野教授的损伤名誉的起诉，在公审中经过事实判定，结果是矢野败诉。

我去东京大学赴任是在1993年。本来我想在东京大学开展声援京大矢野事件的活动，但转念一想，等一下，应该先看看东大里是否有相当于"京都大学女性教官恳谈会"那样的校内组织。我查了，没有。于是马上成立了"东京大学女性教官恳谈会"。后来，把"教官"一词改成了"研究者"，理由是因为知道了不在教育岗位的研究者，比如技术职员和研究生及其后备人员存在很多问题。我想，先要把握真实情况，于是做了一个"东京大学女性教官所经历的性别歧视"的问卷调查，把问卷收回一看，哇，层出不穷！东大的性骚扰，理科比文科严重，而且加害者的不自觉不设防的程度令人吃惊。看到理科的尤其是长时间待在实验室里操作的女性研究者就这么一直忍耐过来，我感觉非常心痛。

1997年，"反对校园性骚扰全国联盟"成立，各大学开始设置投诉性骚扰的窗口。东京大学虽然行动滞后，但从"全国联盟"制作的《各大学性骚扰投诉窗口的评价表》吸取了经验。从那些已经开设窗口的地方，人们逐渐看到，怎样的机制有效、怎样的机制存在问题。这种记载了各校优缺点的评价表，对教育工作者非常奏效。东京大学在设置窗口和防止委员会之际，就是因为学习了既往的事例，所以能够提出一个比较完善的方案。

首先，东大校方以为，性骚扰的投诉窗口，由各部门的领导来负责就行，但这遭到女性教员们的激烈反对。我在本文前面已经谈到，一个组织的领导，属于成为性骚扰加害者的可能性最大的那一类。而且，向这种窗口的投诉，很可能因为部门领导出于组织防御而被置之不理。到底谁会向这种地方去投诉呢？

由此得到的原则就是，解决性骚扰的问题，必须要有一个跨越部门的机构。于是，东大成立了处理性骚扰问题的全校委员会，让当事部门的有关人员回避。也就是说，如果某个部门发生了性骚扰问题，那这个部门的人员就不参与处理，这成为一个基本原则。

其次，各部门的女教员，很可能被指定担任投诉窗口的负责人。尤其是持女性主义立场的女性教员，因为窗口是她们要求设置的，所以很可能被指派到这个任务。有人甚至戏称为"女性主义教官总动员体制"。可是，处理性骚扰投诉是一项负担和责任都很沉重的工作，女教员们在日常的教学研究之外，还要承担这份额外的任务，实在不堪其重。而且，她们虽然持有女性主义立场，但对心理咨询之类也是完全的外行，临阵磨枪地接受速成班培训都来不及。她们担心自己在调查过程中成为二次加害的加害者。当时，连怎样的行为会成为二次加害，人家还没有充分了解。随便一句"你是不是想得太多了"，也可能带来严重后果。可见，大学当局想让女性主义教员担起校内性骚扰问题的防波堤之责，可以说是用人过度苛酷。由此制定的原则，是处理投诉时一定要安排心理咨询的专家。为此需要新设岗位，幸运的是，东京大学性骚扰防止委员会成功地获得了所需的预算和岗位。

最后，是性骚扰防止委员会的成员构成问题。原来的规定是由各部门领导和指定委员来担任，后来补充了加入校外委员的原则。最终结果是，委员会以一名副校长为首、以各院系的部门领导为主要成员。从这样的成员构成，人们能够看到东京大学对性骚扰问题的重视程度。之所以加入校外委员，是为了防止投诉在校内被压制掩盖，以保证处理的公平性。我曾是指定委员中的一员。校外委员由法律专家和心理学专家担任。东大性骚扰防止委员会在成立之初，请来的法律专家是长期担任性骚扰诉讼的经验丰富的律师角田由纪子，心理咨询专家是长期关注性骚扰和家庭暴力问题的女性主义心理咨询权威河野贵代美。如此阵容，堪称最强。

东京大学防止骚扰委员会的三原则，就是在这样的摸索中产生的。具体内容如下：

第一，处理的机构要设置在该部门之外；

第二，必须由专家来处理；

第三，不只有校内委员，还要加入校外委员。

如果我们知道处理性骚扰需要如此慎重的态度，就可以懂得财务省的处理方式是何等仓促拙劣了。

那之后，全国各地的大学相继设置投诉窗口，大学里有投诉窗口已成为理所当然。不过，当我被一些大学请去做防止性骚扰教育的讲师时，总会遇到让我失望的事。有的负责人拍着胸脯说"本校开设窗口以来，一件投诉也没收到过"，他们以此作为该校不存在性骚扰的证据。可是，性骚扰潜在于一切场所，如果从未有人来投诉，那只表明受害者对窗口的信赖程度之低。反之，来投诉的件数多，并不就意味着这个大学性骚扰蔓延，而应该理解为窗口在发挥着应有的功能。投诉的件数，实际上可以衡量人们对窗口和后续处理的信赖程度。

教育与性骚扰

每当大学发生性骚扰事件，世人通常的反应是表示吃惊，"最高学府的知性，怎么会……"不必吃惊。后来的研究积累表明，比起民间企业，大学其实更具备滋生性骚扰的结构性条件。"学院骚扰"（academic harassment），是我的造语（上野编，1997），意为包括并非与性有关的、在学术研究上的骚扰现象，受害者不分性别。可实际上，学院骚扰常常伴随性骚扰。

大学里的性骚扰包括两类，一类是与普通职场一样的作为女性劳动者所体验的骚扰，另一类则是学术研究职业特有的骚扰。导致后者发生的要素主要有两个方面，一个是研究室封闭空间里的师徒关系，另一个是终身归属于一个学科细分的专业领域而带来的选择余地的狭窄。在学院里，更换指导教师或专攻方向绝非易事。一个尚在求学期间的研究生如果发生问题，甚至可能毁掉一生前途，后果严重，影响持久。事实上，前述京都大学性骚扰事件中的矢野，对于反抗自己的年轻学人，就曾在受害者本人不在场的时候扬言："那家伙的前途，我就是要毁掉。"在一个狭小的专业领域，如果一个大人物有意为之，是可能的。

普通职场里的性骚扰的定义,是"导致继续工作变得困难的、违背本人意愿的、与性有关的言行",那么与此相应,教育机构里的性骚扰,就应该是"导致继续教学研究变得困难的、违背本人意愿的、与性有关的言行"。比起前者,后者的受害者更加脆弱。

随着大学性骚扰问题的曝光,更下面的高中、初中、小学里的"学校性骚扰"的问题也不断浮出水面。被视为圣地的学校、被视为圣职的教师,其偶像地位坍塌了。我们看到,对于没有抵抗能力的孩子,学校的封闭空间更容易成为滋生性骚扰的温床。我们还知道了,受害者的年龄越小,受到的伤害越严重而持久。

鉴于以上经验,尤其对于大学教员的性骚扰,我再也不会抱有"那个人怎么会呢"的想法了。在一个容易滥用权力的环境里,控制权力的滥用,比滥用权力要困难得多。在学校里,研讨班、课堂都是教师的独裁王国,比起有上司或外人在场的民间企业,反倒更是性骚扰的温床。

加害者的共通点

通过参与对大学性骚扰事案的调查和调解,我学习到了一个事实,即性骚扰的加害者有共通点。

加害者几乎都是惯犯。当他们判断某个时机可以滥用权力,就会冷静地选择不能说不的对象和环境,行使手中的权力。相反,性骚扰受害者容易落入的陷阱是,以为只有自己不幸碰上,于是选择孤独沉默。矢野事件让我们看到,受害者的忍耐,是在知道别的女性也遭到同样的伤害之后才终于结束的。而且，加害者一方完全缺乏加害意识，加害者与受害者之间存在着严重的认知隔阂。加害者意识不到，他们眼中的"这点儿小事"，却对受害者造成了严重的伤害。

在此之前，加害者还有一个特点，即擅长将对方的笑容和暧昧态度，全部理解为对自己的好感，将环境场景朝对自己有利的方向去解释。在这个过程中，对受害者的那些没有明确地语言化的拒绝信号，加害者是极端迟钝的。在一个一个重要的关节点，受害者即使没有用语言表达出来，但应该是用身体发出了拒绝信号的。看着性骚扰的加害者，我真是想说："受到惩罚的，就是你的迟钝。"而这一点如果被人指出批评，他们还常常反过来恼怒发火。

不过，对性骚扰加害者的困惑，我也有能够理解之处。他们之所以是惯犯，就是因为"我只是在重复跟以前一样的行为嘛……"从前被容忍的行为，如今不再被原谅，男人们为此而困惑。对此，我们本来没有理由去同情。对，是的，你一点儿也没变，但社会观念已经变了，女性的意识已经变了。迄今为止的女性或许能忍耐的言行，年轻一代已经不再忍了。这还不单是代际间的变化，也与女性的职业意识有关，随着晚婚化和就职率上升，女性不再轻易放弃职场。从前，女性遭遇了不快，或许就默默地离开职场；但现在，她们不再沉默，而是选择举控。

20世纪80年代末，当性骚扰开始成为社会问题的时候，著名政论节目主持人田原总一郎曾说"女性进入职场，就好比一个女人裸着身体闯进男人的澡堂"（パンドラ编，1990），所以，不管遭遇什么都只得忍受。可是，职场既非"男人的澡堂"亦非私人空间。如今，一切职场皆有女性，同时，职业之于女性也已经不可或缺。

所以,"妨碍履行职责"的性骚扰,必须被视为一种严重的"工伤"来处理对待。

性骚扰问题,实质何在?

性骚扰这个问题,实质到底在哪里?性骚扰构成侵犯人权的不法行为,这在法理上已经成立。那么,被侵犯的是什么人权?"违背本人意愿的、与性有关的言行"所侵犯的,是在各种人权中被称作"性的自我决定权"的那一种。可是,真的仅仅如此吗?对于性骚扰,"侵犯人权"一语尚无法言尽其中包含的不快之感,这里还有更深的缘由。

性骚扰是一种社会性别的实践行为。对于拥有工作和从事研究的女性,性骚扰的行为,就是将她们降低还原为社会性别的女性属性,向她们宣称:"你是个女人。""你终归只是个女人。""要有自知之明。"这是一种男性权力的夸耀。然后,通过这种夸耀,他们得到作为男人的身份确认。这就是性骚扰问题的核心。

女人是什么?就是"非男人"的群体。对于作为主体的男人,作为客体的女人,是为满足男人欲望而存在的群体。所谓女人,就是为激发男人的欲望而存在的诱惑者,因此,她的价值以"看你多能让老子发情"来衡量。相反,"不能让老子发情的女人(丑女、大妈)一文不值"。女人总是被男人的视线估价。

女人是何时成为女人的?心理学者小仓千加子,对少女思春期的开始,下过一个精彩的定义(小仓,2001)。即所谓思春期,与年龄无关，是"从少女自觉意识到自己的身体成为男人性欲望对象的时候"开始的。

如果有人要问："说句'你好漂亮'，也是性骚扰吗？"我会回答：是的。当男人将各种女性用美丑来比较时，他是将自己置于"估价者"（评判者）一方。赋予女人价值的，是男人；被男人赋予价值的，是女人。也许有人会说："女人不也在对男人估价吗？"可是，男人对女人的估价，是一种集体行为并且集中在性的价值方面，在这一点上，男性一方掌握了压倒优势。通过这种社会性别的实践，男人反反复复地确认自己优越的性别地位，由此向"非男人"的群体宣告："明白你的身份！"

相反，女人什么时候不再是女人了？不再"让男人发情"的时候，成了"大妈"的时候。2018年4月20日，当在野党女性议员们向财务省发出抗议时，自民党议员长尾敬在推特上说："这些女士离被性骚扰远着呢。"这种话语正是性骚扰。因为他表达的观念就是，女人只有能激发自己的性欲望时才有价值，所以他的发言就是社会性别的话语实践。

顺便提一句，所谓性骚扰的受害者年轻漂亮的说法，在现实中是彻头彻尾的神话。事实上，女性成为性骚扰的受害者，与年龄、容貌、体型无关。残障人设施里患认知障碍的智障女性、养老院里卧床不起的高龄女性，都会成为性骚扰的受害者。在女人被男人视线估价的社会里，性骚扰咸猪手的目标仅限于"年轻漂亮的女性"的神话，具有反复强化这个男权机制的效果。

本书读者应该很容易理解，这就是厌女症的机制。与强奸行为一样，性骚扰加害者的行为，并非由于性欲，而是由于厌女症。

因为，厌女症就是男人将自己与女人区别开来、确认自己为"非女人"的机制。性骚扰的受害者还有一个容易掉入的陷阱是，"举控性骚扰的受害，会被认为是在炫耀作为女人的魅力"。与此相反，对性骚扰的举控，男人还有一种抵赖逃脱的手段："你就当真了吗？也不看看自己长成什么样子！"这些都是常见的男人对女人分离支配的手法。前者是对美人灌输选民意识，后者是对丑女宣布没有性的价值。被分离隔断的受害者，于是相互孤立，保持沉默。可这只是一枚硬币之两面。男人等于是在宣布：女人不是被当作同事、职场人、工作伙伴得到评价的，而只是一种"性价值"的存在。这个社会，甚至让女性发出"我一次也没遇到过咸猪手"的哀叹，让她们必须为自己没有女人的性价值而感到羞耻。性骚扰，将弥漫在这个社会里的厌女症一次又一次地显现出来。

"这是我们男人的问题"

在这种结构性的社会性别不对称的机制之下，制裁性骚扰，仅为一时止痛之计。让人恶心的腐臭，必须从根源上清除。结构性地反复产出性骚扰的父权制体系才是诸恶之源，可推翻父权制非常困难。迄今为止，都是女性在举控性骚扰，但性骚扰本来应该说是"男性问题"，所以，只能由男人来解决。

直到最近，终于出现了与女性为伍的年轻男性，他们说"这是我们男人的问题"。在新宿ALTA大楼前的"#我不再沉默0428"集会中，看到年轻男性手握话筒与女性并肩而立的场景，我被感动了。与三十年前那些对女性的性骚扰举控极尽冷嘲揶揄的男人相比，简直令人难以置信。

可是，在他们的发言中，也有让我忧虑之处，即"如果受害者是自己的恋人姐妹，你能容忍性骚扰吗"之类的话语。在防止性骚扰的教育中，为了让学员留意不要成为加害者，讲师会让他们想象"如果对方是上司的妻女呢"或者"要是自己的妻女也遇到同样的事呢"。

大家也许会想，这种发言有什么问题吗？其实，问题多多。因为，这种发言的前提就是：女人的性，不仅应由男人保护，而且归属男人所有。"如果对方是上司的妻女"便不敢轻举妄动，这不是在尊重女性的人权，而是畏惧其所有者"上司"的权力。如果因为"被害人是自己的恋人姐妹"而义愤填膺，那也是对没能尽到对自己所属物的监护责任而升起的所谓"男子汉"的愤怒。

迄今为止，女人的性被用作男人之间的交易资源。如果监护失败，男人会感到愤怒屈辱。战争状态下的性暴力，与其说是对女性的侵犯，不如说是对（被认为是）女性所属的男性集团的侮辱。也正因为如此，所以更能激起愤怒。当男人明白自己无力保护女性的时候，他们采取的行动有三种：抛弃、奉献和排斥。日本在第二次世界大战后从大陆撤回时，曾向苏联士兵"奉献"女性；被美军占领后，对为占领军服务的慰安妇（她们后来被称作Panpan）的做法，则是"奉献"之后再"排斥"。美国学者查尔斯·蒂利（Charles Tilly），将这种男人称为"保护勒索男"，指"以保护为名，强迫女性依赖自己并限制其行动的男性"。将查尔斯的这种说法介绍过来的，是佐藤文香（上野ほか编，2018）。可以这么说，如果想象力还停留在"假如受害者是自己的妻女"的程度，那证明我们并未走出父权制的领地。

对于"保护勒索男",女性应有的回应是:我的性我做主,才不稀罕你的保护!回顾女性解放运动的历史,女性主义不是一直在说"我的身体我做主",一直在主张"性的自我决定权"吗?性的自我决定权,就是女性对父权制性支配的终极拒绝。正因为如此,对性的自我决定权的侵犯,就成为社会性别支配的核心。

在防止性骚扰的教育中,有的老师说:"既不要成为加害者,也不要成为受害者。"可是,不成为受害者不是自己能够选择的。而且,要求受害者发声,则更为苛刻残酷。我们需要的,是让"高危人群"的男性努力"不要成为加害者"吧。对,因为这是"我们男人的问题"。

诸君,勿污晚节!

被誉为全日本对性骚扰问题了解得最为详细的女性主义社会学学者牟田和惠,写有一本名著《部长,那不是恋爱,那是性骚扰》(2013)。我被邀请写了书的腰封。在本文结束之际,让我将腰封上的推荐词引用如下。

"本书堪比《家庭医学》,居家必备,每户一册。不,男士人手一册。祝贺亲友晋升,此书乃最佳赠馈。因为老板社长高层中层管理人士,正是实施性骚扰的高危人群。"

权力一旦在手,控制权力的滥用,比起滥用权力,困难得多。

诸君,勿污晚节!

增订二

"别扭女子"的厌女症

"别扭女子就是我"

"别扭女子"一词，是从雨宫麻美传开的。[1]她的单行本《做个女子很别扭》（女子をこじらせて）（雨宫，2011），在出版文库本时（雨宫，2015），我被指名写解说。我与她素不相识，之所以被指名，是因为她看到过我在推特上对这本书的力赞吧。

把这本书介绍给我的，是一位四十多岁的女性。"简直就像是在说自己，太有共鸣了。"她说。一代人有一代人的标志性人物。在20世纪90年代，四十多岁的女性说"东电女职员就是我"；进入21世纪，四十多岁的女性不知道东电女职员是谁，但她们会说"别扭女子就是我"。当然，20世纪90年代，日本尚无"女子"一词。更准确地说，是四十多岁的女性不会自称"女子"。对男人

---

[1] 雨宫麻美（1976—2016），作家。自称"成人影片写手"（adult video writer）。"雨宫麻美"为其笔名，日语原为"雨宫まみ"（Amamiya Mami，"麻美"乃译者选用的表音汉字）。2011年出版的自传性随笔集《做个女子很别扭》（女子をこじらせて）引起很大反响，"别扭女子"一词被提名为2013年流行语大奖。2016年11月15日，在家中猝亡，年仅四十岁。"别扭女子"一词，指"认可自己的性欲、但对自己作为女性的价值怀有自卑、在现实中遭遇诸多挫折伤害的女性"。日语原文为"こじらせ女子"。

社会给予的"女人"指定席位感觉不适、不想也没能成为那种"女人"、对此既自嘲又骄傲——"女子"一词,让人感觉其中包含着新一代女性的这样一种心理。

那么,"女子""别扭",是怎么回事?在"后女性主义"(post-feminism)时代,"成为女人"比从前更加不易。雨宫的书,让我们看到了"女子"的多重复杂骨折,无论她是否成为"女人"。

"当事人研究"之痛

痛。很痛的一本书。读着都痛,写得更痛吧。

这种痛,不是本人不自觉而被旁人嘲笑的那种痛。充满如此尖锐的自我分析和如此彻底的自我反省的文本,实不多见。无须待旁人指出,作者对自己的弱点早已了然于心。

为什么身为女人却做了成人影片(AV)的写手?因为我做女子很别扭。为什么我做女子很别扭?因为……自己就是自己最大的谜。为了解开这个谜,倾尽所有的知性与内省。这样的书,当然不会不好看。

所以,我把这本书称为"别扭女子的当事人研究"。

心理学家小仓千加子在《性的心理学》(2001)一书中,对思春期下过一个绝妙的定义:对于女孩了,思春期与年龄无关,而是始于意识到自己的身体成为男人的性欲望对象之时。

作为性对象被男人所欲,女人会受伤;不被男人所欲,女人也会受伤。这个社会本来是一个布满"男性凝视"的磁场,作为欲望客体（物品）的女人，被分隔成两类，"让老子发情的女人"和"不能让老子发情的女人"。男人只要看某个女人一眼，说一句"这女人不错啊"，不可避免地，她就被排入女人的等级序列之中。对谁赋予怎样的价值，权力掌握在男人手里，女人只有被男人折腾的份儿。

本书作者雨宫麻美，说自己处于"校园等级的最下层"。那是在第二性征开始显露的初中时期。因为被卷入了"美人判定""丑女判定"的外貌竞争之中。进高中后，等在前面的是"学力"和"人气"的阶级社会。因为一直被周围的人说"你一文不值"，这让她认定，自己既无恋爱的资格，也不配成为男人的性交对象。此乃"别扭女子"之第一步。

进入大学后，又多一份"乡下人"的自卑感。"想打扮得好看一点儿""想变得漂亮一点儿"，连这种普通女孩子的欲望，都自感没资格而自我压抑。可是，有一天，穿上很女人味的"女装"后，顿时发现自己成了男人们的发情对象。对于大多数女性，尽管"女装"并不真正合身，但她们还是与这种装扮妥协，在这个妥协的过程中，逐渐"成为女人"。即便身着"女装"，她的自我否定意识还是无法消除，"就只是这么一个女人，对不起"。女人的这种低下卑屈给了男人可乘之机。一种司空见惯的光景。雨宫虽然终于成了男人的欲望对象，可却在男人的估价与侮辱之中，作为女性的自尊心日益低下。此乃"别扭女子"之第二步。

欲望的市场

雨宫这个人，行事摆幅极大。对她来说，成为男人的性欲对象，就是把一己之身投入男人视线的欲望市场之中。她主动去当"兔女郎"。这正是一种迎合男人视线的"女人"的代表符号。可能因为兔女郎不能被触摸也不用脱衣，所以职业门槛比较低吧，不过，跟陪酒卖春之类其实无甚区别。事实上，她后来通过介绍男女约会的网站，找到了男朋友。

欲望的市场，无论是否有金钱介入，都是男人与女人相互轻蔑侮辱的游戏场。一方想的是"让我干的女人"，另一方想的是"面对如此初级的扮演角色就上钩的男人"。对这种扮演角色（cosplay），既有雨宫这种不能很好地适应的人，也有天生具备扮演角色资本的女性。著有《比爱更快》一书的斋藤绫子（1981，1988），拥有十分性感的身体，她将自己的身躯称为"肉身装"（body-suits）。只要把这副"肉身装"一抛出来，男人们便纷纷上钩，那种情景很好玩儿，她说。她很清楚，男人不是对自己这个人动心，而是对这副"肉身装"发生反应。让男人发情，以此侮辱男人。一边通过被男人渴望得到自我确认，一边为那种浅薄愚蠢而恶心呕吐……这种欲望游戏中的恶性循环，乃"别扭女子"之第二步。

即便就是这种市场，还是少不了商品的排行榜。有一天，流行歌的歌词传进我的耳朵里，"心思少一点儿的好""擅长被勾引的好"……让我来翻译一下吧："又蠢又好哄的女人最好""脱你的裤子，别让老子费神"。因为太好懂了，我差点儿要晕倒。反过来说，这么容易对付的男人，女人只要稍稍扮演角色一下，当然就能骗到手。对于侮辱女人的男人，女人则给予彻底的侮辱。涉嫌杀害多名男性的两位女性，木岛佳苗和笕千佐子，应该就是如此吧。木岛佳苗，是多名中老年男性连续怪死事件的被告；笕千佐子，则因多起再婚诈骗杀人事件而被起诉。

绝不会当上AV女优的女人

然后，写作者雨宫终于当上了AV杂志的写手。她的定位是：作为女性，自身并非男人的性欲对象，却对男人的性欲理解很深，相当珍贵罕见。"属于男人来自男人为了男人的消费品"AV、帮助自慰的AV、每月量产几千部的AV，她长时间持续地看，然后写评论，告诉读者要点何在——她就是这种专业人士。为了什么？不但因为热爱，"AV的世界太色情，简直羡慕得要死"；更因为明白，"AV中的女人太可爱太性感"，与自己简直天人之隔（雨宫，2015：98）。如果一个女人一面认定自己没有被男人爱的价值，一面又想认可自己的性欲，那这个位置堪称绝佳吧。此乃"别扭女子"之第四步。

在AV周边，生存着两类女人。一类是绝无可能成为AV女优的女人，一类是稍有机缘便随时可能成为AV女优的女人。AV女优的世界人才济济。从前，一个姿色平平的普通女性只要一脱就能成为商品，据说那种时代已经过去了。如今，一个女性若非是走在街上能引得众人回头的清纯美少女，或者拥有罕见的丰硕乳房，已经不具商品价值了。在"风俗业写手"这个行业，最底层的是实地报道自己的亲身体验。"初出茅庐怎能挑肥拣瘦呢？"出于自我卑下，独立的女性写手在这个世界里越陷越深。

雨宫身为"绝对不会/绝无可能成为AV女优的女人"，常年目睹那些被男人渴望的AV女优，她们看起来是那么地"鲜亮光彩"，让她被彻底打垮。明明不过是被男人降低还原为性欲的对象，男人的欲望明明如此低劣丑陋，但被男人认可的女人，看起来还是那么"鲜亮光彩"——女人的自尊意识，低下到了如此程度吗？陷入这种"鲜亮光彩"的陷阱中的女人，就是写有《卖了身体就再见——夜世界小姐的爱与幸福论》（2014）的铃木凉美。曾经有男人"为自己（的身体）一夜花了100万日元"，这便成为女人夸耀的资本，支撑起她那以后的人生。女人的骄傲，就卑微得这么可怜吗？

沃斯通克拉夫特的困境

雨宫虽然置身于"不会/不能成为女优"的安全圈内，但她依然不能逃脱身为女人的事实。作为AV评论的专业写手，其认真的工作态度，使她得到"名誉男人"的评价，"这个女人不一般""这个女人很懂我们"。但同时，她也为"因为是女人""来自女人的视角"的评价而感觉受伤。

不做女人受伤，做女人也受伤。这是很多女性的日常体验。假如工作很能干，一面得到称赞"作为女人干得不错"；同时又被嫉妒被贬低，被说"因为是女人才被表扬的"。假如不能干，当然就不值一提。女人要想在男人社会里寻求一个位置，就不能不否定作为女性的自己；反之，假如她安稳地坐在为女人指定的席位里，那她就不能被平等地对待。因为这种经验太熟悉，甚至有个专有名词来表达，"沃斯通克拉夫特的困境"。这个词来自法国女性主义先驱玛丽·沃斯通克拉夫特（Mary Wollstonecraft）之名，因为她在18世纪便指出了这个历史上一直存在的性别歧视的困境。此乃"别扭女子"之第五步。

写到这里，诸位读者应该能够理解此书的普遍性了吧。雨宫之所以说要把它"献给全国的别扭女子"，是因为，与"别扭"的各个阶段经验完全无缘的女性，几乎不存在吧。

雨宫的骄傲，继续向一个扭曲的方向发展。此处或许可见她的"别扭"程度之深。她想要当上擅长应对女性的AV导演的恋人，而不是女优。然后，她为自己被选上而暗暗骄傲。但事实上，她哪里是什么恋人，不过只是方便的"性友"中的一个。自己的恋爱对象，与AV女优自拍性交淫照，这让她目不忍视。没有将这种厌恶感也彻底压抑下去，就是她的可救之处吧。想吐、恶心、疼痛……这些身体反应，向她发出了拒绝信号，使她得以走入下一步。

我曾经油滑世故

当事人研究的书籍，会引发读者自我的当事人研究。读雨宫的书，让我想起了自己"油滑世故"的时代（今天的我依然"油滑世故"）。我的策略就是当个"深谙世事的大妈"，即轻侮男人，将男人的欲望视为不过如此的劣陋之物，由此反而宽容男人的卑小愚蠢。这种大妈会向年轻女性传授"熟女智慧"。比如，如果有女性因性骚扰受伤，就劝说"男人不过就是这种东西"；男人要说下流话，这边也学着用下流话回过去；对男人别有企图的接近，搪塞躲闪而不直接拒绝……说不定我就成了那种"手腕厉害的大妈"。对男人来说，没有比这种"深谙世事的大妈"更方便的了。

现在想来，这种"油滑世故"的策略，就是当一个女人身处男人欲望的磁场包围之中时，为了让自己不易受伤，便将感性阈值狠狠提高，用钝感来保护自己的一种生存策略。在那时的我看来，为男人的举动大惊小怪的女人，是在表演无知纯朴，是假装天真。当然，这是因为如果不这么做就保护不了自己的感性。但是，该来的报应还是来了。感性不用要生锈。我对男人的迟钝越来越没感觉，不知不觉中变成了一个对男人很方便的女人。正如雨宫所言，"明明知道丈夫自拍淫照还能维持良好夫妻关系的（AV导演的）妻子"（雨宫，2015：165），与另一方"明明知道男人有家室还是愿意迎合他的欲望而不惹麻烦的情人"，没有比这种配套对男人更方便的了。

男人视线的内在化

无论如何挣扎，也挣不脱身为女人的事实。雨宫虽然又畏惧又痛苦，但她还是坚持正视这一点，由此开始她的自我分析即当事人研究。因为她发现了："本来不想陷入男人女人的问题，但其实陷得最深的就是自己。"

她得到的答案如下。

"我作为女人的强烈自卑感，如果不是将男人的视线内在化了，是不会产生的"（雨宫，2015：195），"这等于是在自己心中养了一个男人"（雨宫，2015：196），她分析道。写下这个答案，貌似简单，但因为抵达这个答案之前所经历的一次次伤害与跌倒，让她的发言很有说服力。

她还继续分析："问题在于……我心中的男人视线，其实是童贞男人的妄想水准。"（雨宫，2015：195）这不难理解。AV行业生产的就是迎合童贞男人妄想的商品。所谓童贞男人的视线，用雨宫的话来说，就是追寻毫无现实感的女性形象的欲望。"巨乳、皮肤细嫩白皙、可爱、美丽，既是带有神秘色彩的小恶魔，同时又驯服温顺——这种女人最棒。"（雨宫，2015：195）

雨宫还说："将男人视线内在化了的女人，对面向男人的色情制品更能产生共鸣。"（2015：196）关于迷恋男同性恋作品（Yaoi）的女性粉丝的心理，这本书也有深刻的洞察。对于想要否认自己的女人之身的女性，男人之间的性爱更能让自己置身于安全圈内，从而与"攻"和"受"双方都轻松自由地产生共情。由此可以理解，如果女人不能与女性身份真正同化，"对于面向女性的色情制品，甚至反而会产生拒斥感"（2015：196）。

然后，她指出："女人以男人的视线观赏色情制品，这在从只有面向男人的色情制品转向终于开始有了面向女人的色情制品的过渡时期，是很自然的事。"（2015：194）对此，我也表示同感，不过，这与其说是"自然"，不如说是"不得不经过的必然"。同时，也让我们记住，生活在这个过渡期的女性所经历的劈腿裂胯般的深刻的分裂状态。

为什么会发生"男人视线的内在化"呢？雨宫的自我分析是这样的：

"孩提时代，在尚未确立起被性的视线凝视的'女人'的自我之前，就已经感受到了'让男人发情的女性色情姿态'，于是，首先确立起来的，便是发情一方的自我。"（2015：196）如果把她的话表达得更准确一点儿，应该说是通过AV，学习到了"过度迎合童贞男人性欲妄想的女性色情姿态"吧。

雨宫这代人早早地便懂得了，性与爱可以分离，性与爱各自不同。对于年长的一代（尤其是女性），性与爱必须统一（性行为只能发生在相爱的人之间）的行为规范，的确也是一种压抑；但是，在知道什么是性、什么是爱之前，便被推到性与爱的分离状态之中，也是一个问题吧。在我看来，因为性行为的门槛降低，反而让年轻女性毫无防备地置身于性欲望的市场之中。在知道爱之前，便已经知道了性；而这又是通过AV学到的纯粹对男人方便的性……对于这一代，无论女性男性，这或许都是一个很严重的问题。

对AV女优的"敬蔑"

欲望乃他者之欲……不用搬出拉康，我们也懂得，欲望是一种文化装置，是通过学习形成的。对欲望的学习，男女皆然。读过雨宫此书，我痛感的一点是：她这代人，在知道性与爱之前，便通过媒介学习到了"何为欲望"；而这个媒介，却是将女性降低为男人性欲道具的带有严重性别歧视色彩的AV。当然，我不否认，触及人性深度并具备一定艺术性的AV作品，尽管为数甚少但也的确存在。不过，大多数AV是建立在对女性的蔑视（厌女症）的基础之上，这也不能否定吧。比如，有男演员们比赛"连这种丑女我都能抱"的AV，完全就是男人之间以女性为道具来再次确认男性同性社会性欲望的纽带的竞争，几乎会让所有女性都不能不产生厌恶感。可是，一旦女性表达出来，这种声音就会被抹去。

AV女优这个职业，如果没有金钱报酬就不会有人选择吧。演过AV的经历，也不能公然写进履历。男人们正是自觉意识到自己欲望的卑贱，所以他们一面以AV女优为道具来满足自己的欲望，一面又通过对出演AV经历的污名化来惩罚她们。而且，就连这种程度的男人的认可，也会让女人看起来"鲜亮光彩"。女人的自我评价，就低下到了如此地步吗？

在被称为"只有男人才能去之地"的AV行业，也有前去采访的女性。她就是漫画家、非虚构写手田房永子。在《去了只有男人才能去之地》（田房，2015）一书中，她写道：

"迄今为止，我感觉AV就是向男人'借来'看的东西。对于女人，迄今为止的AV可以说都是赝品。就好像在一个只生产男装的世界里，女人没办法，虽然不合身，也只能借来凑合着穿。因为这太理所当然，结果被当成了普通正常的事。"（田房，2015：232-3）其实，关于"女人的性与色情"，尚有许多不明之处。

田房还指出："因为只有男性用品，女人出于无奈只好借用，这种东西还有很多。""说到底,不就是因为这个世界本身就是属于男人、为了男人、'只有男人才能去之地'吗?"(田房,2015:233-4)。

该书腰封上有这么一句"你家老公(男友),在干着这么快乐的事!羡慕死了(怒)"。不晓得这是谁写的,必须说是天大的误读。本书写的是田房去"只有男人才能去之地"的体验,充满了愤怒、恶心、焦躁、厌倦之感。她表达的这些感受,根本不可能被误读。田房在后记中明确写着"生了孩子,年届三十五的我,已经不羡慕他们了"(田房,2015:236),哪里有什么"羡慕死了(怒)"?对于男人们在"只有男人才能去之地"的旁若无人的举止,田房没有掩盖她的厌恶感。她没有"深谙世事"地表示"宽容理解",没有陷入所谓"成熟女人"的陷阱。田房一语道破:不管那些胆小的男人的欲望有多么以自我为中心,"温柔的大妈们"都身穿高中生制服风格的服装又蹦又跳地笑脸相迎,这种"由男人创造、为男人的产物",就是偶像歌手组合AKB(田房,2015:227)。这个社会以"偶像"之名量产这种女人,渴望当"偶像"的女孩后继无穷。这样的社会之所以还在持续,是因为女人们知道,迎合男人的妄想乃是更有利的生活方式吗?

田房之所以能成为风俗业AV业的写手,理由跟雨宫一样,也是因为把自己归入了"不会/不能成为AV女优"的范畴之中。田房写道:"对于风俗业AV业女性,我怀有又轻蔑又自卑的相互矛盾的强烈情感。到底是尊敬还是轻蔑,自己也说不清。"田房表达的这种纠结的心情,雨宫也一定能共情吧。田房自我分析的结果是:"两种情感都有,应该表达为'敬蔑'。承认了这一点,特别爽

快。"（田房，2015：153-4）

即便如此，她还是说：

"明确地讲，还是不要去演AV。……要是有朋友想演的话，即使被说是多管闲事，我还是要忠告，'最好别去''再也不要演了'。"（田房，2015：141）

说这话的田房，自己不会去演；有女儿的话，她也不会推荐女儿去演吧。

模仿田房，我也想对年轻女性说：不要为几毛臭钱就脱裤子；不要在不喜欢的男人面前张开大腿；不要被男人奉承几句就当众脱成裸体；不要误以为脱个裸体就会改变人生；不要为得到男人认可就当众表演性交；不要因为成了自私男人的欲望对象就喜上云霄、忘乎所以；不要依赖男人的认可而活着；不要用笑脸去迎合男人们的迟钝麻木；不要掩盖自己的喜怒哀乐；不要……再这么作贱自己。

田中美津，女性解放运动的斗士，在四十年前就已经大胆宣布：

"世上所有向男人摇尾巴的女人，都是永田洋子。"（田中，1972，2004）

永田洋子，日本连合赤军的首领，因主导对十二位同伴的私刑而被判死刑的女人。为了成为"世上任何地方都不存在的女人"，她杀掉了其他女人，也杀掉了她自己……

田中美津曾被邀参加一个冠以"文化"之名的会议，当她得知主办方在欢迎仪式上准备了一个"绑缚表演"，便愤然离席。一个裸体女人，在公众面前被专业绳师捆绑……不可能不痛苦。以此为"余兴"的主办方,神经大有问题。在田中踢座离席之后,笑容可掬的"文化人"绅士们,还有对此表示容忍的淑女们,继续微笑着欣赏余兴了吗?你会像田中那样站起来退出会场吗?还是将她的行为视为不风雅、不成熟而皱眉头?正如田房所言,这个社会对男人的性欲宽容无边,宽容男人性欲的女人能被这个社会所接纳。

被男人所欲也好,不被男人所欲也好,你的价值一点儿没变……女性主义一直就是这么主张的,可是,这种声音传到年轻女性这里了吗?

身为"女子"

还有一个问题,为何用"女子"一词?

最近,谈论"女子"的书相继出版。除了雨宫这本,如苏简(ジェーン・スー)的《问题是你多大年纪还以为是女子》(2014)、汤山玲子的《文化系女子的生活方式——〈后恋爱时代宣言〉》(2014)等,作者均为四十岁以上的女性。可能有人觉得,年纪一大把的女人还要自称"女子",让人失笑。本来,日语中有一个指称女性的词,"女孩子"(女の子)。在职场,三四十岁的女性也一律被如此称呼。这个男人们使用的称呼,对女性来说,是一种被他者指称的他称词。现在,她们把迄今为止男人们使用的"女孩子"奉还,然后再用"女子"来自称。其中理由,我推测如下。

"女子",原为未婚女性的代名词。"即使结婚,即使生育,我还是我，一点儿没变"——以引人注目的言行向世人强烈地表达这种意识的，是歌手松田圣子。本来，结婚与生育，对于女性，简直等于"使用前"与"使用后"的分界线，人生由此发生剧变，不可逆转。但松田圣子的"为妻为母我还是我"的宣言，激起了众多女性的共鸣。在对自称词的选择中，女性似乎意识到，自称"少女"，有点儿难为情，何况自己实际上也不像"少女"那么纯洁无瑕，孱弱无力。而"女子"一词，是在男女同校的学生时代使用的与"男子"相对的称呼，含有那个对等时代的余音残响，所以，自称词别无他选。

最近，我看到了岸本裕纪子的题为《退休女子——今后的工作、生活与想做的事》（2015，2017）的新书。女性也终于在公司里工作到退休年龄了。今后，不但有"退休女子"，还有"需要护理的高龄女子""认知障碍女子"等名词登场吧。为什么？因为女子终生都是女子。终其一生，女子都应该拥有不被任何人侵犯的透明的内核。

"女子问题"与迄今为止的"女性问题"，或有不同。对于拥有工作已成基本前提的女性，结婚和生育都不过只是人生的一个配件。这种女性经验与我们这一代会有不同吧。我们这代女性，不结婚无法生活，不生育就不被视为成人。不过，我也感觉到，现在的女性似乎在体味着另一种生之艰难。从雨宫的现场报告就可以看到，女性性欲的解禁，丝毫不意味着女性的解放。"女子问题"，只能由女子自己去解决，这正是当事人研究。

当事人研究的最佳文本

当事人研究的开山之作，当推《伯特利之家的"当事人研究"》（浦河べてるの家，2005）一书。书中的《厌食症研究》一文，出自年轻聪颖的女性——渡边瑞穗之手。她称写作此文是"为了获得活下去的技能"，文中的自我分析详尽备至，无以复加。

最后，她说："分析结束了。然后呢？"

自己是一个谜。但没有人能比自己更了解自己，所以，自己的谜要由自己来解。可是，即使一步一步把自我分析做到最后，生之艰难不减，自己周遭的困难状况与分析之前无异。渡边想说"然后呢"的心情，我能理解。

雨宫在后记中写道："我既迟钝又平庸，所以，将来肯定还会忘记现在的感觉。然后又会发现点儿什么，以为自己又觉醒了一点儿。我将这么反反复复地走下去吧。"（雨宫，2015：236）

然后，她向读者发出声援："祝愿每一位心地善良的'别扭女子'都能从心底里开心地微笑起来。"（雨宫，2015：237）

田房则在后记的最后部分写道："我并不是想摧毁这座山（引用者注：比喻男性社会。），也不是想攻占抢夺过来。我只是想，仅仅因为害怕这座山而无奈地放弃努力，转而一味照顾它，将本来应该投向这座山的愤怒化为抱怨牢骚，传到下一代女性的身上，这种历史不应该再持续下去了。"（田房，2015：237）

雨宫和田房的书，伴着疼痛，将女性的谜这么直率地剜出来。女性自我分析的当事人研究最佳文本，就这样接连问世。

摆脱洗脑之痛

痛，很痛的一本书。读着都痛，写得更痛吧。这种痛，就是蜕皮之痛、摆脱洗脑之痛吧。雨宫自己称为"排毒"。摆脱药物中毒，摆脱来自男人欲望视线的洗脑，不可能不痛。因为这是要将贴在脸上的面具剥离下来。不过，剥掉这层面目之后，裸露在户外空气中的素颜，应该是清新爽快的吧。之后，又创造出一副怎样的面貌？……那就交给你自己了。

【追记】

以上写于2015年。之后，2016年11月15日，突然传来雨宫的讣告。死因不明，有自杀一说。

我在网络上主持有一个民间团体WAN（Women's Action Network），定期举办"上野研讨班"的活动。2015年9月，这个研讨班的书评会请来了雨宫作嘉宾。两位二十多岁的女性，自称"别扭女子"，因为对雨宫的书深感共鸣，便策划并请作者本人来出席这个没有报酬的书评会。初次见面的雨宫，容貌清丽，冷静知性，有种清澈之感。

2016年9月，雨宫与社会学学者岸政彦的对谈《关于爱与欲望的杂谈》（ミシマ社京都オフィス）出版。此书成为她的遗著。与她对谈过的岸政彦得知雨宫死讯后，于11月18日，在网上写道：

"对雨宫的离世，我想单纯地沉浸在悲伤之中。以坚定的决心,堂堂正正地、毫不躲闪地、诚实认真地沉浸在悲伤之中。对,就像雨宫的文字那样。她总是那么诚实认真地写作。所以,作为一个读者,我能够做的,就是为再也读不到那样的文字而诚实认真地沉浸在悲伤之中。"[1]

如此悲伤的不是岸政彦一人。"不敢相信""无言以对",网上充满了读者的震惊痛惜之声。

直到离世之前,雨宫的连载博客《四十将至!》还在持续更新。

"被喊'老太婆'就会愤怒失望吗?不,在那之前,首先涌起的心情是,我还要被'女人的年龄'这种东西纠缠多久呢?是在嫉妒年轻与美貌吗?要真是这样,那也活不到四十岁了。比自己年轻美丽的人多如牛毛。比自己有才且有钱得多的成功者也大有人在。为了能在那些人面前保持'我就是我'的姿态,为了能与他们不卑不亢地作为朋友愉快地交往,我付出了多少努力!"

"我并不想永葆年轻,也不想自谑地说'反正都是老太婆了'。我只是想做我自己。我怎样才能保持着我而成为'我的四十岁'呢?怎样的四十岁才是我的理想呢?"[2]

11月1日,雨宫离世两周前,在题为《人生始于四十岁》一文里,她写有如下句子:

"如果活到八十岁,四十岁正好是折回点。活着并非理所当然。所以我们需要反复地与某一个'谁'交换约定,祈祷能活着再见。"[3]

是的,就是这样的。在人生一百年的时代,四十岁实在连折回点都算不上,四十岁的人简直就是青涩小毛孩。在我迎来五十岁的时候，不禁想表扬自己"居然活过了半个世纪啊"。的确，"活着并非理所当然"，正因为如此，不再重来的每一个瞬间，都那么珍贵。

雨宫交换过约定的"谁"，其中不包括读者吗？以文字来表达自我的人，对读者是负有责任的。当读者追问"你今后怎么活"，作者负有回答的责任。这个社会，不会因为你写了一两本书就发生变化，生之艰难也不会减轻。可是，语言的表达，首先不就是期待传达给未曾相见的"谁"的一种交流沟通的行为吗？

摆脱厌女症的洗脑

在解说文的最后，我写道"摆脱来自男人欲望视线的洗脑"。这也就是"摆脱厌女症的洗脑"，本书的读者应该能够理解吧。可是，摆脱洗脑之后的自己，是谁？去向何处？如果自己是被洗脑装置塑造而成的，是否需要全盘否定过去的自己？"洗脑之前"与"洗脑之后"，真有那么明确的一条分界线吗？如果厌女症之于女性就是自我厌恶的话，摆脱厌女症的洗脑之后，我就不是"女人"了吗？我该作为怎样的一个"女人"活下去？

如果父权制如眼见不到而充溢世界的重力一般无法抵挡？如果正是因为这种重力我才能够在地面上站立？没有重力，无法生存。我们无法想象脱离重力圈的自己。

据说，当马克思被问及"在必将到来的共产主义社会里人们会变得怎样"时，他回答说："我是在阶级社会的污染中成长起来的一个被历史规定的存在，未来社会里的人的面貌，只有在那个社会里出生成长的人才可得知。"

"我"，总是过渡时代的产物，总处于半途之中。没有必要否定过去的自己。正是因为过去的局限、过失以及"别扭"，才有今天的自己。原谅过去的自己，与那个自己和解，将那个自己怀抱在"我"的心中就好。

很久以前，在我还年轻时曾经写过："所谓成熟，就是自己体内接纳他者的吃水线的水位升高。"这个想法至今没变，令自己也吃惊。可是，比起当时，同样一句话也更有实感了。

往昔之我，已成"他者"；未来之我，亦为"他者"。

麻美，不要死啊。为了与交换过约定的"他者"再次相会。

为了你自己成为别人的"他者"。

本书献给所有为厌女症而苦的读者。

◆ 作者注 ◆

[1] http://sociologbook.net/?p = 1114
[2] http://www.daiwashobo.co.jp/web/html/mob/forty-years/index.html
[3] http://www.daiwashobo.co.jp/web/html/mob/forty-years/vol12.html

文库版编辑部注：本稿原来是为雨宫麻美著《做小女子很别扭》（幻冬社文库2015）一书所写的解说，题为《"别扭女子"的当事人研究》，在得知雨宫死讯后，作者做了增订，并修改了标题。

参考文献

(日语文献按五十音序)

- 赤木智弘2007『若者を見殺しにする国——私を戦争に向かわせるものは何か』双風舎
- 浅野智彦2008「孤独であることの二つの位相」大澤真幸編『アキハバラ発』岩波書店
- 「アジア太平洋地域の戦争犠牲者に思いを馳せ、心に刻む集会」実行委員会編1997『アジアの声第11集私は「慰安婦」ではない——日本の侵略と性奴隷』東方出版
- 雨宮まみ2015『女子をこじらせて』幻冬舎文庫
- 飯島愛子2006『＜侵略＝差別＞の彼方へ——あるフェミニストの半生』インパクト出版会
- 石原宗典2005「『第三のジェンダー』研究を再考する」(未発表)
- 絲山秋子2006『沖で待つ』文藝春秋
- 井上輝子・上野千鶴子・江原由美子編1994『日本のフェミニズムⅠリブとフェミニズム』岩波書店
- 岩月謙司2003『なぜ、「白雪姫」は毒リンゴを食べたのか』新潮社
- ヴィンセント、キース・風間孝・河口和也1997『ゲイ・スタディーズ』青土社
- 上野千鶴子1984「異人・まれびと・外来王——または"野生の権力理論"」『現代思想』一九八四年四月号、青土社(1985『構造主義の冒

険』勁草書房に収録）
- 上野千鶴子1985「＜外部＞の分節――記紀の神話論理学」桜井好朗編『大系 仏教と日本人第1巻 神と仏』春秋社
- 上野千鶴子1987「めうと事して遊ぶ此里――江戸の戀」《言語生活》四二五号
- 上野千鶴子1990「解説」『日本近代思想体系23 風俗 性』岩波書店
- 上野千鶴子、小倉千加子、富岡多恵子1992『男流文学論』筑摩書房
- 上野千鶴子1994『近代家族の成立と終焉』岩波書店
- 上野千鶴子1996「セクシュアリティの社会学・序説」上野ほか編『岩波講座現代社会学10セクシュアリティの社会学』岩波書店
- 上野千鶴子編1997『キャンパス性差別事情――ストップ・ザ・アカハラ』三省堂
- 上野千鶴子1998a『ナショナリズムとジェンダー』青土社
- 上野千鶴子1998b『発情装置――エロスのシナリオ』筑摩書房
- 上野千鶴子・宮台真司1990「対談 援助交際は売春か」SEXUAL RIGHTS PROJECT編『買売春解体新書――近代の性規範からいかに抜け出すか』つげ書房新社
- 上野千鶴子2002『差異の政治学』岩波書店
- 上野千鶴子編2005『脱アイデンティティ』勁草書房
- 上野千鶴子2006a『生き延びるための思想』岩波書店
- 上野千鶴子2006b「それでも『家族』は生きる」――斎藤環『家族の痕跡』書評『ちくま』四一八号、筑摩書房
- 上野千鶴子2007「インタビューポルノグラフィと女性――表象と現実は地続きか」（永山・昼間2007）
- 上野千鶴子・蘭信三・平井和子編2018『戦争と性暴力の比較史へ向けて』岩波書店
- 内田樹2006『私家版・ユダヤ文化論』文春新書
- 浦河べてるの家2005『べてるの家の「当事者研究」』医学書院
- 江藤淳1967(初版)/1988『成熟と喪失――"母"の崩壊』河山書房新社
- 江原由美子1985『女性解放という思想』勁草書房
- 大塚英子1995『「暗室」のなかで――吉行淳之介と私が隠れた深い穴』河出書房新社
- 大塚英子1998『暗室日記』上・下、河出書房新社

- 大塚英子2004『「暗室」のなかの吉行淳之介』日本文芸社
- 大塚英志1989『少女民俗学』光文社カッパ・サイエンス / 1997光文社文庫
- 奥本大三郎1981「男の領分──『驟雨』小論」『ユリイカ』一九八一年十一月号、青土社
- 小倉千加子2001『セクシュアリティの心理学』有斐閣
- 小倉千加子2007『ナイトメア──心の迷路の物語』岩波書店
- 落合恵美子1994『21世紀家族へ──家族の戦後体制の見かた・超えかた』有斐閣 / 2004第3版、有斐閣
- 小野和子1998『京大・矢野事件──キャンパス・セクハラ裁判の問うたもの』インパクト出版会
- 小野登志郎2004『ドリーム・キャンパス──スーパーフリーの「帝国」』太田出版
- 角田光代2004『対岸の彼女』文藝春秋
- 勝間和代2008『勝間和代のインディペンデントな生き方 実践ガイド』ディスカヴァー携書
- 加藤秀一2006「性的身体ノート──＜男語り＞の不可能性から＜新しい人＞の可能性へ」（鷲田ほか編2006）
- 加納実紀代1987『女たちの＜銃後＞』筑摩書房 / 1995増補新版、インパクト出版会
- 川上未映子2009『ヘヴン』講談社
- 木村涼子1990「ジェンダーと学校文化」長尾彰夫・池田寛編『学校文化』東信堂（1994井上輝子ほか編『日本のフェミニズム４権力と労働』岩波書店に再録）
- 桐野夏生2006『グロテスク』文春文庫
- 桐野夏生2009『ＩＮ』集英社
- 倉塚曄子1979『巫女の文化』平凡社
- 倉橋由美子1965『聖少女』新潮社
- 高知新聞社編1955『植木枝盛日記』高知新聞社
- 小島信夫1988『抱擁家族』講談社文芸文庫
- 小谷野敦2005『帰ってきたもてない男』ちくま新書
- 金野美奈子2000『ＯＬの創造──意味世界としてのジェンダー』勁草書房

- 斎藤綾子1998『愛より速く』新潮文庫/元本は1981JICC出版局
- 斎藤環2006a『生き延びるためのラカン』バジリコ
- 斎藤環2006b『家族の痕跡』筑摩書房
- 斎藤環2008『母は娘の人生を支配する――なぜ「母殺し」は難しいのか』ＮＨＫブックス
- 斎藤環2009『関係する女所有する男』講談社現代新書
- 斎藤美奈子2002『文壇アイドル論』岩波書店
- 酒井順子1996『マーガレット酒井の女子高生の面接時間』角川文庫
- 酒井順子2002『少子』講談社
- 酒井順子2003『負け犬の遠吠え』講談社
- 桜庭一樹2007『私の男』文藝春秋
- 佐藤裕2005『差別論』明石書店
- 佐野真一2003a『東電ＯＬ殺人事件』新潮文庫
- 佐野真一2003b『東電ＯＬ症候群』新潮文庫
- 佐野洋子2008『シズコさん』新潮社
- サルトル、ジャン＝ポール1996白井浩司・平井啓一訳『サルトル全集第三四巻 聖ジュネⅠ』『サルトル全集第三五巻 聖ジュネⅡ』人文書院
- 清水ちなみ1997『お父さんには言えないこと』文藝春秋/2000文春文庫
- 白井裕子2006「男子生徒の出現で女子高生の外見はどう変わったか：母校・県立女子高校の共学化を目の当たりにして」『女性学年報』二七号、日本女性学研究会
- 鈴木道彦1967「日本のジュネ」『新日本文学』一九六七年二月号（いいだ・もも編1967『反抗的人間』平凡社 / 鈴木道彦1969『アンガージュマンの思想』晶文社に再録）
- 鈴木道彦2007『越境の時――一九六〇年代と在日』集英社新書
- 鈴木由加里2008『「モテ」の構造』平凡社新書
- スペース・ニキ編1980『ダディ』（上映用資料）スペース・ニキ
- 清野初美2009『詁があるの――「分かりあいたい女」と男』創風社出版
- 関根英二1993『＜他者＞の消去』勁草書房
  曽野綾子1999「時代の風」『毎日新聞』朝刊、1999年2月7日
- 竹村和子2002『愛について――アイデンティティと欲望の政治学』岩波書店
- 田嶋陽子1986「父の娘と母の娘と」鷲見八重子・岡村直美編『現代イ

ギリスの女性作家』勁草書房
- 田中貴子1998『日本ファザコン文学史』紀伊國屋書店
- 田中美津2004『いのちの女たちへ——とり乱しウーマン・リブ論』増補新装版、パンドラ
- 田中優子2002『江戸の恋』集英社新書
- 谷崎潤一郎1925『痴人の愛』改造社 / 2006中公文庫
- 田房永子2015『男しか行けない場所に女が行ってきました』イースト・プレス
- ダラ・コスタ、ジョバンナ・フランカ1991伊田久美子訳『愛の労働』インパクト出版会
- 永井荷風1971『現代日本文學大系24永井荷風2』筑摩書房
- 永井荷風1972「四畳半襖の下張」『月刊面白半分』第一巻第七号
- 中島梓1998『美少年学入門』増補新版、ちくま文庫
- 中島京子・伊藤詩織2018「中島京子の『扉をあけたら』」『本の窓』2018年1月号、小学館
- 中村うさぎ1999『ショッピングの女王』文藝春秋
- 中村うさぎ・石井政之2004『自分の顔が許せない！』平凡社新書
- 中村うさぎ・倉田真由美2005『うさたまの霊長類オンナ科図鑑』角川書店
- 中村うさぎ2005『女という病』新潮社
- 中村うさぎ2006『私という病』新潮社
- 中村うさぎ2007a『鏡の告白』講談社
- 中村うさぎ2007b『セックス放浪記』新潮社
- 永山薫2006『エロマンガ・スタディーズ——「快楽装置」としての漫画入門』イースト・プレス
- 永山薫・昼間たかし編2007『2007-2008マンガ論争勃発』マイクロマガジン社
- ナボコフ・ウラジーミル2006若島正訳『ロリータ』新潮文庫
- 信田さよ子1998『愛情という名の支配』海竜社
- 信田さよこ2008『母が重くたまらない——墓守娘の嘆き』春秋社
- 林真理子1996『不機嫌な果実』文藝春秋
- 林真理子2000『ミスキャスト』講談社
- 林真理子・上野千鶴子2001「マリコのここまで聞いていいのかな　林

さん、もう『アグネス論争』では寝返ってもいいんじゃない?」『週刊朝日』二〇〇一年三月二日号、朝日新聞社
- 林真理子2005a『アッコちゃんの時代』新潮社
- 林真理子2005b「でもね、恋愛小説は」『朝日新聞』夕刊、二〇〇五年三月二二日
- 速水由紀子1998『あなたはもう幻想の女しか抱けない』筑摩書房
- パンドラ編1990『バトルセックス』現代書館
- 彦坂諦1991『男性神話』径書房
- 深澤真紀2009『自分をすり減らさないための人間関係メンテナンス術』光文社
- 藤川隆男編2005『白人とは何か?——ホワイトネス・スタディーズ入門』刀水書房
- 伏見憲明2007『欲望問題』ポット出版
- 藤本箕山1678『色道大鏡』/ 1976野間光辰編『日本思想体系60近世色道論』岩波書店
- フリーターズフリー編2010『フェミニズムはだれのもの?——フリーターズフリー対談集』人文書院
- 星野智幸2006『虹とクロエの物語』河出書房新社
- 本郷和人2006「アカデミズムとおたく」『メカビ』02、講談社
- 三浦展2009『非モテ!——男性受難の時代』文春新書
- 水田宗子1993『物語と反物語の風景——文学と女性の想像力』田畑書店
- 溝口明代・佐伯洋子・三木草子編1992『資料日本ウーマン・リブ史Ⅰ』松香堂書店
- 宮台真司1998『〈性の自己決定〉原論』紀伊國屋書店
- 宮台真司2006『制服少女たちの選択——After 10 Years』朝日文庫
- 牟田和恵2013『部長、その恋愛はセクハラです!』集英社文庫
- モア・リポート班編1990『モア・リポートＮＯＷ』集英社
- 森岡正博2005『感じない男』ちくま新書
- 山田昌弘1996『結婚の社会学』丸善ライブラリー
- 山田昌弘・白河桃子2008『「婚活」時代』ディスカヴァー携書
- 吉行淳之介1985『砂の上の植物群』新潮文庫
- 鷲田清一・荻野美穂・石川准・市野川容孝編2006『身体をめぐるレッスン２資源としての身体』岩波書店

(西文文献按字母序。"＝"后为日译版)

- Atwood, Margaret, 1985, *The Handmaid's Tale*. Toronto: McClelland and Stewart. ＝1990斎藤英治訳『侍女の物語』新潮社
- Boston Women's Health Book Collective, 1984, *The New Our Bodies, Ourselves*. New York: Simon & Schuster. ＝1988藤枝澪子監修、『からだ・私たち自身』日本語翻訳グループ訳『からだ・私たち自身』ウィメンズブックストア松香堂
- Dalby, Liza C.,1983, *Geisha*. Berkeley: University of California Press. ＝1985入江恭子訳『芸者——ライザと先斗町の女たち』ＴＢＳブリタニカ
- Deleuze, Gilles et Guattari, Félix, 1972, *L'anti-Oedipe: Capitalisme et Schizophrénie*. Paris: Editions de Minuit. ＝1986市倉宏祐訳『アンチ・オイディプス——資本主義と分裂症』河出書房新社
- Duby, Georges et Perrot, Michelle, 1991, *Histoire des Femmes en Occident, 2 Le Moyen Age*. Paris: Plon. ＝1994『女の歴史Ⅱ 中世Ⅰ』藤原書店
- Fineman, Martha, A., 1995, *The Neutered Mother, the Sexual Family, and Other Twentieth Century Tragedies*. New York & London: Routlege. ＝2003上野千鶴子監訳・解説、速水葉子・穐田信子訳『家族、積みすぎた方舟——ポスト平等主義のフェミニズム法理論』学陽書房
- Foucault, Michel, 1976-84, *L'Histoire de la Sexualite, tome Ⅰ-Ⅲ*. Paris: Editions Gallimard. ＝1986-87渡辺守章他訳『性の歴史』全三巻、新潮社
- Foucault, Michel, 1980-86, *The History of Sexuality, Volume 1-3*, translated by Robert Hurley. New York: Vintage Books.
- Gay, Peter, 1984, *Education of the Senses: The Bourgeois Experience, Victoria to Freud*. ＝1999篠崎実・鈴木実佳・原田大介訳『官能教育』1・2、みすず書房
- Girard, René, 1965, *Deceit, Desire, and the Novel: Self and Other in Literary Structure*. Baltimore: Johns Hopkins University Press. ＝1971吉田幸男訳『欲望の現象学』法政大学出版局
- Hite, Shere, 1976, *The Hite Report: A Nationwide Study of Female Sexuality*. New York: Macmillan. ＝1977石川弘義訳『ハイト・リポート——新しい女性の愛と性の証言』パシフィカ
- Kerber, Linda, 1998, *No Constitutional Right to be Ladies: Women and the Obligations of Citizenship*. New York: Hills and Wang.

- Lévi-Strauss, Claude, 1949, *Les Structures Élémentaires de la Parenté*. Paris: PUF. =1977馬渕東一・田島節夫監訳『親族の基本構造』番町書房
- Michael, R.T., Gagnon, J.H., Laumann, E.O. & Kolata, G.,1994, *Sex in America: A Definitive Survey*. New York: Little Brown and Co. =1996近藤隆文訳『セックス・イン・アメリカ』NHK出版
- Morrison, Toni, 1992, *Playing in the Dark: Whiteness and Literary Imagination*. Cambridge: Harvard University Press. =1994大社淑子訳『白さと想像力——アメリカ文学の黒人像』朝日新聞社
- Nafisi, Azar, 2003, *Reading Lolita in Tehran: A Memoir in Books*. New York: Random House. =2006市川恵里訳『テヘランでロリータを読む』白水社
- Rich, Adrienne, 1986, *Blood, Bread & Poetry: Selected Prose 1979-1985*. New York: Norton. =1989大島かおり訳『血、パン、詩。——アドリエンヌ・リッチ女性論』晶文社
- Rubin, Gayle, 1975, *The Traffic in Women: Notes On the "Political Economy" of Sex*, in Rayna Reiter, ed., *Toward an Anthropology of Women*. New York: Monthly Review Press. =2000長原豊訳「女たちによる交通——性の『政治経済学』についてのノート」『現代思想』二〇〇〇年二月号
- Said, Edward W., 1978, *Orientalism*. New York: Pantheon Books. =1986今沢紀子訳『オリエンタリズム』平凡社
- Saint-Phalle, Niki de, 1994, *Mon Secret*. Paris: La Différence.
- Schultz, Pamela D., 2005, *Not Monsters*. New York: Rowman & Littlefield Publishers. =2006颯田あきら訳『9人の児童性虐待者』牧野出版
- Sedgwick, Eve Kosofsky, 1985, *Between Men: English Literature and Male Homosocial Desire*. New York: Columbia University Press. =2001上原早苗・亀澤美由紀訳『男同士の絆』名古屋大学出版会
- Sedgwick, Eve Kosofsky, 1990, *Epistemology of the Closet*. Berkeley: University of California Press. =1999外岡尚美訳『クローゼットの認識論——セクシュアリティの20世紀』青土社

2010年日版作者后记

我有时不禁会想，社会学学者的职业，是一种冤孽。因为我选择的研究课题，并不美好温暖，而是让人愤怒、无法容忍的现象。为什么会是这样？为了探究现象背后的谜底，我着了魔似的投入其中。当然，在我陷入的过程里，自己也得品尝不愉快的滋味。

这本书，对作者而言是不愉快的。同样，对于读者，无论男女，尤其对男性，也会带来不愉快的阅读体验吧。因为，书里论述的是众人不愿正视的一个现实。而我，就这样一个现实，用了整整一本书，从头到尾、不厌其烦地谈。被迫阅读这样一本书，当然不会愉快。

一本作者写得不愉快、读者读着不愉快的书，我为什么还要写出来呢？因为，无论怎么不愉快，我们不能闭目不见的现实在那里存在着。而且，还因为，我们同时也懂得，无论多么艰难，只要我们知道了那个现实，就有改变它的可能性。

如果你读了这本书感觉不快，那无疑是因为你知道什么是厌女症。若非如此，这本书便充满误解，与现实完全脱节。倘真若此，多么值得庆幸。如果读者惊呆，"真的吗？绝对不相信！还有那么愚蠢的时代！"那么，我所论述的，就全都成了过去的历史。（那该多么好！）

我本来没想过写一本这么不愉快的书，但在纪伊国屋书店出版部的编辑有马由起子的怂恿下，我开始在该出版社的宣传小册子 *scripta* 上写连载。这份季刊，用骑马订方式装订，简易单薄，总是在人都忘了的时候送来。没料到，连载持续了三年半。我在这个不惹人注目的小杂志上，无须顾忌读者的感受，写自己想写的东西。动笔之后，才发现想说的话很多。在三年半的连载期间，不知从何时开始，出现了期待我的连载的读者。这份杂志的其他连载执笔者，有田中美津、伊藤比吕美、斋藤美奈子等人，为此，甚至被称为"全日本最女性主义的杂志"。

本书的最大功劳者，是策划人有马。没有她耐心细致的工作，本书不会面世。装帧请了铃木成一。铃木是我的《裙子里的剧场》（スカートの下の劇場）（1989年）一书的装帧设计师。那本书让我招世人皱眉而"走红"，铃木的封面设计给人留下了难忘的印象。二十年过去了，可称回归原点的这本书，让我再次与铃木相逢，实为幸事。同时，在这里一并感谢在连载期间寄来感想、提供信息的各位读者。

本书出版后，将会邂逅作者无法预期的读者吧。他们读后升起的困惑、愤怒和不快，浮现在我的眼前。不过，也会有理解懂得感觉痛快的读者吧。

无论同感还是反感，我都希望这本书能引起反响。我就是为这个目的而写的。

2010年盛夏　上野千鹤子

2018年日版作者后记

本书单行本出版于2010年，至今已逾八载。从单行本改为文库本再度出版，其间通常是三年。本书收到过数次出版文库本的提议，但都被初版的责任编辑纪伊国屋书店的有马由起子拒绝了，理由是这本书的销售一直保持稳定。很遗憾，纪伊国屋书店没有出版文库本的部门。对此，不屈不挠地一次又一次发出提议的，是朝日新闻出版的编辑矢坂美纪子。我在初版后记里写过，这本书是有马由起子的执着努力的结果，我很理解她不愿放手的心情。出于对她的尊重，每次收到出版文库本的提议时我都拒绝了。现在的文库本，是矢坂美纪子的执着努力的结果。为了让文库本获得更多的读者，矢坂美纪子提议另添新稿，编为增订版。她们二位都是真爱此书之人。作为作者，深感幸运。

初版以来，本书在日本共印十二次、大约三万册。这意味着读者面之广，人数之多。因为这本书，"厌女症"的概念在日语里固定下来，电脑打字时的变换错误也减少了。本书的书名和目录里都没有"女性主义"（feminism）一词，这让对"女性主义"有抵触感的读者，也能打开书来。"很有说服力""很好懂"，她们说。还有年轻读者说"很新鲜"。书中所论，本是女性主义的基本常识，却让现今年轻一代感到"新鲜"，这不能不让人感叹世代传递的断裂。尽管如此，但迄今为止用"父权制""性别歧视"等术语表述过的社会现象，现在又用"男性同性社会性欲望·恐同·厌女症"这三项一套的概念装置来解读，肯定还是会给人很大启发。在初版中我已经披露，本书有个塞吉维克的底本。可是，本书的理论与应用，并非单纯的借来之物。想法是从塞吉维克那里借来的，但展开是我的独创。我们完全没有必要为借用概念而感到羞耻，因为我们一直就是这样超越文化语言地相互学习过来的。正如斯皮瓦克所言，无论概念产生于何处，只要能为我用，便当尽管去用。

本书出版后，被翻译成了韩文版、中文简体字版（中国大陆）和中文繁体字版（中国台湾），听说在这些国家和地区都成为畅销书。这个事实，证明了东亚社会厌女症蔓延的共通性，令人遗憾。

在韩国，2016年发生了一起"厌女杀人事件"。在首尔的江南地区，一名三十多岁的男子，躲在男女共用的公共厕所里，他放过了先来的六位男性，而刺死了随后进来的第一位女性。他与女性并无面识，杀人动机是"因为女人不理睬我，女人太可恨"。一个阴惨的事件。当局本来想处理为变态杀人，但韩国女性将之命名为"厌女杀人"。只因为是女人就被刺杀……事件震撼了韩国女性，让她们想起自己过去的经验。杀人现场很快变成圣地，无数女性前来致哀，在贴纸上写下她们的种种心情。其中有这样的留言：

"十三年前，我也在厕所被持刀男人胁迫，成了强奸的受害者。我没死，只是运气好而已。"

"我活下来了，所以不能沉默。"

在天气预报说一周后将会降雨的时候，首尔市长做出英明决断，将这些贴纸全部收回，保留在女性活动设施"首尔女性广场"（Seoul Women's Plaza）里。其中一部分贴纸现在还在展出，密密麻麻地从墙壁贴到天花板。听说首尔女性广场正在推进对全部贴纸的保存工作。

在这起事件之前，本书已出韩文版。对发生在江南的这起事件被定义为"厌女杀人"，本书也有一些贡献吧。事件反过来刺激了本书的销售。为此我被邀请去参加读者见面会。尽管是通过翻译，但会场里二三十岁的年轻女性，目不转睛地聆听我的讲演。在日本，聚集的女性主义者多为年长女性。彼此之差，让人感叹。

还有不少人将这本书作为大学课堂或读书会的教材。

我曾被邀去上海复旦大学讲课，因为该大学的女性研究者将本书指定为课程阅读文献。我想，如果只是重复书中所写内容，意义并不大，便尝试了双向课堂。我向在场的中国男女学生提问："你所经历的厌女症是怎样的？"一个女学生回答道：

"一生下来，就被说'怎么？女的？'女孩的价值，从呱呱落地时就比男孩低一等。从出生的那一刻，厌女症就开始了。"

厌女症是普遍现象，但并不意味着是注定的宿命。厌女症随历史社会文化的变化而变化。因为这个概念非常锐利好用，所以人人都会想以此为道具来解析自己所属社会的问题吧。"啊，那就是男性同性社会性欲望。""这不就是恐同吗？""原因就是厌女症吧。"……

听说已经有"韩国版厌女"出版了。同样地，要是也有"中国大陆版厌女""中国台湾版厌女"登场，那将饶有兴味。我期待以后有"厌女症的文化比较论"。比如,泰国社会对同性恋的宽容度较高,那么这种社会里的男性同性社会性欲望的表现形态,或许与其他地区有所不同。又如,韩国有征兵制,"军事化的男性性"的建构成为一个问题。有征兵制的社会和没有征兵制的社会,恐同的表现形态或许会有差异。然后,从这些细微的差异与裂缝之中,我们或许可以探寻摆脱厌女症洗脑的契机。

本书会诱发读者们的"当事人研究"吧,因为这应该是谁都能想起的经验。

只要本书还能被解读,就证明读者尚未从父权制和厌女症的重力圈中得到解放。有一天,本书成为无法解读的荒唐时代之荒唐证言——那样的时代,终将会到来吗?

译后记
上野千鹤子是谁？何谓"厌女症"？

当我告诉我的日本朋友们我将翻译上野千鹤子的书时，他们的反应之相似，令我吃惊："你要翻译上野？！太棒了！"朋友们职业、年龄、性别各异，但没有一个人问"上野是谁"。的确，在二战后七十年来，日本最具社会影响力的女性学者，无疑是上野千鹤子——当代著名社会学学者、日本女性学领军人物。

1948年，上野出生于一个富裕的医生家庭，1967年进入京都大学哲学科。大学时代，正值学生运动风起云涌之际。上野没有例外，加入了京都大学学生组织"京大全共斗"，上街游行，向警察扔石头，在校园里的"战斗堡垒"中度过了二十岁的成人节。学生运动的体验，决定了此后上野一生的方向——成为一名以女性视角观察和思考社会的学者。

对于20世纪60年代末70年代初的那场学生运动，男性与女性的记忆方式有差异。男性也许多为追怀青春岁月的激情与败北，而上野则常常回想到："在运动中，男生向警察扔石头，女生体力不够，石头扔不远，只能在后方当搬运，作为'二等战斗力'的女生，扮演的角色不过是给男生们提供慰藉，包括性服务。"那些男生，那些满怀理想追求社会公平正义的精英学子，女生们以为自己是他们的"同志"，却只被当作"女人"。日本70年代的女性运动，就是左翼学潮中的女生们从对"本应志同道合"的男生们的失望与反叛开始的。

从思想史的谱系梳理20世纪日本的两次女性运动，可以说，20世纪10年代至30年代的第一波女性运动，是萌发于近代人权意识的觉醒；而脱胎于左翼学潮的第二波女性运动，则起于对近代价值观的怀疑和批判，可归入"后现代"的思潮之中。

20世纪80年代的日本，经济空前繁荣，女性一面享受资本文明带来的富足，一面因身为女人受到的诸多限制和不公而苦闷。在这个背景之下，上野千鹤子以女性代言人的身份登上舞台，可谓应了时代呼声。上野在学界、论坛和媒体的登场，堪称"华丽"。作为一名新进气锐的社会学学者，她自如地驱使符号学、人类学、消费论等当时学界的最新思想理论武器，犀利地剖析时代诸相，发人之不能言。哲学专攻的理论素养、跨越学科的知识储备，加之明晰轻快的文体，很快便为她带来了学院内外的众多读者。精力旺盛的上野，不仅在学院里与学科背景各异的许多著名学者侃侃而谈纵横论争，还出现于媒体的视野之中，成为一代"明星女学者"。许多人通过她的书，知道了feminism一词。书店里开始设出"女性学"一角——在80年代，"女性学"成为能够进入市场的"商品"。在这个过程中，上野千鹤子功不可没（若论日本女性学，当然不能只谈上野，但肯定不能不谈上野）。

上野可谓持久而高产的学者，自1982年至2014年，个人著述达三十三部，合著达三十种以上，此外还参与了多种重要的社会学、女性学等大型丛书的编集工作。在此，让我们粗略地看一看她这三十年间的学术轨迹。作为社会学学者，上野的学术起点是对女性家务劳动的研究。受到英语圈马克思主义女性主义学说的影响，她将女性在家庭中承担的劳作定义为"再生产劳动""无偿劳动"，使家务劳动得以"可视化"，并将"私（家庭）"与"公（市场）"两个领域连接起来。这方面的代表作为她编著的《阅读"主妇论争"》两卷（《主婦論争を読む全記録Ⅰ、Ⅱ》，1982）和用十年时间完成的《父权制与资本主义》（《家父長制と資本制——マルクス主義フェミニズムの地平》，1990；汉译本有台湾时报文化，1997）。此书堪称奠定上野学术地位之作，1993年，她被聘为东京大学社会学讲座副教授。对"家务劳动"这一主题的关注，进入21世纪，延伸扩展为对老人护理问题的研究。面向大众的《一个人的老后》（《おひとりさまの老後》，2007；汉译本有广西科学技术出版社，2011），成为畅销书；厚达五百页的大著《护理的社会学》（《ケアの社会学》，2011），则是她最新的学术代表作。这一系列的著述，体现出她的理论建构水准和依据实地调查数据的实证精神。

在20世纪90年代，上野的研究大致可分两个方向。一个是对恋爱、性、家庭等近代机制的解构，另一个是对女性运动与民族国家之间的关系的思考。前者主要依据福柯的理论，将被视为"自然""本能"的性／性别／恋爱／家庭等观念还原到历史语境之中，探究其"近代之起源"，带有浓厚的"后现代"色彩。代表作有《近代家庭的形成与终结》（《近代家族の成立と終焉》，

1994；汉译本有商务印书馆，2004）、《发情装置》（《発情装置——エロスのシナリオ》，1998）等。90年代的另一个方向，也是上野在此时期最为用力的课题，则是对"国家"的思考。这个问题始于1991年三位韩国原慰安妇对日本政府的战争犯罪的控告。作为一名日本女性，应该如何回应邻国女性对自己所属国家的控诉？上野的思考，结集为《民族主义与性别》（《ナショナリズムとジェンダー》，1998）一书。面对这一沉重的课题，她先回顾了战争期间女性运动协助"国策"的历史，即日本女性作为"加害者"的历史，然后呼吁一种超越国境的女性主义。进入21世纪之后，上野对国家机制的批判更为彻底。在《为了活下去的思想》（《生き延びるための思想》，2006）一书中，上野告诉读者："逃出去，活下来"——逃出近代民族国家观念的桎梏，拒绝一切以国家名义的杀戮牺牲，尊重弱者，活下去！

此外，还应提及她与两位女性（心理学者小仓千加子和作家富冈多惠子）以对谈方式合著的《男流文学论》（1992）一书（参见本书第一章）。这是上野以"外行"身份介入文学评论的一大成果。三位才高名盛、"气焰嚣张"的女人，一本一本地评点男作家的作品，"这个男人根本不懂女人嘛""你们看，这段描写笑破我肚皮了""真的，好好笑"。三人唱和呼应，在嬉笑戏谑之中，揭开男作家们隐藏的"厌女思想"，把文学史上的著名作家们拉下神坛，让人读来酣畅淋漓，实可称"三女侠乱棒痛打男作家"。此书激起众多反响，既有男评论家们的轻蔑不屑（当然的喽），更有大量的喝彩叫好。三女侠共演的这台戏，引发了此后女性主义文学批评的兴盛，必将载入文学批评的史册。

在《男流文学论》问世约二十年之后，上野再次重论男人的厌女思想，便是本书《厌女》（原题《女ぎらい——ニッポンのミソジニー》，2010）。这一次，性别研究的理论进展，让上野的武器装备更加精良洗练。这个武器就是美国学者塞吉维克（Eve Kosofsky Sedgwick）在《男人之间》（*Between Men: English Literature and Male Homosocial Desire*，1985；汉译本有上海三联书店，2011）一书中提出的"男性同性社会性欲望"的概念。

关于这个概念，在本书第二章和第十六章里有详尽的说明，在此只就译者的理解稍作最基本的解说。在性别研究的领域中，对"异性恋性别二元机制"的解释，塞吉维克提出的"男性同性社会性欲望"的概念，具有广泛的影响力。"男性同性社会性欲望"（homosocial），乃塞吉维克自己造的一个新词，目的是与既有的"男同性恋"（homosexual）相区分。众所周知，"homosexual"（男同性恋），指男人之间的性关系；与此相对，塞吉维克新造的"homosocial"（男性同性社会性欲望）一词，则指"男人之间不带性的关系"，即男人之间相互认同的欲望，故称"社会性"（social）。将这两种关系厘清分辨之后，性别秩序的构成原理便得以清晰地呈现。"男性同性社会性欲望"并非单独存在，而是与"厌女症"（misogyny）"恐同"（homophobia）互为一体，三要素共同构成性别秩序。这里有三个要点。（1）男人之间的纽带，是一种"男性同性社会性欲望"。（2）为了维持男人集团的主体性和优越性，需要将女人"他者化"，视之为欲望客体，加以蔑视。这就是"厌女症"。（3）为了保证男人集团中每位成员的主体地位，还要严厉清除同性恋。因为同性恋者把同性男人视为欲望对象，会使男人沦为欲望客体，扰乱男人集团的秩序，十分危险。这就是"恐同"。

这种三位一体的解释方式，其突破之处是，人们通常以为"异性恋性别二元机制"是一对男女之间的关系，但塞吉维克告诉我们：错了，并非"男—女"的关系，而是"男—男—女"的关系。男人之间结盟，女性处于男人集团之外，其功能只是使男人成为"性主体"。不过，正如上野在书中强调的，当男人为维持主体地位而将女人置于客体时，其中潜藏了一个悖论：主体不能单独存在，必须依赖于客体方能得到对主体地位的确认，所以，男人在蔑视女人的同时又不得不依赖于女人，对这种困境的怨恨，便是男人的厌女症的深刻纠结之处。

对于"男性同性社会性欲望"这个拗口的外来词，中国读者其实非常容易懂，只要想起那句民间俗语——"兄弟如手足，女人如衣裳"。倘若塞吉维克和上野知道这句话，她们会欣然援引吧。男人同盟的牢不可破（血肉相连的"手足"！）和对女人的"他者化"（仅为物品却又不可或缺的"衣裳"！）——中国民间的俗语，把这个"新潮外来理论术语"表达得多么精准透彻。

上野这本书，并不只是塞吉维克的《男人之间》的翻版。文学研究者塞吉维克以近代英国文学为材料，社会学学者上野则将现实社会的各层各面纳入视野。她的目光所及，从文学美术到社会事件，从家庭关系到天皇制度，从女校到娼妓……这种广度与深度，使本书成为解剖"厌女症"现象的堪称独一无二的文化批判力作。

一个新的概念术语，能为我们提供一种观察解释社会的新的视角。读过本书，可以让我们重新审视我们呼吸生存于其中的文化环境。如果本书能够使我们对厌女症现象更为警醒，并进一步去思考如何走出厌女症，作为译者，甚感欣慰。

关于本书的翻译，首先要感谢武汉大学留学生教育学院的李澜老师，是她的介绍，使我得到"翻译上野千鹤子"这一荣光而充满刺激的翻译体验。然后要感谢编辑彭毅文女士为本书出版付出的辛劳。此外，更要衷心感谢为我阅读译文草稿的数位朋友，如果本书译文尚算通顺可读，那是因了你们的恳切批评，这份感谢，让我铭记在心。最后，请允许我将这本小小的译著作为礼物献给今年八十岁的母亲，谢谢妈妈。

译者 2014年7月　于大阪

【再版补记】

本书自2015年出版以来，得到的反响远远超过译者当初预想。俗语曰"一本书有一本书的命运"，这本书在中文世界里被热烈地阅读谈论的命运折射出了怎样的一个中国社会与时代，还待学者们去考察吧。与上野女士一样，译者的希望也是本书尽早隐入历史的尘烟之中，无人再去问津——这才是《厌女》应有的命运。

此次再版的译文，在上海三联书店初版的基础上有所修订。修订时部分参考了上海三联书店2021年重印本，在此对重印本编辑表示感谢。

译者后记与初版相同，只对文字标点错误稍有修订。有两点应在此说明。第一，关于"男性同性社会性欲望"的概念，译者的解说来自上野女士《女性的思想》(原题《〈おんな〉の思想》集英社インターナショナル，2013；汉译本有浙江大学出版社，2022)一书中对塞吉维克《男人之间》一书的介绍。初版时因该书尚无中文版故未提及，现已有译本，故在此补记。第二，关于上野女士的学术历程，译者解说的参考资料，除上野女士本人的著述之外，主要来自日文杂志《现代思想十二月临时增刊号总特辑上野千鹤子》（Vol.39—17，2011，青土社），该号为《现代思想》杂志社于上野女士从东京大学退休之际而出版的纪念专刊，置于卷首的上野女士与小熊英二的对谈，非常有助于理解她的学术历程与社会背景。

最后，我还应该向为本书再版付出努力的读客文化公司的编辑表达由衷的感谢。

译者 2023年1月　于大阪

读者朋友你好，读完本书后，如果你想对作者提问或分享你身边的"厌女症"，欢迎致信：toshangye@dookbook.com

守望思想　逐光启航

厌女

［日］上野千鹤子 著
王　兰 译

光启

责任编辑　张婧易　薛　羽
特约编辑　夏文彦　张　齐　刘芷绮
封面设计　陈艳丽

出版：上海光启书局有限公司
地址：上海市闵行区号景路159弄C座2楼201室 201101
发行：读客文化股份有限公司
印刷：三河市龙大印装有限公司

开本：880mm × 1230mm　　1/32
印张：10.5　　字数：234,000
2023年4月第1版　　2025年3月第4次印刷
定价：66.00元
ISBN：978-7-5452-1975-3

图书在版编目（CIP）数据

厌女 /（日）上野千鹤子著；王兰译 . —增订本
. —上海：光启书局，2023.4（2025.3重印）
ISBN 978-7-5452-1975-3

Ⅰ . ①厌… Ⅱ . ①上… ②里… Ⅲ . ①女性 - 文化研
究 - 日本 Ⅳ . ① G131.3

中国国家版本馆CIP数据核字（2023）第044253号

侵权必究
装订质量问题，请致电010-87681002（免费更换，邮寄到付）

ONNA GIRAI - NIPPON NO MISOGYNY
by CHIZUKO UENO
Copyright ©2018 CHIZUKO UENO
All rights reserved.
Original Japanese edition published by Asahi Shimbun Publications Inc., Japan

Chinese translation rights in simple characters arranged with Asahi Shimbun Publications Inc., Japan through BARDON CHINESE CREATIVE AGENCY LIMITED, Hong Kong.

中文版权 © 2023 读客文化股份有限公司
经授权，读客文化股份有限公司拥有本书的中文（简体）版权

读客®女性主义文库